文化名片丛书

# 海盐文化

德海

本卷主编 陈红红

南京大学出版社

**图书在版编目(CIP)数据**

盐城海盐文化 / 陈红红主编. —南京:南京大学
出版社,2015.12

(江苏地方文化名片丛书/刘德海主编)

ISBN 978 - 7 - 305 - 16405 - 7

Ⅰ.①盐⋯　Ⅱ.①陈⋯　Ⅲ.①海盐—盐业史—研究—
盐城市　Ⅳ.①F426.82

中国版本图书馆 CIP 数据核字(2015)第 316189 号

出版发行　南京大学出版社
社　　址　南京市汉口路 22 号　　　　邮　编 210093
出 版 人　金鑫荣
丛 书 名　江苏地方文化名片丛书
丛书主编　刘德海
**书　　名　盐城海盐文化**
主　　编　陈红红
责任编辑　孟庆生　荣卫红　　　　编辑热线　025 - 83593963
照　　排　南京紫藤制版印务中心
印　　刷　盐城市华光印刷厂
开　　本　787×960　1/16　印张 14　字数 208 千
版　　次　2015 年 12 月第 1 版　2015 年 12 月第 1 次印刷
ISBN 978 - 7 - 305 - 16405 - 7
定　　价　28.00 元

网址:http://www.njupco.com
官方微博:http://weibo.com/njupco
官方微信号:njupress
销售咨询热线:(025)83594756

## 《江苏地方文化名片丛书》

### 盐城海盐文化

主　编　陈红红

副主编　薛万昌　陈玉林　周玉奇

筑堤图

晒龙盐

盐镇水街

中国海盐博物馆

中国海盐博物馆布展图

海盐馆里的运盐船

江苏大丰麋鹿国家级自然保护区

盐城国家级珍禽自然保护区

# / 总　序

## 赓续江苏人文精神之脉

王燕文

文化自觉支撑国家民族的兴盛,文化自信激发社会进步的活力。习近平总书记深刻指出,中华优秀传统文化是中华民族的精神命脉,是涵养社会主义核心价值观的重要源泉,也是我们在世界文化激荡中站稳脚跟的坚实根基。高度重视文化建设,大力弘扬优秀传统文化,是历史和时代赋予的责任担当。

一方水土养育一方人。江苏地处中国东部美丽富饶的长江三角洲,山水秀美,人杰地灵,文教昌明,有着六千多年有文字记载的文明史。在漫长的历史演进中,这片文化沃土不仅产生了众多的闪耀星空的名家巨匠和流芳千古的鸿篇巨制,而且孕育了江苏南北结合、兼容并蓄、博采众长、和谐共融的多元文化生态,形成了吴文化、金陵文化、维扬文化、楚汉文化和苏东海洋文化五大特色区域文化。绅绎这一颗颗文化明珠,光彩夺目,各具特质:以苏、锡、常为中心区域的吴文化,聪颖灵慧,细腻柔和,饱蘸着创新意识;以南京为中心区域的金陵文化,南北贯通,包容开放,充盈着进取意识;以扬州为中心区域的维扬文化,清新优雅,睿智俊秀,体现着精致之美;以徐州为中心区域的楚汉文化,气势恢宏,尚武崇文,彰显着阳刚之美;以南通、盐城、连云港为中心区域的苏东海洋文化,胸襟宽广,豪迈勇毅,富有开拓精神。可以说,不同地域文化在江苏大地交融交汇,相互激荡,共筑起江苏厚德向善、勇于进取、敏于创新的人文精神底蕴。

多元文化,共生一地;千年文脉,系于一心。地方文化是区域发展的文化

"身份证",更是整个中华民族的文化基因,展现了我们优秀传统文化生生不息的创造力。在构筑思想文化建设高地和道德风尚建设高地的新征程上,我们要以科学的态度对待传统文化,坚持古为今用、推陈出新,有鉴别地加以对待,有扬弃地予以继承,进行创造性转化、创新性发展,将其中积极的、进步的、精华的元素予以诠释、转化和改铸,赋予其新的时代内涵。只有以文化人、以文励志,力塑人文精神,标高价值追求,提升文明素养,才能涵育出地域发展令人称羡和向往的独特气质。只有以敬畏历史、服膺文化之心,精心保护地方文化遗产,充分挖掘地方文化资源,切实加强地方文化研究,才能传承赓续好人文精神之脉,增强人们对家国本土的文化认同、文化皈依,与时俱进地释放出应有的价值引导力、文化凝聚力和精神推动力。

令人欣慰的是,省社科联和各市社科联以强烈的责任感使命感,组织省内有关专家学者协同编撰了 13 卷《江苏地方文化名片》丛书。丛书按 13 个省辖市的行政区划,一地一卷,提纲挈领,博观约取,独出机杼,既总体上为每个市打造一张具有典型性、代表性的文化名片,又个性化呈示各市文化最具特色的亮点;既综合运用历史学、社会学、经济学和文化学等多学科视角,对富有地方特色的文化资源进行了系统梳理、深度挖掘和科学凝练,又以古鉴今,古为今用,面向未来,做到历史与现实、理论与实践的交集,融学术性与普及性为一体,深入浅出,兼具思想性与可读性。丛书的推出,有裨于读者陶冶心灵,体味地方文化历久弥新的价值,也将对江苏传统文化的传承与研究起到积极示范作用。

不忘本来,开辟未来。植根文化厚土,汲取文化滋养,提升人文精神,促进人的全面发展和人的现代化,这是江苏文化建设迈上新台阶、实现"三强两高"目标的责任所在。我们要进一步加大力度推动江苏优秀传统文化、地方文化在保护中传承,在传承中转化,在转化中创新,让丰沛的江苏历史文化资源留下来、活起来、响起来,着力打造更多走向全国乃至国际的江苏文化名片,为"强富美高"新江苏建设提供生动的文化诠释和有力的文化支撑!

(作者为中共江苏省委常委、宣传部部长)

# 目录

# 前

# 言

　　13世纪,意大利人马可波罗历经千难万险,双脚终于踏上中国这块古老而又神奇的土地。他激动地在自己的游记里这样描述:"在城市和海岸的中间地带,有许多盐场,生产大量的盐。"

　　这位西方探险家惊叹的地方就是中国的盐城。古老的盐阜大地,一派生机盎然,它东倚黄海,有着582公里长的海岸线,沿海滩涂广阔、地势平坦,达到45.7万公顷,占全国滩涂面积的1/5。当年"烟火三百里,灶煎满天星",浩瀚的大海、广阔的滩涂、茂密的盐蒿草,是盐民"煮海为盐"取之不竭的"粮仓"。《后汉书》有言"东楚有海盐之饶",一个"饶"字道出了盐阜大地的产盐之盛。

　　盐是人们日常生活的必需品,人类生存须臾离不开盐,因而与盐相关的盐文化是覆盖面较广的门类文化。盐文化不但包括丰富的物质遗产文化,还包括丰厚的非物质遗产文化。中国地大物博,从盐的制取来源看,不仅有沿海地区的海盐,还有四川、云南等地区的井盐,西北各地和山西省、内蒙古自治区等地生产的池盐(湖盐),因此形成了富有地域特色的海盐文化、井盐文化、池盐文化。

　　我国海岸线长度有1.8万公里,自古以来,沿海岸线形成了著名的八大海盐产区,这些产区经过历史的积淀都形成了富有地域特色的海盐文化。所谓海盐文化,就是人们在进行海盐生产、运销、使用和管理过程中所创造的物质和人文成果的总和。在海盐文化的形成和发展的过程中,留下了许许多多与海盐生产相关的遗迹、建筑、民俗、文学艺术等宝贵资源。

　　近代百年以来,国内外学者对盐文化的研究成果也异常丰富。早在民国时期,何维凝先生历时二十年,编著《中国盐书目录》。1991 年,运城学院的柴继光先生在《中国盐文化》(新华出版社 1991 年版)一书中提出了"海盐文化"的概念,这可能是最早将盐文化按照盐源的不同,分为井盐文化、池盐文化、海盐文化的研究。海盐文化研究涉及盐商、盐官、盐民、盐政盐务、盐业经济、私盐票盐及盐业文学等多方面,其中也包含了盐商文化价值观对江淮地域风尚影响的研究、盐商的社会公益事业及总体印象研究、盐商经营状况及盐商文化遗迹研究、盐商与清明文艺创作关系及个案研究,也包括盐官的任命选拔制度、盐官与地方官的关系、盐官及其盐政改革等。

　　古盐城,又名瓢城。盐城郡,射阳郡,又叫射州,瀛洲。盐城为古射阳县和古盐渎县、东西两乡合并而成。盐城是里下河水乡地区的中心,古代海岸线范公堤以西,历史上百河之城。盐城历史悠久,因"盐"得名,因"盐"置县,因"盐"兴城,"盐"与盐城,相得益彰。据清乾隆十二年(1747 年)纂修的《盐城县志》记载:"为民生利,乃城海上,环城皆盐场,故名盐城。"其实在东晋义熙七年(公元 411 年)之前,它不叫盐城,而叫盐渎。渎者,小河也;盐渎者,盐河也。这样的"乳名"一叫就是 500 多年,在其背后,流传着的是一个古老的故事:西汉元狩四年(公元前 119 年),这里有一条川流不息的运盐的河,因为盐河而有了盐渎县;因为是产盐的县城,建县之始,仅设盐铁官,不派县丞。当初,全国沿海有 29 个县,仅有盐城和堂邑设了盐铁官。在那个年代,盐铁之重,重于泰山。见之于史书的第一位县丞是孙坚,他是三国时吴王孙权的父亲。

　　盐城是我国历史上著名的海盐产区,从春秋战国时代开始,这里一直是我国海盐生产的中心地区之一。盐城出产的海盐,成为国家税赋的重要来源。在长达 2000 多年的海盐生产的历史进程中,盐城,在两淮甚至全国扮演了一个相当重要的角色。海盐生产发展历史贯穿盐城历史的发展过程,直接带动了盐城经济、社会、文化各方面的发展,由此而产生的海盐文化成了盐城本土文化中最富特色的地域文化。

　　灿烂悠久的海盐文化是盐城的城市之魂，底蕴丰厚的海盐文化对于今天的盐城人来讲，是一笔宝贵的精神财富。海盐文化孕育了盐城人的精气神，塑造了盐城人民坚韧不拔、团结协作、自强不息、海纳百川的精神气概。以"盐"为切入点从根、魂、都、情四方面探寻盐城这座城市的文化真谛与内涵，对追溯盐城海盐文化历史，彰显城市特色有着重要的文化意义。十多年来，盐城市委、市政府高度重视海盐文化品牌的打造，成立了海盐文化研究会，建起中国海盐博物馆，推出了"海盐文化专题"陈列展览，组织书画家、摄影家走进海盐区采风，创作出一批"咸味"十足的书画作品，打造"盐与盐城"市民论坛，话海盐文化，论城市魅力，极大地提升了文化盐城的品位和形象。

　　海盐文化研究的兴起，弘扬了富有特色的地域文化，让海盐文化落地生根，绵绵不绝。20 世纪 80 年代，费孝通先生曾三次访问苏北，到盐城看滩涂，并写下情真意切的《盐滩行》。戈宝权先生在阔别故乡半个世纪后回到盐城，他深情地说："我的根在这儿。"然后他吟唱起一首《颂盐城》："盐城，盐城，顾名思义，你是出产盐的名城！……" 2006 年 11 月 23 日，盐城中国海盐博物馆经国务院批准命名，是全国唯一一座经国务院批准的全面反映中国海盐历史文明的大型专题博物馆。其造型独特，坐落于盐城市区古代著名的人工运盐串场河畔，成为盐城的一张晶莹剔透的文化名片。

　　盐城的海盐文化渊源流长、富有特色、闻名中外。海盐文化对盐城的经济、政治、文化、生活等诸方面产生了潜移默化的影响。2000 多年来，勤劳、智慧的盐城人民不仅创造了辉煌的物质财富，而且留下了底蕴浓厚的海盐文化资源。改革开放三十多年后的今天，经济步入新常态，盐城仍是全国重要的八大海盐生产基地之一。盐城经济平稳增长，交通便捷，有着"两岸三通"的直航港口。盐城还是全国著名的杂技之乡，淮剧之乡，烟花之乡，是世界著名的"东方湿地之都"、"仙鹤神鹿故乡"，盐城还有丰富的红色文化旅游资源……

　　海盐文化是盐城的文化根脉和重要元素，也是文化盐城建设的一张名片。今天，一座海盐之城，一座红色之城，一座汽车之城，一座厚德盐城，一座绿色盐城，正在向世人阔步走来。盐城，一个真的让人打开心扉的地方。

# 第一章　煮海为盐

在人类文明史的演进中,盐有过特殊的功绩。盐是人民生活的必需品,几与粮食同等重要,借以维持生命,一日不可缺少,而且与社稷之安危关系密切。

在中国几千年来的文化、经济、政治发展变迁当中,"盐"在其中扮演着不可或缺的重要角色。说盐重要,不仅因为盐是人补充身体机能不可或缺的物质,更因为由盐所串联起来的一个古老而又极其重要的庞大盐业,几乎主宰了中国几千年来文化、经济和政治的格局。

盐城早在 6000 多年前就有先民在此繁衍生息,秦汉时期,"煮海兴利,穿渠通达",始现繁荣。汉武帝时置盐渎县,属广陵郡,东晋义熙七年(411 年)更名为盐城县,唐宝应年间,全国设"四场十监",盐城境内就有海陵、盐城二监,成为东南沿海重要的盐业生产中心。宋天圣元年(1023 年),范仲淹在此主持盐政,修筑海堤,称"范公堤"(今 204 国道)。

《元和郡县志》中记载,海陵监"岁煮盐六十万石",盐城监"每岁煮盐四十五万石",元中叶,两淮 29 个盐场产盐 380 万石,居全国产盐区之首,盐城境内 13 个盐场产盐 290 万石,占淮盐总产的 76%。

清乾隆十二年(1747 年)纂修的《盐城县志》记载:"为民生利,乃城海上,环城皆盐场，故名盐城。"盐铁乃国之重器，足以左右国家命脉，所以历来为国家专营。到了清乾隆时期，两淮盐业的税收占全国税收的1/4，清人李果"两淮盐课(税)甲天下"的评语并非虚言。

国之瑰宝要从盐说起，说到盐城的海盐，不能不说到古淮夷地的先民，不能不说到夙沙氏，不能不说到海盐生产的工具和工艺，不能不说到盐政、盐场、盐商与盐民，不能不说到继往开来的废灶兴垦……海盐，一言难尽。

盐城人的根脉就是海盐文化。千百年来，盐民在与自然和命运的抗争中，在创造物质文明的同时，孕育出了独特的海盐文化。这种独特的文化逐步形成了带有普遍共性的人文精神、价值观念、行为准则和根深蒂固的民俗民风，也即盐民群体性的生态方式和精神方式。

滔滔的黄海推涌着盐民的"煮海为盐"的千古传奇。几千年的斗转星移，沧海桑田，由海盐而形成的人类的生产方式和生活方式已经衍化为一种文化，浸透到每个人生命的全过程。盐是盐民之根，伴随着历代盐民的繁衍生息，铸就了盐民的性格和品行；盐是滩涂之魂，凝聚成灿烂而又绵长的海风盐韵，推动着社会的进步与发展。

# 第一节　古淮夷地的先民

## 夙沙氏传说

浩瀚大海，包容百川。黄河、淮河、长江日夜东流，裹挟着大量泥沙在浅海湾逐渐堆积。年复一年，潮涨潮落，大自然用它神奇的力量在黄海之滨造就了广袤的平原和滩涂。盐阜先民用茫茫滩涂上的茅草燃起熊熊烈火，将取之不尽的海水煮炼成晶莹剔透的海盐。在漫长的历史进程中，演绎着人与大海和谐相处的故事。

西汉《急就篇》中对"盐"有着这样的记载："盐生于咸水者也。古者夙沙氏初煮海为盐，其后又出河东大卤，临邛火井焉。今则处处有之矣。""夙沙"

是传说中与神农氏同时代的人物，距今约 5000 年，被普遍认为是煮海为盐的创始者。此后历代被盐民所供奉的"盐宗"，就是煮海为盐的夙沙氏。

远古时期，在山东沿海一带居住着一个原始部落，部落里有个人名叫夙沙。他聪明能干，臂力过人，善使一条用绳子结的网。每次外出打猎，都能捕获很多的飞禽鱼鳖。

一天，夙沙在海边煮鱼吃，他像往常一样提着陶罐从海里打半罐水，刚放在火上煮，一头大野猪从眼前飞奔而过，夙沙拔腿就追。等他扛着死猪回来，罐里的水已经熬干了，罐底留下了一层白白的细末。他用手指沾沾放到嘴边尝尝，味道又咸又鲜，便用它就着烤熟的野猪肉吃起来，味道好极了。

**夙沙煮海**

早在神农氏时代，就有夙沙氏煮海为盐的传说。夙沙氏是一个长久居住在山东半岛上的古老部落。这个长期生活在海边的部落首创了"煮海为盐"，即采用煎制海盐的方法。大约在商周之际，"煮海为盐"的技术最早在当地得到普及和推广，为中国盐业的辉煌历史揭开了序幕。

图 1-1　夙沙煮海

正如树上掉下的苹果砸在牛顿头上，从而催生"万有引力"之果一样，很多改变世界发展进程的故事都包含着"偶然"与"必然"的辩证统一。而夙沙煮盐的故事也暗含着这一历史发展的逻辑，以其离奇怪诞却又情理之中的异禀一再流传，乃至成为史学家、专业学者的重要素材。

夙沙氏是一个长期居住在山东沿海的老部落，和洪荒时期的炎帝部落有密切的联系。可以推论，夙沙部落长期与海为邻，不仅首创了煮海为盐，而且在商周之际，就已在当地推广和普及海水煮盐。

《吕氏春秋·用民篇》载："夙沙氏之民，处在攻其君而归神农。"农宋郑樵《通志》卷二十六《氏放略·以氏为国·夙沙氏》条引"《英贤传》曰：'炎帝时候国'"。同书卷一《三皇纪》称："夙沙氏为诸侯，不用命，箕文谏而杀之。神农退而修德，夙沙之民，自攻其君而来归。"说明传说中居住在胶东半岛上的夙沙，作为一个发明煮海而盐的古老部落，曾经是炎帝神农氏的"诸侯"。

战国时齐国人鲁仲连所撰《鲁连子》说："宿沙瞿子善煮盐，使煮滔沙，虽十宿不能得。"他提到的那位"善煮盐"的夙沙氏瞿子,就是传说中古老的夙沙部落中最善煮海的老盐工。

综上所述,这个在远古时期就居住在山东半岛上的"夙沙氏",长期与海为邻,首创煮海为盐是理所当然的。而且在商、周之际,就已在当地推广和普及煮盐。而在这个古老的部落中,终于出了一位远近闻名、技术精熟的煮盐人夙沙氏瞿子。直到春秋中期,人们一提到夙沙部落,总把他们和"鱼盐之利"联系在一起。正因为如此,夙沙氏被后世尊崇为"盐宗"。

早在赵宋以前,在河东解州安邑县东南十里,就修建了专为祭祀"盐宗"的庙宇。《太平寰宇记》引用吕忱的话说:"宿沙氏煮海,谓之'盐宗',尊之也。以其滋润生人,可得置祠。"清同治年间,两淮盐运使乔松年在扬州、泰州分别修建"盐宗庙",庙中供奉在主位的"盐宗"正是煮海为盐的夙沙氏,而把商周之际贩运卤盐的胶鬲、春秋时在齐国实行"食盐官营"的管仲置于陪祭。座次的排列,似乎自发地反映了生产第一的观点。

图1-2 盐商胶鬲

盐宗庙里有三尊"盐宗"。第一位是中国人工盐的创始者——夙沙氏瞿子。第二位是中国历史上最早见于史籍的盐商——胶鬲。《孟子·告子篇》和朱熹注:胶鬲是殷商末年人,原为商纣王的大夫,遭商纣之乱,隐遁经商,贩卖鱼盐,最后被周文王发现,举以为重臣。文王举胶鬲,大概是公元前1000年的整日,地点在当时周王的新都城丰镐或渭水流域。第三位是春秋战国时期,创建食盐官营制度——管仲。管仲身为齐国宰相,号称齐国理财家。

"夙沙氏传说"的重要性在于,如果没有发现煮海为盐的奥妙,人类的发展会经历怎样的曲折?

"夙沙氏"是海水制盐的祖先。我们想象:以一粒"夙沙氏盐"为起点,在大约5000年的历史中,它穿越了怎样的风尘?它又为人类带来了什么?

4100年前，《尚书·禹贡》有载："海滨广泻，厥田斥卤……厥贡盐缔"；而西周初期，姜子牙治理齐国，"乃兴渔盐之利"；至春秋管仲做齐国的宰相时，首创盐铁专卖制度，最终使地处东夷的齐国得以富国强兵，称霸诸侯。更为重要的是，海盐成为其后历朝历代国库收入的重要支柱。

大量的文献记载表明，利用海水煮盐是先于井盐、池盐等其他制盐方式的。到春秋战国时期，盐利富足成了诸侯称霸一方的一个重要因素。当时除了齐国煮海水为盐外，北面已扩展到辽东半岛，南方到达江浙沿海地区。

## 夷族部落

淮夷历史悠久，相传其祖先就是"三皇五帝"中三皇之一的太皞，即伏羲氏。神话传说人类即由他和女娲氏兄妹相婚而生（盐城民间也有两姐妹用泥做人，地公地母再传人的神话传说），又传他教民结网，从事渔猎畜牧，其继承人即是少皞。

从盐阜一带出土的新石器时代的文物资料，可见淮夷部落生活在原始社会的母系氏族社会，并发展到父系氏族社会的社会发展阶段。从遗址中磨制精美的各种石器可见：他们已使用分工细致的磨光的新石器；已能烧制光洁的带纹陶器，搭建简单的棚屋定居；除了捕食河海鱼虾，还用石刀石斧和箭镞打猎飞禽走兽，用火烧烤熟食；从出土的纺轮可见已能用野麻等纺制粗劣的衣裤；而且已用石环、玉坠来美化、打扮妇女；尤其值得注意的是部分地区已能种植稻谷。当时，各氏族之间实行族外群婚制，子女往往"知其母而不知其父"，妇女在氏族中居领导地位。人们共同劳动，共同消费。后来，随着男子在经济活动中逐渐占主要地位，群婚制逐渐过渡到对偶婚制甚至一夫多妻、一妻制，进入了父系氏族社会。

夷族是生活在祖国东方的一个远古部落。其活动区域大致包括从黄河下游直到江淮流域的近海地区。东方诸夷，部落众多。《竹书纪年》有"九夷"之说。就其地域和文化个性而言，可以分为四大部落，即东夷、北夷、舒夷和淮夷。东夷主要分布在山东境内，是夷族中最先进的一支。北夷是指今辽东半岛和朝鲜半岛上的远古部落。舒夷是淮水上游一支,大致分属安徽、江苏两省。

淮夷便是淮河下游的夷族部落,其活动区域在淮水下游近海一带。清代胡渭撰写的地理名著《禹贡锥指》中明确指出:淮夷的活动范围"今淮、扬二府近海之地皆是"。《吕氏春秋·用民篇》载:"夙沙氏之民,自攻其君而归神农。"看来居住在黄海之滨的夙沙氏,作为一个发明煮海为盐的古老部落,曾是炎帝神农氏的"诸侯"。

由于夏朝奴隶主统治者推行民族压迫统治,夷族诸部曾多次反抗。《后汉书·东夷传》已有记载:"夏后氏太康失德,夷人始畔。……桀为暴虐,诸夷内侵,殷汤革命,伐而定之。"殷汤革命后建立的商朝发祥于东方,是以玄鸟(燕子)为图腾的一个部族,与夷族有一定的亲缘关系。商代前期,诸夷势力逐渐强盛,到中后期更发展到危及商朝后方的程度。《后汉书·东夷传》又载:"武乙衰微,东夷寝盛。逐分迁淮、岱,渐居中土。"商王帝乙曾多次发动旨在遏制夷族势力膨胀的战争。帝乙的儿子帝辛(纣王)继续大举东征,曾俘获"兆亿夷人"。居住在"西土"的周武王乘势兴兵伐商,商朝的主力集中在东方战场,"八百诸侯"都参加了反商的统一战线。商纣王四面楚歌,陷于绝境,最后登鹿台自焚而亡。这就是《左传》所说的"纣克东夷,而殒其身"。但纣王对东夷大规模的用兵,客观上使中原地区的先进文化发展到了东部沿海,有利于民族相互间的整合。

盐都区龙冈中学校园内曾挖出一座商代墓葬,从中清理出半月形双孔石刀一件,以及印纹陶罐、灰陶豆、陶缸、陶盆、蛋形穿孔陶器20余件。据考证,为距今3100多年的商代用器。

西周时期,周与东方诸夷尤其是淮夷的战争几乎贯穿始终。周灭商不久,武王病逝,成王继立,由武王弟周公辅政。商纣王的儿子武庚就乘机同安排监视他的管叔、蔡叔等勾结,举行大规模的武装叛乱,淮夷亦卷入战争。周公亲率大军东征,经3年苦战,最终平定叛乱,淮夷遭受重创。《尚书·大诰·序》记载道:"武王崩,三监及淮夷叛";"成王既伐管叔、蔡叔,灭淮夷"。《周官·序》也说:"成王既黜殷命,灭淮夷。"历康王、昭王二世,史传不见淮夷反周之记载。

到周穆王时,淮夷又强大起来,兵锋逼近中原,又被击败。到厉王时,战火又炽。《后汉书·东夷传》又有记载:"厉王无道,淮夷入寇。王命虢仲征之,不克。"《竹书纪年》也记载:厉王三年,"淮夷侵略,王命虢公长父伐之,不克"。淮夷兵锋西指,势不可遏。直到宣王时,才被召公的大军击退。这场战争在《诗经·江汉》中也得到了反映:"江汉浮浮,武夫滔滔,匪安匪游,淮夷来求。既出我车,既设我旂,匪安匪舒,淮夷来铺。"淮夷又一次遭到沉重打击,从此一蹶不振。

淮夷连连对周作战,从本质而言,这是对民族压迫和民族剥削的反抗。西周建立后,大肆分封诸侯。被统治各族作为种族奴隶,分赏给周室的宗亲贵族,供奴隶主任意驱使,还要承担各种沉重的经济负担。古文物《兮甲盘》上刻铸的铭文记载,周宣王对淮夷发动掠夺性战争后,"殴孚(驱俘)士女、牛羊,孚吉金"。还说:"淮夷旧我帛亩人……敢不用命,则即刑伐。"再如周朝分封诸侯时,周公特地把他的长子伯禽封到今山东曲阜一带,建立鲁国,以加强对东方诸夷的统治。但夷人的反抗并未停止:"鲁侯禽宅曲阜,徐、淮并兴,东郊不开"(《史记·鲁世家》),使伯禽不敢开放国都的东门,生怕徐夷、淮夷打进城来。

春秋时期,王室衰微,诸侯争霸。屡遭战争重创,淮夷势弱,一直依傍强邻。春秋后期,当齐、秦两国雄踞东西,晋、楚争霸已近尾声时,长江下游建都姑苏(苏州)的吴国勃兴而起,与建都于会稽(今浙江绍兴)的越国展开了争战。吴王阖闾在一次攻越战争中,受伤病死,葬于虎丘。其子夫差立志报仇,攻越大胜,俘虏了越王勾践,解除了后顾之忧。吴王开邗沟,沟通江淮,派兵北上攻齐,大败齐军于艾陵(今山东泰安)。夫差率军大会诸侯,与晋争做盟主。当时的邗沟,不宽不深,吴国伐齐的兵船并未全从邗沟经过,有时还得走海路,部分军队乘势"夺淮夷地而有之"(印水心:《盐城县乡土历史》)。其后,越王勾践卧薪尝胆,"十年生聚,十年教训",乘夫差北上与晋争霸之时,灭亡了吴国,称霸于江淮之东,淮夷之地也就"吴亡入越"(同上)。战国时,越国渐衰,楚怀王打败越王无疆,灭掉越国,淮夷之地又"越灭入楚"(同上)。楚国在长江下游一带置江东郡,淮夷之地成为楚将昭阳的属地。

公元前 221 年,秦始皇统一中国,建立起一个统一的中央集权的多民族的封建国家,华夏族融合成为一个稳固的民族共同体,到汉代形成汉族。《后汉书·东夷传》说:"秦并六国,其淮、泗夷皆散为民户。"至此,淮夷之民已逐渐融入了华夏民族的大家庭,成为秦朝泗水郡射阳县管辖下的编民,秦以后史书再不见淮夷之名。秦始皇在外出巡游的过程中,有一次由今镇江乘船东下,至长江口沿海北上,幻想寻找海中神山上的不死之药,曾途经盐城沿海。旧时盐城北门外新洋港和串场河汇流处有天妃闸,闸下置有系船用的铁柱。每当水急潮涌,浪击铁柱,响声大作,名其为"铁柱潮声",成为盐城古八景之一。古闸早已不存,但从清代施闰章所作《天妃闸歌》的诗句中,仍可想见当年古闸急流翻滚,浪遏行舟的壮观景象:

> 黄河怒流动地轴,十舟九舟愁翻覆。
> 临矶作闸为通舟,水急还忧石相触。
> 挽舟沂浪似升天,千夫力尽舟不前。
> 巫师跳叫作神语,舟人胆落输金钱。
> 梨园唱尽迎神曲,犹杀牛羊啖水族。
> 不尔作难在须臾,鲸鲵张口待人肉。
> 嗟乎,运漕于国为咽喉,粟米力役家家愁,
> 愿持尺牍问阳侯。

## 盐的发源

盐是什么?盐是人类生活生存必需品,它不仅是"百味之王",更是"工业之母"。

要了解中国盐业,首先必须弄清楚"盐"字来历和含义。

明人邱仲深《盐法考略》载:"考盐名,始于禹,然以为贡,非为利也。"他的这个结论是根据《禹贡》:"海岱惟青州,厥贡盐、缔。"

汉许慎著《说文解字》中,第十二篇里有"盐"字。并说:盐,"卤也,天生曰

卤,人生曰盐。从卤是,监声"。"盐"和"卤"指的是同一物质;但两者也有区别,按许慎的说法,自然形成的称"卤",只有经过人为加工而成的才称之为"盐"。由此可见,从卤到盐存在一个发展的过程。

金文中没有"盐"字,却有"卤"字。西周穆王时(前976—前922)的"免盘"上刻有铭文:"锡免卤百鲁。""免",贵族人名,"鲁",或可释为筐。说明西周时期已有自然盐的利用。唐兰著《西周青铜器铭文分代史征》:"晋姜鼎说,'卤千两',(其卤)指河东安邑之盐。《说文》:盬,河东盐池。盬从古声,与卤一声之转。盖古先有自然形成之盐,即盬,而后有海水煎成之盐。盬味微苦而盐味微咸。"唐兰认为,"卤"就是"盬",是一种自然盐,其味苦,产于河东安邑盐池。

在西周末和东周初的金文中有"卤"无"盐",似乎可以说明,当时在渭水流域、黄河中游,还很少有经过人力加工过的盐,或者说在周天子直接统治区内,"卤"或盐,仍是最主要的"盐"。

古代的商朝人,曾经建都于山东的曲阜。曲阜临近东海,但在他们的头脑中,只有"卤"产于西方,而没有"盐"产于东方的概念。说明在商代,山东滨海出现的人为加工的"盐"还没有引起建都于曲阜的商朝人关注。

文字是记录语言的符号,语言早于文字。因此,"卤"名也应该早于"卤"字。金文中的"卤"字,出现于周代。可见自然盐——"卤"的发现与利用,当然要早于商朝,甚至是在夏以前的洪荒时代。

要了解中国盐业,必须了解自然盐的发现和有关"盐神"的神话故事。

人类对自然盐(卤)的发现和最初利用,与动物对盐岩、盐水的舐饮一样,往往是出自生理的本能。古代流传下来的"白鹿饮泉"、"牛舐地出盐"、"群猴舔地"、"羝羊舐土"的记载,都说明这一点。

中国最早发现并利用的自然盐之一是池盐,产地在晋、陕、甘等广大西北地区,最著名的是山西运城的盐池。它的历史悠久,在古代盐业史上占有很重要的地位。《史记》载,"黄帝曾战炎帝于阪泉,败蚩尤于涿鹿,两者实为一事",而"炎、黄血战,实为食盐而起"。

山西解池产盐,不需人工,正如王廙在其《洛都赋》中所说:"其河东盐池,玉洁冰鲜,不劳煮泼,成之自然。"这里的"自然",主要是指夏季频仍的"南风",使解池沿岸的盐水迅速蒸发,凝结成为盐颗。就像《北堂书钞》中记载的那样:"朝取暮生"、"暮取朝复",取之不竭。因此,"解池为一重要财源,自古已然"。

另一种自然盐是岩盐。陶弘景注释《神农本草经》曰:"戎盐味咸,一名胡盐,生胡盐山,后西羌北地、酒泉福禄城西南角。"产于"盐山"的盐,因称岩盐。秦汉时,称匈奴为北胡,居住在五原和阴山以北地区;北地,汉代都名。郡治甘肃环县南曲子附近,酒泉郡治福禄城,均系所谓"西戎"之地。在所谓"戎"、"胡"居住地区所产的盐,或称"戎盐"或称"胡盐",两者并无质的区别。"盐山"实指大粒矿盐,除了主要化学成分 NaCl 外,因地质、地层不同,所含的其他微量元素各异,从而出现赤、紫、青、黑、白等不同的颜色。岩盐在药盐学上也有一定的地位。《神农本草经》说,戎盐"可以疗疾","主明目,目痛,益气,坚肌骨,去毒虫"。有误中"班茅","戎盐解之"的记载。

人类对自然盐的发现和利用基本处于洪荒时代,因此,常以神话传说的形式流传下来。四川盐源县的纳西族供奉的"盐神"是一位少女形象,相传是她在牧羊时发现了盐水,后来在此开凿了盐井。古巴蛮也有类似的传说。范晔《后汉书》中记载了这样一个神话故事。巴蛮的始祖廪君"乘土船",沿夷水而下,至"盐水之阳",在这里他遇上一位女神,她对廪君说:"此地广大,鱼盐所出,愿与共居。"廪君没有同意,女神却暮来旦去,去时"化为虫,与诸虫群飞,掩蔽日光,天地晦暝"。后来,廪君射死了她,"天乃开朗"。于是,廪君及其五姓部落乃于此地筑城以居,独自占有鱼盐之地。盐水即夷水,女神也就是盐神。《十六国春秋·蜀录》也记载了这个故事。它说,巴蛮酋长廪君,名务相,"乘大船下及夷城",夷城"石岸险曲,泉水亦曲","陛陛相乘,廪君登之。岸上有平石,方一丈五尺。廪君休其上,投策计划算,皆著石篙。因立城其旁而居之"。《世本》则载,廪君用计射杀盐神:"廪君使人操青缕以遗盐神,曰:'婴此即相宜',云与女俱生;弗宜,将去。盐神受缕而婴之,廪君即立阳石上,望青缕而射之。盐神死,天乃大开。"郦道元在《水经·夷水注》中,综合了上述三个资料,写出了一个廪君与盐神交往的完整故事,他在故事结尾时称:"又有盐石,即阳石也。南朝宋人盛弘之著《荆州记》以是推之,疑即廪君所射盐神处也;将知阴石,是时阳石立名矣。"但是,这些都属于神话传说。也是一个反映远古时期南蛮部落在其杰出酋长率领下,沿盐水逐鱼盐而居,与盐神斗智,最后控有鱼盐之地的故事。故事中,提到的"盐石"、"盐水"和人格化的女性"盐神",都充满着神秘的色彩。

"天生"的卤,发现和利用在先,但是,它的产地、产量和质量都受自然的制约;只有"人生"的盐的出现,才在盐业发展史上真正具有划时代的意义。早期的人工盐主要有海盐和井盐两类;海盐的资源显露,易于开采,而且来源不竭;而井盐资源隐蔽,较难开采,来源也有限制。因此,在人工盐中,海水煮盐又往往先于井卤煮盐。

"天生曰卤,人生曰盐","咸鹾实天下互成"。盐是人类最早认识的物质结晶之一,在漫长的历史岁月中,与人类结下了不解之缘,更与食文化的发展相伴相随。古代的罗马人将盐叫作"有益健康的结晶体",古代的中国人则将盐视为"百味之祖"、"食肴之将",进而将盐称为"国之大宝"。食盐是人类肌体和生理必不可少的组成部分,是人类生活和饮食不可缺少的必需品,同时是食文化孕萌、衍展的基因之一,历史上更曾经成为食文化的标志和符号。

盐业是中国的一个古老的产业,也是一个关系国脉与民生的产业。

中国盐业史的开端,可以追溯到"夙沙氏初煮海盐"的遥远时代。中国古代盐业的发展可分为四个阶段:

其一,从神农炎帝时代至春秋战国时期(6000年前至公元前三四世纪),这是中国古代盐业资源的最初利用和开发的阶段。

其二,从春秋战国至汉魏之际(公元前三四世纪至公元三四世纪),这是开凿盐井、长途输卤和普及煮海的阶段。盐业史上的专卖时期,亦从此开始。

其三,从汉魏之际至宋金时代(公元三四世纪至公元12世纪),这是池盐人工浇晒、渐用天然气煮井和海盐草煎阶段。

其四,从宋金时代至清末(公元 12 世纪至公元 20 世纪),这是用顿锉法开凿小口深井及斜井掘进,海盐煎晒并举阶段。

两淮盐业,起源于两汉时代,发展于中唐,鼎盛于明清。海盐的晒法,始于宋元之际,推广于明清两代,与草煎盐业同时并存。

# 第二节　因盐置县

## 盐城成陆史

盐阜平原何时开始成陆?这块临海平原经历了怎样的历史变迁?长时间内一直是历史之谜。明万历十一年修成的盐城第一部县志《万历志》,在"地理志"中写道:"盐城屹然横峙海上。"清乾隆年间修的《盐城县志》在"沿革"中谓:盐城"在唐虞三代间,罗弹丸一区于海滨广斥中"。盐城古代的历史学家,对于盐城海岸成陆的认知仅此而已。

盐城在远古时代是陆地,后陆沉变为滨海平原。新中国成立后,大丰西团一带出土的古陆生物化石可以考定,盐城至少在两三万年前即已成陆。阜宁县羊寨一带的石器、骨器的发现,表明至迟在 4000 年前的新石器时代晚期,盐城境内就有靠渔猎为生的原始部落群活动的踪迹。

今盐城市境内,在范公堤(今 204 国道)以东的大丰市西团镇,离地面 4 米多的沙土层中,发现了 100 多枚动物的骨骼、牙齿化石,经南京地质陈列馆古生物脊椎动物专家鉴定,为古代鹿、野猪、麋鹿等动物遗骸。这些动物只能生活在陆地上。麋鹿是沼泽平原型食草动物,表明当时这里森林茂密,草原苍茫,沼泽连片。

唐代李吉甫《元和郡县志》载:"盐城,本汉盐渎县,洲长百六十里,在海中。"南宋学者王应麟在其《通鉴地理》中也说:盐城"唐以前为海中之洲,长百六十里,洲上有盐亭百二十三"。沿这条海中之洲以西,才是秦汉时期盐城的海岸线。

张步天所著《中国历史地理》在论述苏北海岸时也说:"分布于北沙、阜宁、盐城、大冈、东台一线范公堤附近的岗地一带,为新石器时代稳定了较长时间的海岸线。这一岸地为沙堤和贝壳堤所组成。"秦汉时期,上述海岸还是海中沙洲。

## "瓢城"春秋

盐城,又名"瓢城","始筑土成,西狭东阔,状如葫芦瓢",因而得名。这种奇怪的形状可能是中国城市的唯一。究其初衷,乃"取瓢于水,永不沉没之意"。

盐城,汉武帝元狩四年(公元前119年)因盐置县,初名"盐渎"。当时"有县无治",行政由射阳县丞(今宝应)代管,盐渎只设盐铁官,代行相关事务。

东汉熹平三年(174年),盐渎有了见之于史书的第一位县丞,名孙坚。他是三国时吴王孙权的父亲。孙坚在盐渎县丞任上没有多大建树,不久即调任下邳县丞。他在盐渎留下的唯一相关实物就是当年其父取水种瓜的一处古井,该井亦随之被冠以"瓜井"之名。"瓜井仙踪"为盐城八景之一。在后人眼里,瓜井已不只是一口普通的水井,它已成为盐城沧桑历史的见证。明万历年间,盐城知县杨瑞云有《经孙司马故居》诗一首:

> 自为寻孙宅,驱车历大荒。
>
> 瓜田犹在眼,兴王事非常。
>
> 蔓草埋狐穴,寒云锁女墙。
>
> 居人劳指点,中是聚仙堂。

清人刘沁区亦有《瓜井》诗云:

> 苔荒石秋古城隅,百丈何年断辘轳。
>
> 秋圃纵横双鹤沓,灌蔬人尚说孙吴。

三国鼎立时，江淮之地，兵戎相争，百姓竞相逃亡，盐渎市井萧条，土城日渐坍塌、废弃。

盐渎县名维持了 500 多年，至东晋义熙七年（411 年），盐渎更名为盐城。

由"渎"而"城"，即由水而陆，这是对居住环境的一种强调和改变；同时表达了一种愿望，人们更多地开始关注赖以生存的城池建设，而不再将纵横的河道作为它的屏障。盐城由此再筑土城。随着历史演进，硝烟熏染，"瓢城"时兴时废。及至盛唐之时，国泰民安。"瓢城"始得修复如初。南宋绍兴、乾道年间（1131—1173 年），"瓢城"又先后三次固修。虽仍为土城，但城墙已较为坚固。

元代起，海运渐兴。为防海盗、倭寇的侵袭，明永乐十六年（1418 年），盐城重修城墙，改土城为砖城，以固城池，抵御外袭。"城墙高一丈三尺，周围长七里多，东西及南北直径各二里多。"城内设东、西、北三门，各有城楼。东称"朝阳门"，西曰"安泰门"，为北"拱斗门"。城外掘有环绕护城河，在通往城外的东、北二门的濠河上，分别置有吊桥。西门则架设有木质平板桥，名曰"登瀛桥"，这是通向城外之咽喉。新城内辟有东、西、南、北 4 条主街，组成"十"字形；伏，以中市桥为全城中心，衙署、寺庵、儒学、校场等多半沿街巷设置。

明万历七年（1579 年），知县杨瑞云至盐城上任，见城无南门，遂增开一门，名曰"迎薰门"，并建城楼三楹，"高二丈五尺多，宽五栏，题额曰'淮扬一览'"。此南门，人称"杨楼"，气势雄伟，为附近各城门所不可及。城门外为"跃龙池"，池广五丈，长十丈。池南砌有"迎恩亭"，四面接水。门内建有一桥跨水，云"青云桥"；桥北对棂星门，设门屏一座，时开时闭，重门洞开之时，水环岗抱，尽在眼前。其壮丽炫耀之景致，"为淮南巨观，诸郡邑俱无"。昔日"盐城八景"之一"杨楼翠霭"即为此楼。清人高岑曾吟诗一首：

> 何处堪为结伴游，杨家胜概解疆伴。
>
> 马嘶绿野疑无路，人语红栏忽有楼。
>
> 四壁烟云浑似画，一天苍翠碧于油。
>
> 登临拟奏霓裳赋，身到丹霄最上头。

# 盐城历史沿革

远在西周初年,鲁侯伯禽令奄民南迁,途中有部分奄民留在盐城一带定居,可以说这是盐城早期的开拓者。

周以前为淮夷地;周时,淮海维扬州,故属扬州;春秋时属吴,后属越。战国时属楚;秦代属东海郡;西汉初为射阳侯刘缠封地。

汉武帝元狩四年建盐渎县属临淮郡,东汉属广陵郡,这是盐城置县的开端。三国时属魏,废县制;西晋又复县制属海陵郡。

东晋义熙七年,盐渎改名盐城,此为现名之始。自1983年始,盐城成为中国唯一以盐命名的地级市。

南朝陈时,建盐城郡;陈灭,隋大业初废郡复为县,属江都郡;隋末,韦彻据盐称王,分为新安、安乐两县,唐初复置盐城县属江都郡;五代十国南唐时属泰州;宋代属淮南东路楚州;南宋绍兴三年复属泰州,后属宝应州。元初属江北淮东道,至元中属河南江北行省淮安路,元末为张士诚所据;明代属南直隶(南京)淮安府;清初属江南省,康熙六年江南省东西分省划归江苏省,属淮安府。

民国属江苏省第六行政督察区,辖盐城、东台、兴化和阜宁4县。1946年盐城城区一度改名为叶挺市,1949年恢复原名(见表1-1)。

表1-1　盐城建制沿革简表

| 时　代 | 沿　革 |
| --- | --- |
| 唐、虞、夏 | 淮夷地 |
| 西周、春秋、战国 | 先属周,后属吴、越、楚 |
| 秦 | "淮夷""皆散为民户"。秦置射阳县(包括"淮夷地"),属泗水郡(一说九江郡或东海郡) |
| 西汉 | 汉初属射阳侯项伯封地(项伯即项缠、刘缠)。项伯死后,侯国废,先后分属楚、荆、吴等侯国。汉武帝元狩四年设盐渎县,由射阳县代管。光绪《盐城县志》说:"置县必远在元狩四年之前。"《中华人民共和国地名词典》说:"汉元狩置。" |

| 时 代 | 沿 革 |
|---|---|
| 东汉、魏蜀吴三国 | 东汉仍为盐渎县。三国时属魏,县废地虚 |
| 西晋 | 太康二年(281年)复置盐渎县,属广陵郡 |
| 东晋 | 安帝义熙七年(411年)改盐渎县为盐城县,属山阳郡 |
| 南北朝 | 南朝宋、齐、梁皆置盐城县,属山阳郡<br>南朝陈改射阳郡为盐城郡<br>北朝北齐,盐城县属射阳郡。北周改盐城郡 |
| 隋 | 改盐城郡为盐城县,先属楚州,后属江都郡。隋末农民起义领袖韦彻在盐城置射州,设新安、安乐、射阳三县 |
| 唐 | 武德七年(624年),废射州,复置盐城县,属楚州 |
| 五代十国 | 盐城县。吴时属楚州,南唐、后周时属泰州 |
| 北宋 | 盐城县。先后属泰州、楚州 |
| 南宋 | 盐城县。先后属楚州、涟水军、淮安军、宝应州、淮安州 |
| 元 | 盐城县。属淮安路 |
| 明 | 盐城县。属淮安府 |
| 清 | 盐城县。属淮安府。雍正十年(1732年)析盐城县北境置阜宁县。乾隆三十三年(1768年)建东台县 |
| 民国 | 废清代府道制,盐城县直属江苏省,曾先后设第十督察区、盐城区、第六行政督察区。盐城区辖盐城、东台、阜宁和兴化四县 |

1983年实行省管市,市领导县的新体制,设立地级盐城市,下辖城区、郊区2区和响水、滨海、阜宁、射阳、建湖、大丰、东台7县。

1987年后,东台、大丰先后撤县设县级市,1996年,郊区撤销,设立盐都县。2003年,城区更名为亭湖区;亭湖区辖原盐城城区以及原盐都县的步凤、伍佑、便仓3个镇,区人民政府驻人民中路。撤销盐都县,设立盐城盐都区,以原盐都县潘黄、大纵湖、北龙港、楼王、学富、义丰、尚庄、葛武、北蒋、秦南、龙冈、郭猛、大冈13个镇的行政区域为盐都区的行政区域,区人民政府驻潘黄镇。2007年,江苏省政府批复,同意将盐城亭湖区张庄街道办事处划归盐都区管辖。

2010 年,随着盐城城市规模的不断扩大,故将亭湖、盐都区部分区划做调整,亭湖区撤销伍佑镇,设立伍佑街道办事处,将南洋镇西半部乡镇组建新城街道办事处,盐都区撤销潘黄镇,设潘黄、盐龙街道办事处。以上就是盐城历史建置变迁的轮廓。

2014 年 7 月 19 日,根据盐城市人民政府要求,以划出原新都街道的福才、刘朋、万胜、新伙、福利、野丁、兴民、伍康、兴城 9 个居委会区域,另设立盐渎街道办事处,街道办事处驻盐渎路南侧万胜居委会境内。行政区划调整后,盐渎街道办事处行政面积 30.87 平方公里,人口 2.64 万人。

2015 年 8 月,国务院下发《关于同意江苏省调整盐城市部分行政区划的批复》,省政府下发《关于调整盐城市部分行政区划的通知》,同意盐城市行政区划做如下调整:撤销县级大丰市,设立盐城市大丰区,以原大丰市的行政区域为大丰区的行政区域,大丰区人民政府驻大中镇大华东路 1 号。此番调整之后,盐城市的行政区划将由之前 2 个区、2 个县级市和 5 个县的格局,调整为 3 个区、1 个县级市和 5 个县的格局。

大丰市改区后,将有利于大丰融入盐城大市区,发展平台优势更加凸显,将大力提升大丰发展的整体层次和水平;有利于提高大丰区域竞争力,新兴产业培育、沿海"三港"建设、城乡统筹发展等将获得更多要素支持和项目支撑;有利于保障和改善民生,教育、卫生、交通、文化、科技等共享市区优质资源,实现"同城待遇"。

# 第三节　海盐生产史话

随着海盐文化研究的不断深入,盘铁作为海盐生产工具的价值逐渐被人们发掘,不再是堆在角落里的废铁,而是古代盐民在长期的生产过程中智慧的结晶,也是盐城古代制盐业发达的又一佐证。

# 制盐史话

《管子》卷二十三记载："伐菹薪，煮涕水为盐。"菹为枯草，涕水或指山东境内的济水。可见，当时制海盐的技术水平尚处于砍伐枯干柴草煎煮海水的较原始阶段。又据《管子》卷二十三提到的"北海之众"，"聚庸（佣）而煮盐"，可知，早在春秋战国时期，齐国已出现了大盐业主，他们利用雇佣方式，集中大批劳动力，在较广阔的地域范围从事盐业生产。

图 1-3　盐民割草熬盐

秦汉时期，盐业生产有了很大发展。汉初，冶铁、制盐和铸钱并称三大手工业。西汉吴王刘濞立国广陵（今扬州），"招致天下亡命者盗铸钱，煮海水为盐，以故无赋，国有富饶"。"此吴王所以富国强兵而抗汉室也"（《史记·吴王濞列传》）。此时，地处淮南的盐城已"有海盐之饶"之记载（《史记·货殖列传》）。

汉武帝时"笼天下盐铁"，在全国各地置盐铁官署，实行盐铁官营。时两淮盐业十分兴旺,为便于运输,开始陆续开凿运盐河道。于是便有了"煮海利兴,穿渠通运"的历史画面。汉武帝元狩四年设置盐渎县,治所在古射阳(今宝应)。盐渎也就是盐河之意。《后汉书·百官志》言:"郡县出盐多者置盐官,考盐渎以产盐得名。"这时的制盐技术已有改进,出现了盐田生产法。所谓盐田生产法,是指在滨海地带建造盐田,利用盐田制卤。盐田制出的卤水,放在铁锅(汉唐时称"牢盆")里煎煮。魏晋南北朝时期,这里盐业已相当发达。至东晋安帝义熙七年改盐渎县为盐城县时,已是"为民生利,乃城海上,环城皆盐场"。

图 1-4　汉代煮盐牢盆

隋以前,直接煮海水为盐,故史籍有"煮海"之语。隋书《食货志》载:"一曰散盐,煮海以成之,二曰盟盐,引池以化之,三曰形盐,掘地以出之,四曰饴盐,于戎以取之。"南朝东晋以来,逐步发明了开辟亭场,刮泥淋卤,继后又发明了摊灰淋卤,煎卤成盐的方法。

隋唐五代的海盐生产继承了前代传统,出现北方、江淮、岭南三大盐产区。江淮盐产区,大致包括淮南、两浙和福建等地的东南海盐产地,其年总产量至少在 300 万石以上,为其他地区所不及。

唐朝时,盐利成为国家税收的大宗,制盐技术有了新发展,出现了淋卤煎盐法。淋卤煎盐法是古代海盐生产的一大进步。淋卤有两种方式:一种叫

"刮咸淋卤法",即刮取盐田中富集盐分的咸土或沙,再用海水浇淋,使土或沙中盐分深解,以提高卤水浓度。另 种叫"晒灰淋卤法",即将煎盐后所剩草灰摊铺于亭场,压紧平均,以使吸收海水,经日晒蒸发后,扫取灰盐,再以海水浇淋得到卤水。唐宋时期,盐业地位日趋提高,盐城已发展成为我国东南部重要的盐业生产中心。唐宝应年间(762—763 年),全国设"四场十监",盐城境内即有海陵、盐城二监。海陵监在东台。"岁煮盐六十万石",盐城监"岁煮盐四十五万石"(《元和郡县志》)。

图1-5 晒灰

《新唐书·食货志》载:"盐铁使刘晏……以盐生霖潦则卤薄,暵旱则土溜坟,乃隋时为令,遣使晓导,倍于劝农。"这时的制盐方法,曰刮曰淋,久旱则潮气下降,土燥而盐不生花,久雨则晒灰沾湿,卤气不足。刘晏通报盐民要抓紧时机,及时煎晒,唯恐遇岁潦欠产。

宋《太平寰宇记》载:"凡取卤煮盐,以雨晴为度,亭池干爽,先用人牛牵挟刺刀取土,经宿铺草藉地,复牵爬车,聚所刺土于草上成溜,大者高二尺,方一丈以上,锹作卤井于溜侧。多以妇人小子执芦箕,名之谓黄头,欧水灌溉,盖从其轻便。食顷,则卤流入井,取石莲十数,尝其厚薄,全浮者全收盐,半浮者半收盐,三莲以下浮者,则卤未堪,须欲刺开而别聚溜。卤可用者,始贮于卤槽,载入灶屋。别役人丁驾高车,破皮为窄连络头,皮绳挂着牛犊,铁杈钩搭于草场,取采芦柴茄草之属。旋以石灰封盘角,散皂角于盘内,起火煮卤⋯⋯溜之卤,分三盘至五盘,每盘成盐三石至五石,既成人户疾着水履上盘冒热收取,稍迟则不及。收讫,接续添卤,一昼夜可成五盘,住火而别户继之,土溜已浇者摊开,其土刺取如前法,若久不爬溜之地,必锄去蒿草,人牛自新耕犁,然后刺取,大约刺土至成盐不过四五日,但近海亭场及晴雨得所或风色仍便,则所收益多,盖久晴则地燥,频雨则卤薄,亭民不避盛寒隆暑,专其生业,然而收溜成盐,固不恒其故也。"

北宋《本草图经》载:"海边掘坑,上布竹木覆以蓬茅,积泥于上,每潮汐冲沙,则卤咸淋于坑中,水退则以火炬照之,卤气冲火皆灭,因取海卤贮盘中煎之,顷刻而成。"

清《续通典》载:"解州之盐风水所结,宁夏之盐刮地得之,淮浙之盐熬波,川滇之盐汲井,闽粤之盐积卤,淮南之盐煎,淮北之盐晒,山东之盐有煎有晒。"

清《盐法纲要》载:"用法制盐各有不同,海盐有煎有晒,池盐皆用晒,井盐皆用煎,而煎晒之法,复又各异。例如海盐煎法,必先位置盐田,采取咸水,淮南芦东谓之亭场,浙江谓之灰场,福建谓之盐漏,广东谓之沙田。煎盐之器,淮南谓之撇,长芦谓之锅,广东亦曰锅,山东谓之盘,浙江亦曰盘,福建谓之釜,此煎盐法也。晒盐分滩晒、板晒二类,滩晒之法,淮北则掘井筑池,长芦则掘沟筑池,山东奉天或掘井或掘沟,福建则为埕坎,广东则为石池,此滩晒法也。板晒之法惟浙江、松江有之,此海盐之大略也⋯⋯"

## 两淮盐业

因为淮盐,历史变得精彩。太阳播种,大海灌溉,多少炼海人倾情煮海,成就了它千年屹立的品牌。海之晶,国之脉,晶莹无瑕献人间,文化花开香四海。

淮盐文化是连接历史和未来的一条生生不息的血脉。

"淮盐出,天下咸。"从古到今,淮盐属天下之珍、一国之粹,为世人所公认。淮盐,作为一种文化的载体,几千年来,淮盐文化版图已刻下了许多历史的屐痕,留下了许多脍炙人口的美谈,它积淀的不仅仅是一段历史,更重要的是它以一种精神流芳于世。

古老的盐阜大地,沿海滩涂广阔,地势平坦,浩瀚的大海,是淮盐生产取之不尽、用之不竭的天然资源。远在春秋战国以前,盐阜先民们在渔猎、采贝以维持生计的同时,即已注意利用近海之利,汲海水而煮盐。

淮盐生产至今已有4000多年历史,有文字记载的也有2000多年。淮盐首见史籍的是汉昭帝时桓宽的《盐铁论》,司马迁的《史记货殖列传》指出:"彭城(徐州)以东,东海、吴、广陵、此东楚地也……东有海盐之饶。"

图1-6　盐铁论论争图

淮盐的发展历程可以用四句话概括:起源于春秋,发展于隋唐,振兴于宋元,鼎盛于明清。

最早提及吴地产盐,当首推司马迁在《史记·货殖列传》中的一段重要记载:"彭城以东,东海,吴,广陵,此东楚也……浙江南则越……夫自阖庐、春申、王濞三人招致天下喜游子弟,东有海盐之饶,亦江东一都会也。"在这里,司马迁对地属吴的广陵产盐做了明确交代,同时明确了浙江的位置称越。王莽篡汉改海陵为盐场的同义词"亭间",换言之,就直接把海陵称之为盐场了,时间长达33年(公元9年至公元42年,光武帝建武十八年复改亭间为海陵)。古泰州地区产盐的记载最早可追溯到秦。汉代刘向在《说苑·臣术》中记载:秦穆公派人到楚国地界的产盐地贩盐至秦。按时间推算,所指的地域只能是古海阳和盐渎一线,因为当时这一地段正是属楚。盐城市中国海盐博物馆内展品中有来自山东省的陶鬲器具,向人们展示3000年前人类祖先在没有发明金属冶炼之前使用陶鬲煮海水为盐的历史。

淮盐,因产地而得名,其产地位于今江苏省北部沿海地区,同时以淮河为界,淮河以北为淮北盐场,淮河以南为淮南盐场,是中国古代四大海盐产区之一。淮盐当以淮北盐场所产的粒大色白的盐的品质为最佳。

明代是我国商品经济发展的重要时期,从开中法到纲运法的盐政措施,无一不使作为全国产盐大户的两淮盐场地区获得长足发展,由此促进了两淮地区商品贸易的发展和繁荣,并且在古扬州等地出现了一大批富甲一方的大盐商。

两淮盐业是中国盐业的重要组成部分,古称"煮海之利,重于东南,两淮为最"。这就充分说明淮盐在中国盐业中的地位了。

在长期的历史演变中,淮盐留下了弥足珍贵的文化遗产。淮北制盐工艺的演绎,历经百代人之手,大体经历了从海水煮盐到天日晒盐两个漫长的过程。炽热的红色火焰与蓝色的海波不仅凝结成了"色白、粒大、味美"的淮盐,更编织成了一幅海盐文化的绚丽篇章。2009年,经过省政府批准,淮盐晒制技艺成为江苏省第二批非物质文化遗产保护项目。

远古时期,两淮盐区大部分区域还是一片汪洋,由于长江泥沙的沉积和黄河南徙夺淮后,大量泥沙流入近海,使海岸线不断东伸。自新石器时代开始,广大的两淮盐区逐步成陆。成陆过程中形成了大片的滩涂和草荡,为草煎盐业的发展提供了优越的自然条件。因此,西汉初年,吴王刘濞招募天下亡命人首先在已经成陆的地区煮海为盐,是为淮盐见于史籍之始。这些亡命人,也就成了两淮盐区的最早开拓者。

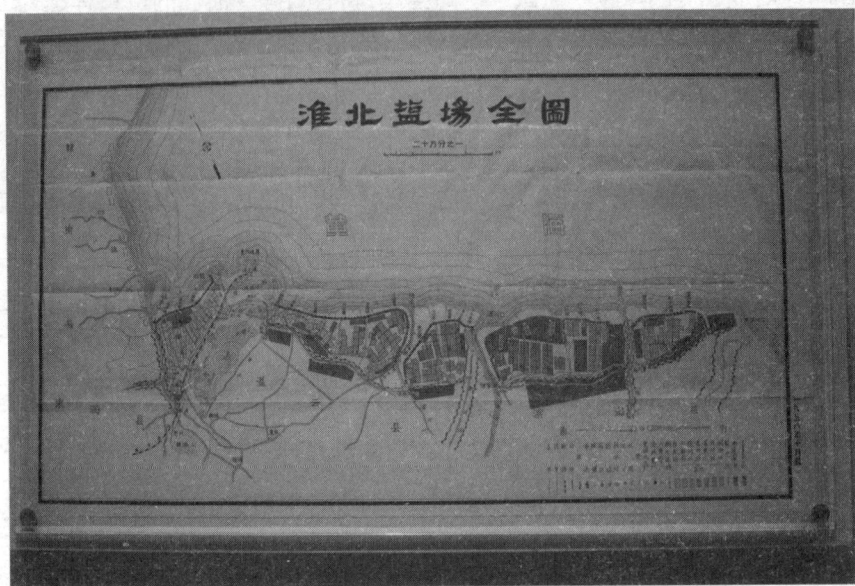

图1-7 淮北盐场全图

两淮盐区的中心在淮河,淮河以北称淮北盐区。以晒盐为主,即将海水引入盐池内,经日晒风吹蒸发水分,留下盐的结晶,其色灰白,粒大,有杂质;淮河以南称淮南盐区,以煎盐为主,即将海水沉淀后,放入铁锅内,用火煎煮,获取盐的结晶,其色洁白,粒小,无杂质。淮南淮北所产之盐皆称淮盐,饮誉古今,名闻遐迩。此时,地处淮南的盐城已"有海盐之饶"之记载(《史记·货殖列传》)。长江沿岸的川、鄂、赣、皖、苏、沪等地,均视淮盐为上品食盐。

相传,湘、赣一带嫁女,多选淮盐为馈物,而云南一些地方的少数民族嫁女,则必以淮盐相陪方为嫁妆齐全。多少年来,盐阜人民靠海吃海,煮海为盐,并以此作为开发沿海滩涂经济的重要途径。

西汉武帝时,由于长期对外用兵,财政开支不断增大,国库日见疲困,始在两淮地区设立盐官管理盐政,征收盐税。

南北朝至唐初,沿海淤沙成岛。有许多因犯罪被流放,或因灾难而流亡的人们,来到这些沙州以煮盐为业。《南兖州记》载:"沙州长百六十里,海中州上有盐亭百二十三所,每岁煮盐四十五万石。"

中唐以后，中国北方经济因战乱遭到破坏，国家经济重心南移。盐铁使第五琦、刘晏先后致力于发展淮南盐业。所产盐色洁如霜似雪，备受当时推崇，号为"吴盐"。李白诗中"吴盐如花皎白雪"，正是说的当时的情况。

唐宋时期，盐业地位日趋提高，盐城已发展成为我国东南部重要的盐业生产中心。唐宝应年间（762—763 年），全国设"四场十监"，盐城境内即有海陵、盐城二监。海陵监"岁煮盐六十万石"，盐城监"每岁煮盐四十五万石"（《元和郡县志》）。

宋政府因长期受外患困扰，乃创"折中法"，以盐利接济边饷。为加强边防，注重于发展盐业，而尤重于淮南。在江北沿海的三余湾和盐城东冈一带亭场密布，从而进一步确定了作为淮南盐主要产区的历史地位。同时，通、泰、楚三州所产之盐，划定销往江、浙、荆、湖、淮等路州县。销区之广，税入之巨，列全国盐区之最。故有"两淮盐赋甲天下"之美称。这种独占鳌头的历史地位自北宋开始，一直保持到清末。南宋立国专仰盐课，而淮东通、泰、楚三州盐独当天下盐课半数以上，尤为南宋朝廷所注重。所谓："东南盐利，视天下为最厚。"

宋时，盐城"去海不过一里"，境内有海陵监的虎墩（即富安）、梁垛，盐城监的五佑（即伍佑）、紫庄（即刘庄）、南八游（即草堰）、北八游（即白驹）、丁溪、竹溪、新兴、七惠、四安（又称四海）共 11 个盐场，年产盐 100 多万石（约合 2700 多吨）（此处记载或计算可能有误），生产规模超过四川的井盐工场，居淮南产盐之首。与此同时，在西溪盐官范仲淹的组织下，修筑了一条长长的捍海防潮大堤——"范公堤"，有力地推动了盐业的发展，促进了农业和手工业的腾飞，繁荣了商业，便利了交通，盐城逐步成为对外贸易的重要基地。

南宋建炎二年（1128 年），黄河夺淮经盐城北部云梯关入海，经 600 多年后，黄河又改道山东入海，抛弃了淮、泗故道，造成了泗水下游淤塞，淮水入海无路，入江不畅的局面，使沿海泥沙堆积作用大大增强，海岸线东移迅速，滨海平原淤涨加快。唐时盐城去海不过 500 米；绍兴三十年（1160 年），右朝奉郎通判楚州徐宗偃曾书："楚州盐城县，去海不过一里。"南宋王象之的《舆地纪胜》也说："大海在盐城东一里。"这些记载，说明自唐至南宋初海岸线比较稳定。

图 1-8　范仲淹筑捍海堰示意图

　　南宋末年,海岸不断东移,到明嘉靖年间(1522—1566 年),海岸线已东迁 15 公里多。到明朝末年(1644 年),盐城距海增为 25 公里;至清乾隆年间,增为 50 公里以上;到咸丰五年(1855 年)黄河北徙山东入海时,盐城离海已达 70 多公里。

　　其后,由于泥沙来源减少,射阳河口以北海岸侵蚀严重,废黄河三角洲已蚀去 1400 平方公里土地。而射阳河口以南则淤涨迅速,尤以大丰、东台海岸东移速变最快,在东海浅海区发育了世所罕见的巨大的辐射沙脊群。境内的盐灶已从范公堤西逐渐移至堤东,并随海势的东迁不断东移。于是,旧时曾是重要煮盐基地的盐场便逐渐演变成了小型城镇。今串场河沿线东台、大丰两市区和阜宁、滨海两县城及其富安、安丰、梁垛、草堰、白驹、刘庄、伍佑、新兴、上冈等小城镇,正是在这样的基础上发展而成的。

　　元代盐产皆因袭宋、金旧制,由民间生产,按定额卖给官府,叫作"办课"。到成宗大德四年(1300 年),在两淮推行立仓纲运之法,即在扼要地点建立盐仓,设运盐官,分纲运盐,存储各仓,令客商赴仓购盐,不许下场直接支领。意在防止商人下场勾结场官走漏私盐,或逼勒灶户加斤。后来又实行"引票"法,但引票价格不断升高,造成盐市场的一度混乱。结果形成元代后期官商竞卖,使私盐一度充塞市场,产盐人卖不出盐,盐民生活愈加困难。

元代煮盐技术和宋代基本上是一样的。元代出现了一本关于煮盐技术的专著《熬波图》。根据《熬波图》的叙述,结合其他记载,可以将当时淮盐生产归结为下列步骤:建造房屋,开辟滩场。引海纳潮,浇淋取卤,煎炼成盐。《元史·食货志》载:"至正十八年(1385年),两淮之盐增为八十万引(约合8万吨)。"难怪元时有"两淮盐税甲天下"之说了。虽然,从前人留下的文字记载中,还未查考出盐城境内富安、安丰、梁垛、东台、何垛、丁溪、小海、草堰、白驹、刘庄、伍佑、新兴、庙湾13场(时全国共有125场,其中淮南淮北计有35场)盐产量的具体数据,但从《元史·地理志》注盐城为"上",也足以说明此时盐城的产盐质量为上品,数量亦居多。

明清时期海盐生产取得了显著成绩,晒盐法逐渐推广使用,产量有较大提高。元末明初,农民起义沉重打击了封建地主阶级,朱明王朝建立政权之初,与蒙古贵族相勾结的江南地主大量迁移,致使两淮盐业产业锐减。明嘉靖后,两淮盐业逐步恢复。

洪武年间,朱元璋兴"洪武赶散",驱苏州、松江、嘉兴、湖州、杭州等地4000余户于盐城各场充当"烧盐煎丁",客观上对盐业生产的恢复以及发展沿海经济起到了一定的促进作用。

明代,政府为抵御外患,仿宋代"折中法",实行"开中法",以盐课供应北方边境军需,政府对发展盐业生产甚为关注,而尤重于两淮。在两淮设立30场,并创设通、泰、淮3分司,以通州分司领"下十场"。由于政府的重视,盐业生产的规模比元代有了长足的发展。在生产上,明代前期采用"聚团公煎"法。所谓"聚团公煎",就是一场分几团,一团分几户,轮流煎办,以纳丁盐。明万历四十五年(1617年),进行盐法改革,团煎改散煎,极大地解放了生产力,调动了盐民产盐的积极性。

明初,于两淮设都转运司,"两淮所辖分司,曰泰州,曰淮安,曰通州;批验所二,曰仪真,曰淮安;盐场三十,各监课司一"。其中,以淮河为界,淮南27场,淮北3场。由于明代制盐技术的进步,各产区产量不断增加,为便于梳理,按各场食盐产量的不同,将两淮盐运司所辖30场分为上、中、下三等:"上场:富安、安丰、梁垛、东台、何垛、草堰、角斜、栟茶、丰利、石港、金沙、余西、吕四。中场：马塘、西亭、新兴、余东、余中、庙湾、倔港、伍佑、刘庄、白驹、小海、丁溪。下场：莞渎、临洪、兴庄、徐渎、板埔。"此 30 场在明代场区变化很小。

淮盐的行盐区。盐的销售区也叫行盐区，不同产盐区的行盐区域是不同的，同时还有严格的区域限制。明代淮盐，"盐行南直隶之应天、宁国、太平、扬州、凤阳、庐州、安庆、池州、淮安五府，滁、和二州，江西、湖广二布政司，河南之河南、汝宁、南阳三府及陈州"。所输边"甘肃、延绥、宁夏、宣府、大同、固原、山西神池诸堡"，上供"光禄寺、神宫监、内宫监"。淮盐的行销区域并不是不变的，而是时有消长的。由于淮盐产量大，兼贵味美，"正统中，贵州亦食淮盐"。成化年间，由于淮盐出现拥塞不畅现象，海北盐的产量不断增加，"成化十八年，湖广蕲州、永州改行海北盐"。同样因广东产量增大，"正德二年，江西赣州、南安、吉安改行广东盐"。行盐区域的变迁，反映出明代各盐场之间的竞争与争夺。

明清淮盐生产分煎、晒两个阶段：第一阶段，采用盐卤晒盐，其提取盐卤的方法与煎盐法相同，只是成盐过程采用晒的方式。第二阶段，直接斗等海水在若干的卤池内分层曝晒取卤，然后取卤水入晒盐池，利用太阳能的作用晒制成盐。

晒盐是以海水为原料，以盐滩为主要设备。滩址选定后，或掘井筑池，或掘沟筑池，汲引海水，曝晒成卤。而后引入结晶池内。经风日蒸发，曝晒成盐。由于晒盐是以太阳和风力为能源"白勺"制盐技术，受盐场的自然条件影响很大。

明末清初，两淮盐业因战乱而遭到破坏，经清代前期历朝政府不断采取扶持盐业发展的措施，至清代中叶，两淮盐区的盐产量创历史新高。其后因海势东迁，产量锐减。

自清中叶后，黄淮巨量泥沙的淤积，使得海岸线不断东移，境内的盐灶已从范公堤西逐渐移至堤东，并随海势的东迁不断东移。旧有亭场因潮汐不至，致使土卤变淡、茂草渐盛、盐产日薄，因而盐场逐渐减少。至 1931 年，淮南仅剩盐场 6 个。为生计，原有盐（灶）民不得不进行零星垦殖，未料到垦殖的经济效益竟是盐业的 10 倍。于是，初尝甜头的盐民，陆续开始了他们世世代代的第一次产业转移。

据清嘉庆《东台县志》记载："东台场一百五十里至沿海小龙港，原有灶地荒废，盐法规定禁垦，而人民私垦者日多。"盐灶渐废，垦殖业兴起，已成不可阻挡之势。随着新兴、伍佑两场于清光绪二十六年（1900 年）的率先放垦，盐阜地区以"废灶兴垦"为标志的滩涂经济开发逐步兴盛起来。1915 年，经南通实业家张謇登高一呼，各大盐垦公司纷纷成立，"废灶兴垦"进入高潮。昔日的"煮海为盐"由此成为历史。

在中国近代史上，淮盐资源是帝国主义列强掠夺的重要目标。民国时期，袁世凯以盐税、关税作为抵押，向英、法、德、日、俄五国银行借款，盐税由此落入洋人之手。外国银行团通过稽核所大幅度提高税额，从两淮盐税、盐价中竭力搜刮。日本侵华战争爆发后，两淮盐场遭受了天灾人祸的空前劫难，盐业生产受到极大影响。

抗日战争期间，中国共产党领导的八路军、新四军也先后进入苏北、苏中，部分盐场回到人民手中。抗日战争和解放战争中，江苏盐场广大军民同日本侵略军和国民党反动派进行了艰苦卓绝的斗争，许多志士为盐场的解放献出了生命，广大盐工、盐民恢复发展盐业生产，组织好盐税收入，支援前线，为抗日战争和解放战争提供了重要财源。

中华人民共和国成立后，淮盐作为关系国计民生的重要产业而得到迅速发展。从"一五"规划起，盐场开始向着盐田结构合理化、工艺科学化、生产机械化和纳潮、制卤、结晶、集坨集中的"三化四集中"方向不断进行技术改造，盐业生产得到较大发展，盐场落后面貌很快得到改变。从 1960 年起，江苏盐场建设规格化和机械化的新盐田，产量、质量得到很大提高，并试验成功塑料薄膜苫盖结晶池新技术，接着进行大面积推广，在海盐生产工艺上实现了历史性的突破。它为多雨地区实行海盐常年生产，长期结晶，实现海盐优质、高产、稳产，开辟了一条新路，并为逐步实现扬水、制卤、收盐、运输机械化创造了条件。该项技术为江苏盐业首创，得到国际上制盐专家的肯定，获得国家科技进步奖。

1998年，江苏省盐业公司进行改制，成立江苏省盐业集团有限责任公司，并列入了全国500家最大经济规模企业之一。在海盐产区设立金桥和银宝两个盐业有限公司，在全省14个省辖市，设立批发、销售分公司和支公司，负责各地方盐的批发经营工作，在全国创造了独具特色的盐务管理体制。

淮盐产品行销湘、鄂、皖、赣和苏、鲁、豫、沪、浙、贵等省、市、自治区计270个县(市)，供2亿多人口食用，从1980年开始，淮盐投入国际市场。

江苏盐场分布在北起苏鲁交界的绣针河口，南至长江口这一斜形狭长的海岸带上，跨越连云港、盐城、淮阴、南通4市的13个县、区，占地653平方公里。

江苏海盐建立专场产盐，江苏盐场从新中国成立初期的21256公顷零星分散的盐田，发展到目前88000公顷新式盐田。下辖青口、台北、台南、徐圩、灌西、灌东、射阳、新滩8个盐场，年产海盐200万吨，原盐质量全部达到一级品，部分达到优级品，多次被评为江苏省和轻工业部优质产品。

因为淮盐，江苏成为中国从封建社会后期开始经济最为繁荣、资本主义雏形萌发最早，又极具代表性的地区；承载着物华天宝的淮盐，在中国经济发展史上写下了浓墨重彩的一笔。

## 制盐工具

人类的历史从人们制造并使用工具的那一刻开始，人类的历史在工具的不断革新中进步，人类的历史也必将在工具发明的鼎盛时代创造辉煌。

工具的发明和使用代表了人类的进步。中国古代先民发挥自己的聪明才智，与天斗，与地斗，因时制宜，因地制宜，他们制造出大量小巧实用的制盐工具。在生产力极为低下、生存环境极为恶劣的情况下，这些工具为盐业的生产发展提供了保证。

夏商时期中国的金属冶炼是青铜器，而铁器的出现是在春秋晚期。战国时期铁农具逐步推广，由宋至明以来，多以锅撇(称镴)煎盐。宋代主要是贫灶用锅撇,以后渐成为辅助煎具。明末以后,锅撇成为主要煎具。当时撇有严格的管理制度,根据定产置撇,绝对不能多置锅撇。一般为二撇一锅,也有一撇一锅或三撇一锅的,这样的情况为数甚少。

至光绪七年(1881 年),江苏袁浦、东台、启东、三甲等盐场共有制盐晒板 57830 块,光绪三十三年

图 1-9　锅撇图

(1907 年),淮南吕四盐场就有晒板 1 万块,1949 年,吕四盐场晒板发展到 24930 块。到 1987 年,三甲盐场还有 8000 多块晒板制盐。

盐城市海盐博物馆收藏有 20 多块出土于滨海县境内的盘铁。随着海盐文化研究的不断深入,盘铁作为海盐制盐工具的价值逐渐被人们发掘。它不再是堆在角落里的废铁,而是古代盐民在长期的生产过程中智慧的结晶,也是盐城古代制盐业发达的又一实物佐证。

随着科学技术的进步,制盐工具不断向现代化方向发展,如电机抽水,机械扒盐、运盐、粉碎、粉洗等,均非手工操作,而被现代化的制盐设备所取代,盐业生产,换了人间。

## 制盐工艺

如果说制盐工具属于物质文化遗产的话,那么,非物质文化遗产就是制盐工艺和盐民生产、生活的民风民俗等。

海盐制盐工艺在非物质文化遗产中的地位和价值是显而易见的,它是古代劳动人民智慧的结晶,是我国优秀历史文化的传承,即使在当今社会,也具有很高的考古、审美和旅游开发价值。

盐由日光风力火伏而成,人工所施不外乎煎晒两大类。同一产地,而煎晒不同,同一煎晒而法又不同,因天时地利的差异,不得不因时制宜,因地制

宜,这就形成了不同的制盐工艺。

从明代开始,海盐生产方式逐步从煎盐向晒盐发展。早期晒盐主要在江苏淮南盐区拖晒,即淋齿板晒。清代咸丰年间,浙江定海伤山岛发生天灾,盐民逃荒到江苏奉贤沿海一带,开始除草辟滩,晒滩制齿,用板晒盐。晒板制盐的采齿、制作过程与煎盐基本相同。主要是开辟亭场以建筑"淋齿塔"、"引潮灌溉"、"把晒、咸泥"、"刮泥淋齿"、"板晒成盐"等工艺。

图 1-10 板晒盐

### 1. 草煎盐工艺

(1) 制卤工艺

① 刺土制卤

为唐代海陵监亭户创造,称为"刺土成盐法",即刮咸、淋卤、试卤、煮盐。刮咸,又称"刺土"。

其工艺为:

摊泥:以咸泥置漏碗中,经海水沥尽,用锹挖出,堆积于漏碗四周,称生泥,天晴时担至晒场,平铺于场面,灰场盐晶如霜,即盐花。

刮泥:灰场盐花既现,盐民即用拖刀,将灰场上浮泥刮起成片。

抄泥:刮起之泥,干湿不均,再由两人背搔扒,反复抄之,使其干松、细碎。

集泥:泥干松后,由两人对引裁板,把泥土收堆成一条直线泥岭,再裁成一担一堆,以利于挑运。

做溜:将堆积之咸泥,用畚箕挑至土基中央做溜,溜底先垫草,咸泥堆在上面做溜,溜高二尺,方一丈。

淋卤:溜亦称泥碗,底平如镜。溜边砌一卤井。溜做好后,用海水浇溜淋卤,数小时后卤即从竹管流入卤井。然后用石莲子试卤,全浮者即可入煎。

② 晒灰制卤

宋代亭户在生产实践中,改刺土制溜淋卤为晒灰制卤法。盐民用煎盐草灰制卤比之用咸泥制卤,既减轻了劳动强度,又提高了制卤效率,是制盐技术的一大进步。

其工艺为:

制灰:盐民煎盐配有草荡,采白草煎熬,白草在燃烧过程中,还未炭化之前,浇水灭火,成为草炭,即草灰。

晒灰:每日清晨,灶户看天色晴霁,将灰坑内淋过卤的草灰,挑至晒场。

撒灰:灰挑至晒场后,用板锨逐担撒开,每担均匀布 4 平方丈。

打灰:灰撒开后,为了均匀摊晒,便用扫管普遍扫刷一遍,俗称打灰。操作人由前向后退。

收灰:灰晒至当日午后 4 时,灰色有光,则知卤气已升,灰已成咸,即可收灰淋卤。

淋卤:干灰入坑后,先将灰摊平,然后用脚依次踏实,再用板锨荡平,四周做成灰岸子。然后打水,通过水渠流至灰坑,

图 1-11 石莲验卤

灰坑表面水深3～5寸,水从灰上慢慢向下渗透,灰上卤气随水而下,卤水便顺着灰坑下竹管流入卤井中。

试卤:要知卤的淡咸,必须测试。古时试卤用石莲子,后来盐民用鸡蛋土法上马测试,新中国成立以后,用波美比重表试卤。合格的卤,当天打入卤池,室内贮存,以备煎熬。

(2)煎熬工艺

备草:盐民煎盐历代政府都规定配煎草荡,配煎地亩各场不一。

煎熬:卤足草备,即可举火开煎。明万历四十五年(1617年)以前,煎盐用盘铁。经砌柱承盘,排凑盘面,芦箬栏围,装泥嵌缝等工序,将数角拼合成一盘,用竹管从卤池内注卤入盘,起火煮卤,卤水将干时,投入皂角数枚,卤即开始结晶成盐。

煎熬成盐是盐业生产中繁重的体力劳动,每当开煎,灶民无论男女老幼,昼夜赴灶棚力作,盛夏酷暑,烟熏火燎,蓬头垢面,极其辛苦。

**2. 板晒盐工艺**

引潮灌溉,引海水漫灌晒场,以补充晒场因刮泥淋卤而失去的盐分。

(1)耙晒咸泥

将卤塔中淋过卤的淡泥用锹挖出,挑至晒场。天晴时,拂晓前将淡泥摊晒于晒场之上,海水浸漫之后,日晒水干,场土发白后,即用钉耙梳理敲打,使土细碎如灰,于日光下继续曝晒。

(2)刮泥淋卤

午后三四时,晒场上的泥吸取地下盐分,经日晒风吹蒸发,表层泛起盐霜,即用推灰板收聚成堆,用畚箕挑入卤塔,卤塔满后,用脚排踏匀实,上面放一束稻草,同时在周围做一道高约二寸的边岸,以防淋卤的海水外溢。然后从塔边水渠里舀海水,向稻草上浇灌。加水多少视淋出卤水的浓度而定,约经一两小时,海水滤过咸灰即成咸卤,通过塔底竹管流入塔边卤井,以备晒盐之用。

(3)板晒成盐

从漫灌晒场到晒卤成盐,一个生产周期需6～7天。

### 3. 滩晒盐工艺

（1）纳潮储水

在海水涨潮时，开启海堤上的纳潮闸，纳进大量海水，作为盐业生产的原料。纳入的海水，含盐浓度高，成盐就快，产量就高，且降本增效。

（2）蒸发制卤

制卤是盐业生产的中心环节，耗时费力最多。一般从海水进滩到浓缩饱和，需经 13～14 步蒸发，正常天气下需要历时 10～15 天。

在全面普及塑苫化结晶工艺的同时，对蒸发池也推行了塑料布垫底防渗保卤新工艺。

（3）结晶长盐

卤水经蒸发区、调节区逐步蒸发后，浓度已近饱和。卤源丰足，即可进入结晶区，灌入预先准备好的结晶池，又称灌池，时间一般在上午八九时，然后撒入大颗粒原盐，称"种盐"，卤水进入结晶过程。

1981 年，开始试行塑苫化结晶，推行"新、深、长、硬、清、净"新工艺，大大提高了单位面积产量。池内卤水浓度超过 29 波美度时，氯化镁开始析出，须将老卤排出滩外，称"排老卤"，否则盐质不好。

（4）扒盐入廪

饱和卤在结晶池内连续长盐，盐层达到一定厚度时，即可扒盐入廪。20 世纪 80 年代全面普及塑苫池结晶后，一般一年收一至二次盐。收盐时一般留部分底盐为盐池板（除需耕翻和压实的结晶池外），以做下一轮灌池时的盐种，同时亦有利于澄清卤水，提高盐的品质。

制盐工艺中的晒盐法作为一种更先进的制盐方法，为何在两淮地区没有得到推广？其主要原因有：一是明朝建立初期，为了维护政权稳定，坚持使用煎盐法来管理控制盐民和稳定国家税收；二是两淮地区是中央行政权力重点控制区域，民风安于守旧，人民对新事物总是抱有怀疑态度；三是两淮特殊的气候地理条件使晒盐法这种较先进的生产工艺有一个缓慢的发展成熟的过程。

# 第四节  盐政、盐商与盐丁

## 严苛的盐政

盐是人类生活不可或缺的物质。食盐与人民生活休戚相关,与社稷安危密切联系,至今仍无替代之物。纵观古今,历朝历代都非常重视盐业,采取官盐政策,平衡产销,征收贡赋,使之有利于国脉与民生。盐业管理体制是盐业发展中的重要环节,从这一角度考察,可以清晰地了解盐政的漫漫历史。

盐有税自夏代始,不过当时并无"税"这一说法。《禹贡》记载:"青州厥贡盐",即青州地方以盐作为贡品纳给上层统治者,其实也就和赋税差不多。商承夏制,周因商制,都实行贡纳形式的征税制度。一般认为夏、商、周三代贡税较轻,百姓负担不重。人民可以自由经营食盐的生产和运销,政府只是在产地设虞衡官,执掌政令,引导大家适时制盐。这一盐法延续整个春秋时期,当时,除齐国,其他诸侯国大都采用征税制。

齐国地处海岱之间,一面是泰山山脉,一面是黄、渤二海,有"海王之国"的美称,盐业资源非常丰富,管仲决心加以开发,他建议齐桓公:"今齐有渠展之盐,请君伐菹薪,煮泲水为盐,正而积之。"桓公采纳了他的建议:"十月始正,至于正月,成盐三万六千钟。"(《管子》卷二十三)引文中的"正"通"征",含征收之意。

管仲相齐,始于齐桓公元年(公元前 685 年),止于齐桓公四十一年(公元前 645 年),共计 41 年,发展盐业的思想从生产到销售,自成体系,其"官山海"的财政政策,开创了盐业专卖的先河,为传统中国找到了一个稳定而丰实的税源。尽管后人对此毁誉参半,但历代统治者无不重视管仲的盐政措施,尊其为三大"盐宗"之一。

汉初,有感于秦亡之教训,加之战乱之后民生凋敝,于是废除秦朝的各种苛政,推行休养生息的政策。盐业官营的制度被取消,许多人开始进入食盐的生产、运销各环节,盐官们则只负责征收盐税。一大批王室成员、权贵豪强、富商大贾由此而获巨利。

汉武帝元狩四年,淮南盐区在广陵设均输官,管理销盐。汉献帝建安元年(196年),广陵设监卖机构,负责监治盐务及销盐事宜。

唐开元十八年(730年),任命宣州刺史裴耀卿为江淮转运使,二十二年(734年),在扬州设处置转运院(《江苏省志·盐业志》记为开元元年——编者注)。乾元元年(758年),盐铁铸钱使第五琦设江淮监院于扬州。广德初,改为淮南巡院皆治扬州。宝应元年(762年),盐铁使刘晏设海陵监,移盐司于海陵(今泰州)。自此始,吴越设4场10监(两浙5监、福建1监、四川2监3场、两淮2监1场),其中,涟水场及盐城、海陵两监在两淮。销区设13巡院。南唐升元元年(937年),海陵监署移驻东台场,管辖南北8场,分布在东沙冈堤岸两侧。

宋置东西丰利监治通州,海陵监小海场西溪海安二盐仓治泰州,如皋仓治本县,盐城监治楚州,海口场治涟水军,板浦、惠泽、洛要三场治海州。各监设有买纳官负责出纳诸场盐课,催煎官分掌诸场煎发,运盐官负责运输袋盐输于仓内,监仓官负责储存仓盐以备枭商,支盐官负责批引掣验。又于各盐场设置巡检官,平时警察私煎,起盐时监董入仓。海陵监、丰利监上属淮南东路盐务机构领导。

整个宋代,淮南东路盐政机构名称多变。北宋建隆初年(960年),称江淮荆浙发运司;乾德初年(963年),改为江淮转运司;开宝七年(974年),海陵监署移驻如皋县,管南4场、北4场,后又废;淳化三年(992年),改为江淮制置茶盐司;庆历三年(1043年),改为淮南都转按察司;元丰八年(1085年),改为都转运盐司;政和元年(1111年),改为提举盐事司;南宋绍兴初年(1131年),称淮南茶盐提刑司;绍兴五年(1135年)春,罢淮南茶盐提刑司,设淮南提点司,同年十一月,复置淮南提举盐事司;绍兴七年(1137年),复罢淮南提点司,东、南两路各置转运司;绍兴九年(1139年),置淮东提举常平茶盐司;隆兴二年(1164年),改为措置两淮海道司;开禧初年(1205年),设提举淮盐司(以上治所时扬州,时泰州)。

元至元十四年(1277 年),在扬州设置两淮都转运盐使司,数年后移治泰州。运盐使司内配有运使、同知、副使、运判、经历、知事、照磨等官,分掌其事。至元三十年(1293 年),罢所辖盐司,以其属设置场官。其时两淮共 29 场,大丰境有丁溪、小海、草堰、白驹、刘庄 5 场。

明洪武元年(1368 年),沿元旧制,设置两淮都转运盐使司于泰州。洪武三年(1370 年),移治扬州,运使为从三品。运司之上,每年设巡盐御史一职(正七品),掌巡视私盐、督催课款、监督盐官等事。运司以下,皆受巡盐御史之政令。两淮运盐使司下设通州、泰州、淮安 3 个分司及批验所。分司系运司的派出机构,总理所属各场盐务,长官称判官(正六品)。分司署设吏房、柬稿房、钱粮房、承发房等 4 科,属员 9～15 人。两淮共 30 场,由 3 个分司各领 10 场,自南向北称为"上十场"、"中十场"、"下十场"。今大丰境的丁溪、小海、草堰 3 场,时属泰州分司管辖的"中十场"内;白驹、刘庄 2 场,时属淮安分司管辖的"下十场"内。泰州分司先驻泰州,正德十五年(1520 年),移治东台场[故址在东台鼓楼街,清康熙年间增修,计房 120 间,民国二十九年(1940 年),被日寇飞机炸毁一半,其余房屋在次年又被日军拆光——编者注]。各盐场洪武初年沿元旧制,但革司令、司丞,设管勾等官,后改置百夫长管理场事。洪武二十五年(1392 年),改设盐课司,置大使、副使各一员,攒曲、司吏各一员,主掌监理产制、督催课盐及收买放发之事。盐课司署设吏房、火伏房、钱粮(万历后改折价)房、日行房等 4 科,属员 11～16 人。永乐十三年(1415 年),两淮始遣巡盐御史。

清沿明制,少有更改。顺治初年(1644 年),仍在扬州设两淮都转盐运使司。运司之上,设巡盐御史一员,定例一年更换,掌综理盐务,兼有举劾地方官员并查拿恶棍之责。雍正九年(1731 年),以两江总督兼行总理盐务,称为总理盐法大臣。运司之下,设通州、泰州、淮安三个分司,为运司派出机构,长官称运判。两淮共置 30 场,每分司各领 10 场(领属与明代相同),仍称"上十场"、"中十场"、"下十场"。各场设盐课司,置大使(正八晶),掌煎办盐课之事。乾隆元年(1736 年),两淮巡盐御史改称两淮盐政。同年,白驹场并归草堰场。乾隆二十八年(1763 年),淮安分司改称海州分司,刘庄、伍佑 2 场从淮安分司划归泰州分司管辖。乾隆三十三年(1765年),两淮盐政尤拔世奏裁西亭、小海场,于是小海场并归丁溪场。道光十年(1830年),裁两淮盐政,盐务改归两江总督兼理,称为两江总督兼两淮盐政。咸丰三年(1853年),太平军攻占江宁(南京)、镇江、扬州,两淮盐运司出走。奉咸丰帝之谕"移驻通、泰适中之地",办理就场征课。咸丰七年(1857年),奉两江总督何桂清令驻扎泰州,督办设局抽税,乃于泰州设立淮南总局,并于丁堰设立通属分局,于东台设立泰属分局,分别经理所属盐场抽税事务。咸丰七年(1859年),撤销东台分局,十一年(1861年)撤销丁堰分局,原理事务归淮南总局办理。同治三年(1864年),清军复占江宁,太平天国革命失败,不久,两淮盐运使司回驻扬州。

清宣统三年(1911年)农历八月,辛亥革命爆发,扬州光复,两淮盐运使撤逃。十月,废前清两淮盐运使司,设两淮盐政局,长官称盐政总理,分司及各场改隶军政分府,分司运判改称盐政长,职责依旧。两淮盐政机构.隶属江苏军政府。

民国元年(1912年),改泰州分司为泰属总场公署。两淮盐政总理张謇裁并诸场,此时刘庄场并归草堰场。东台、何垛合并,称东何场。盐场设场署,长官称场长,掌管产制、贮藏、监督捆运、征收场课、指挥场警等事。同时,设立两淮泰属总场于东台,下辖合并后的拼角、安梁、东何、草堰、丁溪5场。

盐业的发展,派生出众多盐官,历史上很多著名人物如北宋宰相晏殊、吕夷简、范仲淹就是先后任西溪盐仓监,从盐官开始逐步踏上得意的人生仕途。了解盐政的演变,也就掌握了盐业发展史的钥匙。

## 精明的盐商

有盐场,就有盐商。正是南来北往的盐商点缀着盐场的繁华和兴旺。当年的每个盐场几乎都有着"货居山积、行人水流、列肆招牌、商贾云集"的景象。由于盐商腰缠万贯,富可敌国,所以拉动了盐场向盐镇的发展。"夹岸云光笼夜日,片帆秋色带江涛"正是这一发展的注脚。盐商也是盐场与市场连接的纽带,他们是整个盐业发展链中必不可少的环节。

中国自古行盐有商，起源很早。战国时已有著名盐商猗顿，以经营盐池获巨利，与王者埒富。汉武帝时，设盐务官署，盐官大都出身盐商。武帝以后，盐策多变，时而盐由商运，官征盐课，时而官自煮盐，官自专卖，禁止通商，时而开关梁山泽之禁，与百姓共之，听民自由贩运，盐无专税，故盐商时聚时散，时盛时衰，并无固定。

唐宝应元年(762年)，刘晏继第五琦为盐铁使，改革盐法，实行"民制、官收、商运、商销"的就场专卖制，盐商乃成为榷盐法的有机组成部分。政府加强对盐商的控制，将运销量达到一定数额的盐商户口由市籍划入盐籍。只有入盐籍的商人，才能从政府管理的盐场获取盐斤的运销权。列名盐籍的商人可以父子相继，纳榷之后，为官粜盐，坐收厚利，但不准随意改籍。盐籍中的商人，不受州县统辖，直接隶属于盐铁或度支巡、盐监。故有"不属州县属天子"(白居易《盐商妇》)的说法，并享有"居无征徭、行无榷税"，"或有违条法，州县不敢追呼"等项政治、经济特权。一个新型的盐商垄断阶层就此而产生。

图1-12 刘晏

中唐以后，北方经济因战乱而破坏，国家经济重心南移，政府财政多倚重于江淮盐利。由于政府致力开发，淮南盐产销自此进入兴盛时期。淮盐色白质优，经营者获利丰厚。因此，人为盐商，隶名盐籍，成为当时江淮地区人们趋之若鹜的目标，扬州遂成为全国盐商最为集中的商业大都市。晚唐时开始划定盐商粜盐区域。

宋代，引盐区域确定后，盐商成为具有垄断特权的专商。北宋太宗雍熙年间(984—987年)，以折中法行盐。商人向边塞运送粮草，政府发给交引作为凭券，商人持券到解池和东南海盐区领盐运销。神宗时(1068—1085年)，淮盐改行盐钞法，由商人付现钱购买盐钞，凭盐钞至盐场领盐运销，盐商称钞商。

徽宗政和三年(1113 年),改行盐引法,商人缴价领引,凭引到盐场支盐运销,盐商称引商。

元代,盐产因袭宋制,由民间生产,按定额卖给官府,叫"办课"。官府收购价叫"工本钞"。成宗大德四年(1300 年),在两淮推行立仓纲运之法。政府设盐仓,设运盐官,称盐场监运(从七品),分纲运盐,存储各仓,令盐商赴仓购盐,不许盐商直接下场支领。后来,因战争频繁,需款甚巨,又实行引票法。结果形成元代后期官商竞卖,私盐一度充塞市场。

明初,实行开中法。商人输粮草于边地,政府发给盐引,商人凭引赴产地支盐(此法与北宋时折中法大体相同)。此时,盐商统称为引商。后来开中法流弊渐多,部分地区又行票盐,这种盐商称票商,亦称土商。弘治元年(1488 年),因长芦、山东盐连年无商报中,户部议行搭派,凡中淮盐者,搭派长芦、山东盐。因一商不能奔走数处兼支,乃渐次卖引于近淮富家照引支盐。

清初盐法沿袭明制,基本上实行封建的引岸制度。盐商运销食盐,必须向盐运使衙门交纳盐课银,领取盐引(运销食盐的凭证),然后才可以到指定的产盐地区向灶户买盐,贩往指定的行盐地区销售。但领取盐引则须凭引窝(又称窝根、根窝),即证明拥有运销食盐特权的凭据。盐商为了得到这种特权,须向政府主管部门认窝。认窝时,要交纳巨额银两。握有引窝的盐商就有了世袭的运销食盐的特权。

盐商分两类:一为垣商,一为运商。

垣商,明代弘治元年(1488 年)以前称内商,清代初改为场商。顺治十七年(1660 年),两淮巡盐御史李赞元奏准,令各盐场设立公垣(即盐仓),以便堆存食盐,在垣内转售于运商,故场商统称为垣商。

垣商受各盐场的场官管理。场内盐垣,起初均为盐场公有,租给盐商使用,后来多为垣商自建,属私人所有。新盐商申请租办场垣,均须呈请验资,经分司判官亲自检验批准后方可开办。垣商的经营活动,必须在盐政机关指定的盐场内向灶户收购食盐,拥有收购灶户全部食盐的垄断特权。

灶户,全家老幼住在滩上,日夜为垣商产盐。每灶户应有 3 个整工,旺产时临时雇用帮工1～2人,其性质相当于农村的佃农、长工和短工。每份滩每年由垣商发给灶粮32市担玉米,旺产季节增发1～2担;食盐擎放出坨时,垣商按各户灶民产盐数量发给1/10的担头费。盐场所产之盐,除缴税和支付灶粮、担头费以外,全部由垣商所得。

运商,明代弘治年间,两淮盐区凡凭引行盐的盐商,分为边商、内商、水商。边商为边区盐商,向政府输纳粮草,领取盐引,照官定引价售予内商;内商为内地盐商,买边商盐引,照官定盐价售予水商;水商为江湖行商,买内商食盐运往指定引岸售予消费者。清初取消了这种区别,统改为运商,亦称岸商。运商从事淮盐运销活动,必现付银1000～2000两加入"商籍",登记入册后发给窝单,谓之"根窝",凭窝单到指定盐场找场商擎盐,允许子孙世代承袭。未加入商籍、无窝单的盐商,要花高价(每引约银1～2两)向有窝单的运商租用窝单,称之为"租商"。凡未租用窝单而代租商行盐的,称之为"代商"。

运商有总商、散商之分。散商即个体的中小盐商,总商是散商的首领。总商又名商总。康熙十六年(1677年)两淮巡盐御史郝裕,在众商中挑选24名资金充足、政治势力较强的盐商为总商。总商除垄断江苏及扬子江岸盐业运销市场外,并负责管理散商的一切经营活动,监督检查散商课税缴纳情况,还负责与盐政衙门上下联系,参与清政府对有关盐业政策的制定。

康熙四十七年(1708年),朝廷曾下令将总商革除。雍正三年(1725年)清政府又恢复两淮旧制,在运商中选30名为总商,不久,发展到40人。总商利用其半官半商的身份,与盐政官员相互勾结,营私舞弊。乾隆十年至二十二年(1745—1757年),两淮盐畅销,供不应求,将次年的盐引提前给予商人,称为"预提"。总商将预提应缴纳的课银侵吞1100万两。此案不仅牵涉到当时两淮历代盐政、盐运使,中央政府不少官员也涉入其中,一并按罪处罚。盐政高恒、普福被处死刑,盐运使卢沉在扬州受审死于狱中,布政使、按察使被革去职务,追回赃款。

运商多数来自山西、陕西和皖南的徽州,少数来自江南的镇江等地。运销淮北盐的居于淮安,经营淮南盐的居于扬州。扬州是江苏淮盐最大的集散地,自明朝嘉靖至清乾隆年间移居扬州的秦、晋、徽籍客运商有80名,其中秦、晋籍客商各 10 名,徽商 60 名,以上运商共有资本银 8000 余万两。拥有 1000 万两以上的为大贾,有数百万两者为中贾,百万两以下者只能算小商。扬州淮盐运商势力最强,知名度最高的是两淮运商垄断资本集团的徽商江、汪、许、程、洪、黄、方、郑八大家,居于八大家之首的是总商头目江春,旗号为"广达"。乾隆 6 次南巡路经扬州时,以江春为首的两淮总商负责迎送。乾隆第四、五、六次下江南时,江春付出巨资在扬州修建行宫园林,并 3 次入京参加皇太后寿辰典礼。

运商为把持引岸特权,牟取高额利润,通过对清廷巨额报效的手段,取得皇帝的特殊照顾。清代淮盐运商对清政府的报效,分为军需报效、赈济报效和备皇室之需的"备公报效"。据统计,仅乾隆、嘉庆两朝,两淮运商共报效白银 3739 万两。皇室对运商的照顾,首先是授予高品级的职衔。江春在乾隆年间先后被授予按察使、奉宸苑卿、布政使等衔。大盐商鲍漱芳,被授予盐运使衔。黄履暹、洪征治、江立德等被授予奉宸苑卿衔。汪秉德、李志勋、汪焘等被授予按察使衔。其次是加斤、加价、豁免、缓征,使盐商在运盐行销中得到了实惠。

盐商垄断了全国食盐流通的全过程,肆意压低买价,抬高卖价,剥削灶户和消费者,获取巨额的商业垄断利润。他们大多生活奢侈,尤以扬州的两淮盐商为甚。

清末及民国初年,扬州较大的运商尚有 30 余家,从业人员 300 多人。其中以江西帮的周扶九、萧怡丰,安庆帮的朱幼鸿、常裕川最为著名。运商设有四岸运商公会,许云浦、贾颂平为会长,当时号称运商八大家。平均年销售额为 104.1 万担。

在盐城境内的盐商,有史可查的主要是鲍漱芳、周扶九、刘梯青等十几家。

同治五年(1866 年),两江总督李鸿章为凑集军费,责令票商捐款,并且准其作为世业,以后不再招新商。从此以后,盐商仍是获有世袭垄断特权的专卖商人。辛亥革命以后,清政府被推翻,但盐商仍作为专卖商人沿袭下来。

# 悲苦的盐丁

黄海,莽莽苍苍,波涛汹涌。泥沙,随潮起潮落,堆积成片片海滩。

"烟火三百里,灶煎满天星",那弥漫了数千年的煎海煮盐的烟火熏红了海滩上一片片盐蒿草。在海风中摇曳的盐蒿草,倔强,执着,面对呼啸的飓风和凶猛的海啸,它依然挺直脊梁,以微弱和渺小的力量与大自然抗争着。

一方水土养一方人。盐城的水是咸的,土是出卤的,就连扑面的海风都带着浓浓的咸涩味。生活在这片热土上的先民,多为世居海滨煮海为盐的盐(灶)民,恶劣的生产生活环境,铸就了他们不畏强暴、不畏艰辛、不屈不挠、敢于抗争的禀性。

傍海而居的先民靠海吃海,靠水吃水,在无垠的海滩上垒灶煮盐。海边那生生不息、火红奔放的盐蒿草,不就是我们世居海边煮海为盐的先民的真实写照吗?

盐民们就是在不断地与天斗、与地斗、与海斗、与人斗的险恶环境中一代一代地传承下来的。

盐民,又名灶民。劳动力亦称煎盐灶丁,亦名"盐丁"、"煎丁"。灶丁承担盐役缴盐,一般从15岁起至60岁止应役,称正丁。盐民,在历代封建王朝是最被人看不起的人之一,因此,也是生活最苦的人。

汉代制盐,由官府或贵族豪强置备生产资料,招收被流放的人制作。唐代乾元元年(758年),在盐区设盐院,派原业户和游民承办官盐,称为亭户。五代以后,改亭户称盐户、灶户等。宋代开始,盐户或灶户渐成各种盐户的通称,并具有特殊户籍,规定承担盐徭役的人户,皆由官府佥派罪犯和民户承充。凡划入盐籍的人户,则永世为业,代代相传,不得转籍。宋代海陵监管煎盐盐户718户,盐丁1220人。元至元十七年(1280年)十一月,向江南、江北、陕西、河间、山东诸场增拨灶户。

据史料记载,早期在海滨终日煎海煮盐的盐民,多为朝廷流放的罪人。

汉武帝初年,因国家财力匮乏,官府招募游民与流放犯人到淮南沿海煮盐,由官府提供煮盐器具。

南北朝时北方战乱,从山东迁移一部分居民来到境内以渔盐为业。北宋初年,朝廷将被判刑而获得赦免的犯人发配到沿海强制煮盐。

从唐代中叶到清代,官府为了垄断食盐生产获取暴利,将近海盐民编为特殊户籍,并规定凡身隶灶籍的盐丁,子孙后代只能以盐为业。

唐代刘晏为盐铁使时,全国的盐业财政收入从 60 万缗增加到 600 万缗;南宋绍兴年间(1131—1162 年),单泰州一带的淮东地方的盐税就是 700 万缗,比唐代全国的盐税还要多。可见盐民的负担日趋加重,而且官府还累欠盐民的工本费。仅通、泰等州,官府欠盐民的工本钱就有 110 万贯之多。曾有人评说:"亭户饥寒,不免私卖。若朝廷严究,还其本钱,而后可以尽革私卖之弊。"这就揭示了盐民为什么要铤而走险、贩卖私盐。他们明知走私犯法,但还要继续走私,说明他们完全是为生活所迫,而其中之主因,在于朝廷拖欠其"本钱"。

元时,实行"引票"法。由于元代统治暴虐,苛刻无度,致使引票价格不断上升。至元十三年(1276 年),一张引票中统钞 9 贯,数年后,就暴涨为 150 贯,几年之间增 16 倍,结果形成元代官商竞卖,私盐一度充塞市场,产盐人卖不出盐,盐民生活愈加困苦。

当时,官府规定,假造引票者杀头抄家,盐民走私者鞭 70,重则处死。但是,盐民们在强暴和压迫面前,并不忍辱含愤,束手待毙。他们在忍无可忍的情况下,团结起来,铤而走险,与官府豪门展开血与火的斗争。

明洪武三年(1370 年)实行移民屯垦政策,从苏州、嘉兴、松江等地移 4 万多居民到两淮盐区从事煎盐劳役,并着手清查灶户,编造手册。明弘治七年(1494 年),奏准灶丁死绝充军者,即以本场新增出幼、空闲人丁拨补,如无,方许于附近民户佥补。正德十五年(1520 年),令各府州县囚徒,情罪深重者,不论远近,俱发本省盐场,抵办逃亡灶丁课额。

嘉靖八年(1529 年),两淮巡盐御史朱廷立奏请,将通、泰、淮 3 分司充军人犯作为盐丁顶额制盐,其时两淮盐区有灶户 27295 户,灶丁 68238 人。

清雍正六年（1728 年），法定对灶民实行"十家连保制"，就是 1 家犯法，9 家连坐，相互牵制。乾隆五年（1740 年）改为"五人互结制"，也就是 1 人犯法，4 人同罪。盐民的劳动是强制性的，没有择业的余地，实际上是官府的奴隶，失去了人身自由。

清代，淮盐盛产，盐民有了新的发展，多来自沿海地区的贫苦农民和渔民加入盐籍。清乾隆四十一年（1776 年），两淮盐区 23 场，计有盐丁 69885 人，另有盐户灶丁 562302 人。民国期间，淮南盐业衰落，原盐民在废灶兴垦高潮中，转垦业农，盐民总数有减无增。民国三十七年（1948 年）春统计，淮南 11 场计有灶丁 8263 人。

盐民被框限在沿海海滨，远离城镇，远离城市文明，环境恶劣，劳动艰辛。他们终年"同虺蛇处，与豺狼游，所饮者咸苦之水也，所食者脱粟之餐也，老幼男女终岁胼胝，出入于灰碱泥淖之中，鹑衣百结，形容如鬼"（光绪十一年本《阜宁县志》）。

制盐是个靠天吃饭的行业，炎热的夏季是一年中阳光最火辣的季节，正是他们制卤煎盐的黄金季节。当炽热的太阳晒得人喘不过气的时候，他们冒酷暑，顶骄阳，在灶边烧火，向锅撇上浇卤水，刮盐，挑盐。

元、明两代至清代中叶，是盐城境内产盐的鼎盛时期，那时盐城 500 多公里的海岸线，盐灶星罗棋布，酷暑时节，海空之间，常常是浓烟滚滚，烟气熏人。

为了多出盐、出好盐，尽管"咸卤煎熬，烧灼熏蒸，不异汤火地狱"，但灶边总是有他们不停忙碌的身影，在"烦热难支之顷，每趋投赤日中以为清凉世界。日末衔山，蚊蚋成市，其火如萤"，他们还得夜以继日地干。为了生存，他们世代总是这样日复一日、年复一年不停地挥汗劳作。

盐民在生产过程中饱受飓风海潮侵袭，每遇潮灾，无处躲藏，连同盐滩灶屋、生产工具冲刷一空，尸横遍野，死者无数，真是：

　　　　悲哉东海煮盐人，尔辈家家最辛苦。
　　　　频年多雨盐难煮，寒宿草中饥食土。

> 海波忽促余生去，百千万人归九泉。
>
> 极目黯然烟火绝，啾啾妖鸟叫黄昏。

康熙四年(1665年)夏天的一日，东南沿海各场，飓风大作，折木拔树，海潮涌起高达数丈。海边亭场、庐舍淹没殆尽，淹死灶丁及男女老少百姓数万人。3天后，风潮渐退，盐滩上留下散具、漂户一片，其状惨不忍睹。诗人吴嘉纪的《海潮叹》诗实录了这场浩劫：

> 飓风激潮潮怒来，高如云山声似雷。
>
> 沿海人家数千里，鸡犬草木同时死。
>
> 南场尸漂北场路，一半先随落潮去。
>
> 产业荡尽水烟深，阴雨飒飒鬼号呼。

盐民们在生命没有保障的环境下生产，既要忍受盐官的压榨、盐商的剥削，还要受灶长、亭主的欺凌。官府在不断提高盐税收入的同时，还累欠盐民的工本费。盐民们租用盐商的草荡、盐灶煮盐，须交盐产量的30％～50％的租金。盐商凭借垣权故意压低盐价，收盐时盐桶再加大容量多收盐。还要将盐产量的5％～6％交给亭主(亭主是盐商的代理人，灶民称他们为"二股东"或"二东家")。此外，灶董、灶长、灶头、百长、盐警等名目繁多的杂役都要从盐民身上有所榨取。

另外，四时八节、婚丧喜庆，盐民还要给这些大小头目进贡送礼。在官府、盐商的重重压榨和盘剥下，盐民们常常是吃了上顿无下顿，经常以盐蒿充饥度日，有些盐民在寒冬腊月就爬在草灰上取暖过夜。盐民们的生命毫无保障，过着非人的生活。盐民为了一点点生活的改善都要付出极大的代价，而盐商对他们的盘剥却能获得巨大的利润。历史上，在盐廪如山的背后有着盐民们怎样的无奈、悲苦和惨痛……

盐民不仅生活上艰苦，而且在政治上受到奴役。从宋代起，历元明清三朝，都用特殊的户籍管理盐民。这种特殊的户籍，既不能改变，也不能离开，只能世代代积薪、晒灰、淋卤、煎盐,蓬头垢面,胼手胝足,所产食盐要全部交公,而其所得仅是为数极少的赖以活命的工本费。盐民在行动上要受一定的限制,若出灶区(到范公堤西)需经官方批准,且不能携带器械和三五人结伴同行,仍类似奴隶生活。如遇飓风大潮,便成了盐民的灭顶之灾。据康熙《两淮盐法志》载,康熙元年至二十三年(1662—1684 年),遇灾 14 次之多。由此可见,沿海盐民世世代代在恶劣的环境中生产劳动,不仅不能解决暖饱问题,就连生命也得不到保证。

图 1-13 悲苦的盐民

新中国成立后,盐场管理机关努力改善盐民的生活条件,改革火伏管理制度,推广先进的制盐技术,提高盐质盐产,并合理地提高公收盐价,盐民收入稳步上升。1956 年以后,因海势东迁,废灶兴垦,盐民陆续转业务农,安居乐业。

# 第五节　废灶兴垦

张謇一生的好运是从他 41 岁中状元那年开始的。1895 年,中国有三个人各自做出自己一生中最重要的选择:康有为选择了变法,孙中山选择了革命,张謇选择了实业。他们的终极目标都是为了救国。

## 江南名士张謇

张謇(1853—1926),字季直,号啬庵,晚年自号啬翁,南通海门人,光绪状元,江南名士。

张謇是中国早期现代化的前驱。他一生办实业,办教育,办社会公益,办各项革新与改良,诚如胡适在《南通张季直先生传记》序言所说:"他独立开辟了无数新路,做了三十年开路先锋,养活了几百万人,造福于一方,而影响及于全国。"

毛泽东说过:讲到中国的纺织事业,不能忘记张謇。

光绪二十年(1894 年),张謇恩科状元,时任六品翰林院修撰。一个月后,父病危便弃官南下,回到南通。民国元年(1912 年),被邀任南京政府实业总长,兼两淮盐政总理。

袁世凯篡位,南京政府解散,他辞职不干。民国二年(1913 年),袁世凯任北平政府大总统,熊希龄内阁成立,又请张謇担任农林工商总长及全国水利总裁。民国四年(1915 年),由于政局变动,他又下野了。

张謇再次离开政治舞台后,回到南通,走实业救国之路,成为近代历史上有名的爱国实业家。民国十五年(1926 年)七月病故,享年 74 岁。

张謇不仅是一位实业救国者,还是一位江南名士。他拔刀相助金沧江,传为美谈,使得南通在中韩文化交流史上留下了特殊印记。

1894 年甲午战争后,日本逐渐侵吞朝鲜,1905 年日本占领朝鲜,亡国已成事实,不愿做亡国奴的韩国文豪金沧江辞去了官职。在当年 10 月离开汉城,携带妻子和女儿、大批书籍和前辈的诗稿,从仁川登舟,在海上漂泊了五个昼夜,终于到达上海。

在苏州投靠诗友,被婉言拒绝后,他想起了张謇。因中国著名的实业家张謇1882年作为吴长庆的幕僚,随清军援朝平乱。在朝期间,张謇拜访朝鲜的贤士大夫,结识了金沧江。金沧江回到上海后,在海通实业账房拜访了张謇。张謇热情接待,并即安排金沧江去南通翰墨林印书局(今南通韬奋印刷厂)任编校工作。

自1905年,张謇安排金沧江在南通定居下来,金沧江成为张謇的一位挚友,诗文往来不绝。

张謇在《朝鲜金沧江云山韶濩堂集序》中,对金沧江的诗作和为人评价甚高:"晋山金沧江能为诗,隐山泽间,与之言,隤然君子也。观其业,渊思而絜趣,蹠古而冥追。世纷纭趣乎彼矣,沧江独抗志于空虚无人之区,穷精而不懈,自非所谓'风雨如晦,鸡鸣不已'者乎? 道寄于文词,而隆污者时命,沧江其必终无悔也。"同时,金沧江对于张謇对自己的照顾和真诚的友谊,也非常感激,他在诗作中,写道:"通州从此属吾乡,可似嵩阳似汉阳。为有张家好兄弟,千秋元叔一肝肠!"

1926年,张謇去世,金沧江极为悲伤,作挽诗悼张謇:"等霸期王负俊才,应龙飞处一声雷。纵无郑禹奇功在,只试瞿昙活手来。""昌黎云与孟郊龙,文字狂欢卅载中。今日都来成一错,奈何淮月奈江风。"

## 废灶兴垦的起因

中日"甲午战争"爆发,清政府的惨败和《马关条约》签订的严酷现实,给"实业救国"的代表人物张謇以强烈刺激,他痛切感慨:"和约十款,几罄中国之膏血,国体之得失无诠矣!"

清政府在《马关条约》中允诺日本可以在中国内地投资办厂,自然也就不再好禁止中国民营企业家投资办厂。当时,两江总督张之洞奏委丁忧在家的张謇总理南通一带商务。光绪二十一年(1895年)始,张謇先后在南通、海门、启东、崇明等创办了大生纱厂，并获得相当大的利润。考虑到纱厂原料之需和启海众多百姓之生计，张謇又把目光投向了南自长江口吕四场，北至苏北连云港北海州湾间漫长的海边滩涂。

清末民初，海岸线不断东移，盐业呈衰落之势。明洪武年间（1368—1398年），朱元璋搞"洪武赶散"，驱苏州、松江、嘉兴、湖州、杭州等地4000余户，于盐城各场充当"烧盐煎丁"，客观上对开发滩涂、发展沿海经济起到了一定的促进作用。此时，由于海岸的不断东移，到嘉靖年间（1522—1566年），海岸线已东迁15公里多。到明朝末年（1644年），盐城距海增为25公里；至清乾隆年间，增为50公里以上；到咸丰五年（1855年）黄河北徙山东入海时，盐城离海已达70多公里。其后，由于泥沙来源减少，射阳河口以北海岸侵蚀严重，废黄河三角洲已蚀去1400平方公里土地。而以南则淤涨迅速，尤以大丰、东台海岸东移速度最快，在东海浅海区发育了世所罕见的巨大的辐射沙脊群。境内的盐灶已从范公堤西逐渐移至堤东，并随海势的东迁不断东移。于是，旧时曾是重要煮盐基地的盐场便逐渐演变成了小型城镇。今串场河沿线东台、大丰两市区和阜宁、滨海两县城及其富安、安丰、梁垛、草堰、白驹、刘庄、伍佑、新兴、上冈等小城镇，正是在这样的基础上发展而成的。

自清中叶后，黄淮巨量泥沙的不断淤积，使得海势东迁迅速，旧有亭场因潮汐不至，致使土卤变淡、茂草渐盛、盐产日薄，因而盐场逐渐减少。至民国二十年（1931年），淮南仅剩盐场6个。为谋生计，原有盐（灶）民不得不进行零星垦殖，出人意料的是垦殖的经济效益竟是盐业的10倍。

初尝甜头的盐民，陆续开始了他们世世代代的第一次产业转移。据嘉庆《东台县志》记载："东台场一百五十里至沿海斗龙港，原有的灶地荒废，盐法规定禁垦，而人民私垦者日多。"盐灶渐废，垦殖业兴起，已成不可阻挡之势。随着新兴、伍佑两场于光绪二十六年（1900年）的率先放垦，盐阜地区以"废灶兴垦"为标志的滩涂经济开发逐步兴盛起来。五年后的民国四年（1915年），经南通实业家张謇的登高一呼，各大盐垦公司纷纷成立，"废灶兴垦"进入高潮。昔日的"煮海为盐"由此成为历史。

如今盐城市的海岸线北起响水灌河口，南到东台市新港，全长582公里，占据江苏省海岸线总长的 60% 以上。沿海地区有广袤的滩涂 683 万亩,分别占了全国、全省滩涂总面积的 1/7 和 3/4。这条每年仍以 3 万~5 万亩成陆速度向外淤长的海岸带,形如一条南北飞舞的金色彩带,被专家们誉为江苏东部的"黄金海岸",也是盐城的"希望所在"。

## 废灶兴垦

到了晚清,因海势东迁,盐场距海较远,卤气日淡,盐业逐渐衰落,盐民、盐商积困,迫切需要谋求出路。

在这万份焦急之时,张謇出于"实业救国"的需要,又从淮南盐业衰落的实际出发,果断地提出废灶兴垦,创办盐垦公司的设想。

光绪二十七年(1901 年),合肥人蒯光典奉委至盐城新兴、伍佑两场的中西部办理樵地开科的放退手续,此为盐城境内废灶兴垦之始。

民国三年(1914 年)担任北洋政府农商总长的张謇组织制定了《国有荒地开垦条例》,规定"凡国有土地,除政府认为有特殊使用之目的外,均准人民按照本条例承垦"。

1917 年张謇在庙湾场开办华成公司,投资法币 208 万元,围垦灶地草滩 75 万亩,当年垦殖 5 万亩。次年,张謇又在新兴场以东开办大纲公司,投资 123 万元,围垦 24 万亩,当年垦殖 5 万亩。从 1915 年起,由张謇、韩国钧等人牵头,在短短的几年中,掀起了南起长江口的吕四场,北至海州南陈家港的 350 多公里广大滨海地域内招股集资,兴办盐垦公司的热潮,先后成立了 70 多个盐垦(垦殖)公司,投资总额达 1932 万元,占地 432 万亩。

盐与垦本是两个对立的事业,张謇通过通海垦牧公司和同仁泰盐业公司的系统试验有机地将盐与垦统一起来了,他积极主张在淮南盐区废灶兴垦,广植棉花,但盐是国家专卖物资,亦为人民生活之必需品,决不能废。为了既保证盐产,又能使淮南荒芜之地得以开发利用,他和徐静仁、汪鲁门等人发起,于光绪三十三年至民国三年(1907—1914 年),集股投资建立大阜、大德、公济、大有晋、庆日新、裕通、大源等 7 个公司,在陈家港地区组建济南场,采用滩晒工艺。

张謇是近代实业救国论的主要倡导人和身体力行者,他通过反复调查科学论证,发现海关进口的大宗货物中,棉纺织品每年耗银2亿多两,钢铁产品耗银8000多万两,这两者是造成中国贸易逆差的主要原因。

1901年秋,张謇以总理身份,首先招商集股银22万两,用股份制公司形式,成功地创办并经营了地处通州(南通)与海门交界的"通海垦牧公司"。

到民国初,济南场年产原盐高达13.54万吨,已超过了原淮南产盐区各场盐产的总和,名副其实地取代了淮南各场的产盐功能,这就为淮南产盐区废灶兴垦铺平了道路,也是淮南废灶兴垦运动得以顺利开展的根本原因。

淮南盐垦在20世纪初之所以形成狂潮,与通海垦牧经验,与济南场的创建关系极大。在这样一个历史背景下,盐城境内各盐场的盐商和盐民纷纷要求废灶兴垦。

辛亥革命后,张謇一度出任北京政府农工商部总长,在他的努力下,1914年民国政府废除了历代王朝淮南禁垦的规定,颁布了《国有荒地承垦条例》。

民国初年,苏北沿海南部的海门、南通两县出现了向北部淮南盐场的移民大潮,这一移民大潮是由爱国实业家张謇组织发起的。张謇第一次以现代眼光对一个区域进行大规模农业人口移民,这是何等的气魄与勇气!他从海门、启东北迁移民先后达30万,并进行垦区规划,"条田化"使农田横平竖直,如同棋盘。

苏北沿海,南濒长江,北至连云港,西界范公堤,东临黄海,是一个南北向的狭长地带。因为废灶兴垦,因为人口迁移,使得南北地区经济与人口实现了一定程度上的均衡发展。

民国六年至八年(1917—1919年),在整个淮南产盐区,掀起了"废灶兴垦"热潮。1917年,张謇、张察兄弟应邀来到草堰场筹办兴垦公司,第二年12月,建起了中国有史以来第一家农业股份有限公司——草堰场大丰盐垦股份有限公司。这是中国第一次把资本主义管理方式用于农业,第一次把机械运用到农业上。

棉垦是张謇实业活动的一个重要组成部分。通海垦牧公司,创办10年,成效卓著,影响很大。因此,在民国初年,苏北沿海掀起了一股废灶兴垦的浪潮。张謇就是这个浪潮的推波助澜者。在短短的几年中,南起长江口之吕四场,北至云台山南麓,350多公里的滨海平原上,办起了大小77家盐垦公司,拥有土地460余万亩。

废灶兴垦,自清光绪二十七年(1901年)张謇首创通海垦牧公司开始,1916—1920年为全盛时期,1923年以后即逐步衰落。废灶兴垦,对沿海土地的开发利用,特别是增产棉花,促进民族纺织工业发展,起到了积极作用。

如今盐城的农业有了长足的进步,农业也因此成了盐城的主导产业。随着时代的发展,特色农业、生态农业悄然兴起。盐城全境平畴沃野,沟河纵横,长堤环绕,绿树掩映,传统的农产品及副产品有"稻麦柴桑藕,鱼蟹鳖蛋虾"。这是诗一般语言的概括,其中不乏地域的审美情结,亦有被誉为"鱼米之乡"而溢于言表的一种骄傲。

## 沧海变桑田

张謇实业救国的恢宏业绩已经在近代中华民族自强不息的奋斗史上写下了辉煌一页。新中国成立后,毛泽东在谈到近代民族工业发展历史时,张謇被誉为"一个了不起的人物"、"不能忘记"的轻工业巨擘。

张謇是中国近代史上的爱国实业家,他开办了以棉纺工业为主体的工厂企业,以现代农业为主体的盐垦农业企业。与此同时,还创办了一些现代教育、慈善等文化事业。他的"实业救国"主张,虽不能挽救旧中国的危亡,却有利于当时社会经济和文化事业的发展。

"废灶兴垦"的兴起使苏中、苏北茫茫滩涂变成棉田,也使张謇"实业救国"的事业走向顶峰。张謇不仅是"废灶兴垦"的倡导者和设计师,也是中国历史上破除"学而优则仕"之典范的知识分子和"儒商"代表。同时是中国民营资本股份制企业的始祖和中外闻名的"中国近代第一实业大王",为当时的中央统治集团所垂青:清政府委其为领三品衔的商部头等顾问,孙中山领导的民国临时政府委其为实业总长,随后北京民国政府聘其为农工商总长兼全国水利总裁。直至 20 世纪 20 年代，中央政府还任其为上海吴淞开埠督办……

近代以张謇为首的实业家纷纷在苏北沿海创办盐垦公司，掀起了垦殖大潮和移民大潮，滨海盐灶区主导经济产业实现了从"煮海为盐"到"废灶兴垦"的跨越。1901 年，张謇创办通海垦牧公司，极具标志意义。"继垦牧而起者，南通有大有晋，如皋有大豫，东台有大赉、大丰、南遂，盐城有大祐。"

清末民初苏北沿海农村从"弃灶私垦"到"废灶兴垦"是一个由张謇倡导的从个体自为到群体自觉的行为过程，实现了以"兴垦植棉"取代"煮海为盐"的产业转型，引发了苏北沿海农村在人口结构、思想观念、风土人情诸方面重要的社会变动，使苏北农村面貌大为改观。

"废灶兴垦"对今日如火如荼的沿海开发也有启迪意义。

# 第二章 海盐文化的历史遗存

盐城海岸线漫长,是我国海盐的重要生产基地。盐城发展史就是一部中国海盐发展史。几千年来,盐城人从事的海盐生产、运销一直是盐城人民生活的主体。15000多平方公里的土地浸透了盐卤,各种历史文化遗存无不打上海盐文化的烙印。

据由北京大学文博学院牵头、组织,在山东莱州湾地区进行的古代盐业考古调查发现,早期的煮盐遗址往往有着成片较厚的陶片堆积,据此推测早期的煮盐陶器器形以盔形罐为主。在盐城、阜宁施庄等地周代文化堆积的地方,也有类似现象。

海盐文化资源包括物质文化资源和非物质文化资源两方面。盐城海盐文化物质遗存,是指盐城海盐生产场地、工具、运销码头、器具、盐政管理官署建筑、碑刻、盐民日常生活场所等,其中不可移动的海盐文化物质遗存主要有古遗址、古墓葬、古建筑等。现盐城文物部门登记在册的海盐文化物质遗存仅有860多处(件)。

历史遗存无不打上"海盐"烙印。反映盐城盐业"古文化"遗存有200多处。其中大多数从不同角度反映出盐业在盐城发展的经济、政治、文化状况。

盐城境内与盐业相关的古建筑有20多处,分布于各个盐场的运销集散地。最早的有始建于北宋的东台西溪的海春轩塔,其作用就是作为运输海盐的航标。与海春轩塔相邻,位于古运盐河上的有合称"宋三桥"的通圣桥、通济桥和广济桥,其中通济桥和广济桥因两桥相连,呈"八"字形,故被人们称为"八字桥"。八字桥的独特之处在于其两桥相连,沟通两河三岸,有"一步两顶桥"美誉,现为东台市重点文物保护单位。

盐城境内海盐遗迹众多,如范公堤遗址、串场运盐河、草堰古盐运集散地、西溪盐仓监遗址、张士诚起义处北极殿遗址、王艮"东陶精舍"遗址、汉代墓葬群、古庆丰桥等,包括淮剧都是海盐文化的产物。

其中数量最多的建筑当属各种石闸,保存比较完好的如草堰镇境内的省级保护单位草堰石闸,丁溪镇的丁溪石闸,还有些已经拆毁或改建为桥的石闸遗址,如盐城的天妃闸和东门闸。这些古闸多为明代修建,是防洪排涝、抵挡海潮、控制水位、调节水系的重要水利设施,更是防止私盐泛滥的缉私要道。

1985年的文物普查工作中,富安镇发现了九处明代民居。这些民居给人以一种和谐的整体美,有一种端庄、淡雅的感人魅力,体现了当时盐商的富有,也彰显了盐商兼收并蓄和融汇晋商、徽商建筑艺术的胸怀。

整个盐城地区大部分的城、镇、村的地名由古盐场、生产方式、生产工具、建筑等演变而来,这些历史痕迹都是盐城大地上抹不去的文化符号,体现了海盐文化的丰厚底蕴。当初盐业生产单位亭、场、灶、团、仓等,往往成为后来行政区划的基本单位,有的一直沿用至今,如三灶、西团、便仓等。

随着城市化进程加快,一些反映盐城海盐文化遗存的古遗址、古墓葬、古碑刻等正逐步从人们的视线中消失,抢救非物质文化遗产刻不容缓。

# 第一节 古遗址

盐城境内海盐遗迹众多,如中国第一海关——云梯关,范公堤遗址、串场运盐河、草堰古盐运集散地、淮剧等,都是海盐文化的产物。

# 中国第一海关——云梯关

在江苏响水县黄圩镇云梯关村境内,有一座八角亭,亭内竖立着一块清嘉庆十五年所立的"古云梯关"四字巨碑,是历史上被称为江淮平原第一关——云梯关遗址。这是中国第一海关,距今已有 400 多年历史。

云梯关位于响水县黄圩镇云梯村,废黄河北岸。历史上,云梯关为天然良港,系淮河重要的入海口,也是我国万里海疆连接海外的重要关口。

据传,远古时代,治水鼻祖大禹吸取前人"围堵洪水"失败的教训,采取"疏导洪水"的策略,扛着耜带着部落民众寻觅洪水出路。自河南、山东、江苏一路走来,逢山开山,遇丘挖河,抵达云梯关(时称"套子口"),忽见浩瀚海洋豁然开朗,治水取得成功,人民安居乐业。为了纪念大禹治水,竖立在云梯关的"禹王庙"饱经沧桑,毁而复建,几起几落。

早在 12 世纪以前,淮河由河南省桐柏山发源,流经皖北,到淮安汇合山东下来的泗水,至涟水境内的云梯关入海。当时河槽底深水面阔畅,出海顺利,海口渊深澄激,潮汐影响西达盱眙。当时淮河水位比长江还低,是一条利多弊少的河道,淮河下游地区亦比较富庶,长期流传着"走千走万不如淮河两岸"的民谣。1194 年,黄河决口,洪流南下,夺淮东注黄海,这里成为黄河的又一个入海通道。黄河如脱缰的野马奔腾南下,带来大量的泥沙,不断淤积,致使地面被不断抬高,海岸线不断向东延伸,河道两侧形成云梯状台阶,云梯关因此而得名。从此造成淮河"入海无路,入江不畅"的残破局面,治理淮河成为困扰历代封建统治者的头号难题。清光绪十年(1884 年),两江总督左宗棠率领官员亲临云梯关考察淮河入海口,结果是劳师动众,不了了之。

云梯关是我国东南沿海最早形成的入海关口,汉唐之时,此关已经形成,集泄洪、水运、海防等功能于一体,堪称万里海疆第一关。也曾经是历代官府的驿站。当时内陆地区没有南北运输通道,大宗物资流通主要靠海运。因而,云梯关理所当然地成为海上漕运的重要关隘。据记载,每年经过云梯关运往京师的漕粮达数百万石,至明清之际,此处更是苏、鲁、辽等民间水运要道,往来商船络绎不绝。至今,云梯关古址附近还有以大关、钱码头、杨码头、王码头等命名的村庄。显而易见,这些地方曾经是当年大宗流通物资等待运输的集散地。1971 年,响水县黄圩镇在王码头与杨码头之间建造翻水站,当工人们挖土至 10 米深时,发现 4 条沉船,船上载有 50 多公斤清乾隆以前的铜钱、韩瓶(宋朝民族英雄韩世忠部队使用的军用水壶)、陶制鸦片烟具、大量瓷器、铜锣等文物 1000 多件。

云梯关同时又是抵御外侮抗击入侵之敌的军事要塞。汉时,海上兵防有楼船将军、横海将军等。唐初征辽筑有城堡。宋抗金、明平倭、清代防务,淮河及云梯关一带,经常兵戎相见。尤其是,明清时代是抗击倭寇的重要战场。明朝在京师及全国各地设置卫所,明成祖时在云梯关设立大河卫所,为常年驻军的兵站。朝廷在云梯关筑土城堡 5 座,抗倭战事不断,守关将士连年征战,守将杨茂阵亡。明嘉靖年间,倭寇曾两次大规模入侵云梯关,均被当地军民击溃。抗倭名将戚继光率领的戚家军纵横驰骋在这一带,终于重创倭寇,致使倭寇许多年不敢涉足黄海滩头。有诗为证:"南北驰驱报主情,江花边月笑平生。一年三百六十日,多是横戈马上行。"

1985 年,重建云梯关被摆上重要议事日程,并得到有关部门的高度重视。尤其是省、市、县水利部门,自 20 世纪 90 年代起,为保护云梯关遗址、恢复云梯关昔日面貌而大声疾呼,1996 年建立云梯关文物陈列馆。

2014 年,中国水利史研究会专家组专程考察云梯关及废黄河。现存清朝嘉庆年间工部尚书马慧裕题写的"古云梯关"石碑,高达 3 米,完好无损,已建护碑亭。其他诸如大河卫所营房遗址、清朝三代皇帝钦赐匾额、孝子坊等文物仍在发掘恢复中。清代思想家、诗人龚自珍考察云梯关时曾发出幽思之情,故《咏史》明志:"宣室今年起故侯,衔兼中外辖黄注。金銮午夜闻乾惕,银汉于寻泻豫州。猿鹤惊心悲皓月,鱼龙得意舞高秋。云梯关外茫茫路,一夜吟魂万里愁。"

云梯关,1989 年,已被盐城市人民政府列为市级文物保护单位;2011 年,又被江苏省人民政府列为省级文物保护单位。目前,有关部门正在积极拟定规划实施云梯关复建工程,着力打造云梯关及黄河故道生态旅游区,相信不久将会再现云梯关昔日的盛况。

# 大丰草堰口古盐运集散地

千年古镇草堰，盐文化底蕴深厚。草堰原称竹溪，后因盐官范仲淹修筑捍海堰时，在此用草筑堰成功，从此得名草堰。由此，草堰和范公堤便紧紧连在一起。

大丰草堰古盐运集散地保护区位于东台、大丰、兴化三市交界处。草堰镇在古代是盐灶密布、垣商云集、盐河纵横的海盐文化古镇。该镇汉代开始烧盐，盐产量冠于全国各场。元时为草堰、小海、丁溪三盐场衙署所在地，归泰州分司管辖。明代设有东、西都察院。明代草堰三场盐产"富擅三十场之冠"。清嘉庆间，草堰三场盐产占两淮总产量的17%以上。民国时，刘庄、白驹、小海、丁溪场全部并入草堰场。1917年，张謇在此创办草堰场大丰盐垦股份有限公司。长期以来，这里是两淮古盐运集散的核心区域。悠久的古盐业发展史在草堰境内留下了大量的盐文化遗存，使得草堰镇成为现今全国唯一的省级古盐运集散地保护区。

大丰古镇草堰，2001年被江苏省人民政府命名为"江苏古盐运集散地"。这不仅在江苏文化遗产名录上增添了一份厚重，也为江苏海盐文化的保护和整饬，出具了一张由省政府开出的合法通行证。

草堰镇现存省级文物保护单位2座，盐城市文物保护单位5座，大丰市文物保护单位18座，连同历史底蕴深厚的"五街十二巷"，地域文化个性鲜明，区位优势得天独厚。

在长达1800多年产盐的悠悠岁月中，草堰积淀了丰厚的海盐文化资源，大致可概括为5个部分。一是盐场文化，包括古代的盐场、盐墩、盐仓、盐廪、盐灶、盐塘、"救命墩"（烟墩）和范公堤（保持4公里长原貌）等遗迹；二是盐运文化，包括运盐牛车道遗迹和串场河、白渡河、小海河、丁溪河、西团河、军驾河、斗龙河、龙溪河等运盐河道；三是盐政文化，主要有古代盐政管理机构盐课司署（场衙）和都察院遗址及各级盐政管理人员与制度之记载等；四是盐民文化，包括盐民领袖张士诚揭竿起义所在地北极殿遗址（尚存石鼓、石磉、石

门槛、旗管石座及部分墙基)、王姑墓(士诚妹之墓)、御墓(士诚弟士义墓)、张
王坟(士诚父衣冠冢)和盐民当年煎盐时使用过的盐镢、盘铁等器具以及民俗
风情等;五是碑刻文化,包括与盐运有关的北宋以来的"范公堤碑"、"草堰场
疆界碑"、"草堰场告示碑"、"北极殿牌坊石"等,加上其他石刻碑计16块,已
集中于草堰文化站建成"竹溪碑廊"(草堰曾名竹溪)。

图 2-1　新兴场盐课

与古盐运相关,草堰镇还有大量珍贵的古建筑和文物遗迹。如初建于东
晋末、南朝宋武帝刘裕曾避兵于此的卧龙桥,初建于南宋重建于清的庆丰桥,
初建于明的永宁桥,以及龙门桥、北高桥、玉带桥等古桥或遗迹;建于宋的草
堰石闸(俗名鸳鸯闸)和草堰正闸、丁溪石闸等水利建筑;宋代义井和双凤井、
岳王井、杨果井等古井;义阡禅寺(初建于唐武则天时)、关岳庙、文庙、范公
祠、刘裕祠、东林丛寺、武侯祠、华佗庙等寺祠遗迹;范仲淹、施耐庵、郑板桥、
朱恕、李汝珍、张謇等名人遗迹和传说;还有形成于唐代的龙溪河岸古街道、
丁溪古街,至今尚保留部分小砖青石板路面和古小瓦建筑结构的店面、民居、
古巷、古码头。

从 2003 年年初起,该镇从发展定位、目标及战略等方面规划设计出了《大丰市草堰镇旅游产业发展总体规划》,以"盐运文化"为核心,走"规划引领、挖掘资源、优势互补"之路,高起点、大手笔、快速度进行建设,精心打造本镇文化旅游精品品牌。

草堰镇古街巷文化、范公堤文化、吴王张士诚文化、宗教文化和古井文化彼此呼应。该镇因地制宜,找准定位,着力把众多优质的历史文化资源串联成相得益彰的风景带。龙溪古河沿线是草堰古盐运集散地保护区的核心区域。

草堰镇重点打造以古盐运露天博物馆、北极殿张士诚纪念馆、范公堤文化带为景观的一系列项目。草堰以龙溪古河的整治为突破口,启动夹沟驳岸绿化工程,以古码头、古河房、古青石板路为载体,建设龙溪古河旅游文化观光带,体现"两岸人家尽枕河"的传统风貌与历史韵味。假以时日,一个让人惊叹的独一无二的海盐文化露天博物馆就会展现在世人面前。

## 范堤烟雨

俯瞰广袤的苏北平原,莽莽苍苍,烟雨漾漾,与波涛相接,与大海为邻。纵横的田野,芦苇摇曳,绿色葱郁。在海与地之间横亘一条古老、漫长、雄伟的锁海大堤,它气势恢弘,蜿蜒起伏。这就是穿越千年风雨的范公堤。

海堤北起阜宁城,南经上冈、盐城、伍佑、刘庄、白驹、东台城至海安,其大部分在盐城境内。这条历经千年沧桑、古代江苏最长的海堤就是著名的"范公堤"。如今为纵贯南北 15 个市县,全长 462.6 公里的苏北陆路交通主动脉204 国道,在盐城市区内一段称之为开放大道。

《东台县志》记载,早在唐代大历三年,黜陟使李承忧虑海潮侵袭,从盐城起到海陵(当时辖东台)止,筑起一条 70 多公里的海堰,农事盐业两受其利,被称之为"常丰堤"。到了北宋,常丰堤因年久失修已名存实亡,范仲淹在东台任西溪盐监时,于天圣二年(1024 年)秋率领 4 万民夫动工修堤。但不久便遇上恶劣天气,风雪和海潮吞噬了 200 多人。

朝廷派胡令仪前来察看,胡曾在海陵做官,深知海潮之害,因此上书要求继续施工。范仲淹筑堤时顶风冒雨亲临督工,并捐出自己的官俸作筑堤经费。他亲自带领一批民工,将数以万担的稻壳沿海滩倒进海里,入夜涨潮,稻壳随海浪涌向岸边,海潮退后,稻壳留于海滩,于是便出现了一条漫长而明显的标志。范仲淹随即率民工沿稻壳线打上树桩,堤址就此而定。

图 2-2　筑堤图

此时适逢范仲淹母亲去世,离任回家治丧,临走时留书张纶,请他继续筑堤。张纶从天圣五年秋季起用了 5 年多时间,终于修筑完 70 多公里长的捍海堰,堰底阔 12 米,堰面阔 3 米,高 4.5 米,蔚为大观。

天圣六年(1028 年),大堤筑成。堤成一月后,即有 1600 多户农民和盐民恢复生产,3000 余户逃亡的农民返回家园,当年秋收丰盛,渔盐各业复苏兴旺。

后人缅怀为民请命并亲自领导筑堤的范仲淹,将该堤命名为“范公堤”,并为文赞颂范仲淹说:“公以一盐官寄迹西溪,西溪四境之民,即食公无穷之利。”西溪的“仰止亭”、“奉先亭”、“博望亭”以及“三贤祠”等都成为以后西溪人对范仲淹的情感寄托。

明末清初诗人吴嘉纪题《范公堤》诗曰:

> 茫茫潮汐中,矶矶沙堤起;
>
> 智勇敌洪涛,胼胝生赤子。
>
> 西塍发稻花,东火煮海水;
>
> 海水有时枯,公恩何日已?

"范公堤"成了古盐城最负盛名的八景之一——范堤烟雨。清人高岑有脍炙人口的《范堤烟雨》诗:

> 拾青闲步兴从容,清景无涯忆范公。
>
> 柳眼凝烟眠晓日,桃腮含雨笑春风。
>
> 四周碧水空漾里,十里青芜香霭中。
>
> 踏遍芳郊一回首,朝暾红过大堤东。

范公堤纵贯南北,当年主要是防御海水。元末明初,范公堤北接庙湾(今阜宁),南抵启东吕四港,全长 582 公里。后来,随着黄河夺淮入海,海岸线向东推移,已失去抵御海潮的作用,新中国成立后移位改造为现在的 204 国道,唯有草堰镇丁溪红旗桥至正、越二闸 2 公里的地段,位置一直没有移动,并保持原貌,是苏北现存的唯一一段范公堤。连同古堤上南闸、北闸和丁溪闸同称为古代黄海边上重要的水利工程。

2008 年 3 月 24 日,新发现范公堤一段堤岸,并由此知道范公堤乃是一道以砖护堤的大堤。

考古现场在东台富安镇乘胜村,新发现的海堤至少长 3 公里。发掘坑内堤岸共有 3 层堤,最南面是被潮水冲塌的砖坡,中间是修缮后留下的砖堤,南面是修缮堤倒塌后用黑黏土补起的堤岸。发掘时本以为是明代盐池遗址,后来发现了排列整齐的砖砌坡面,倾斜度为 15°~20°,才意识到这是古海堤。

范公堤以砖护坡在《东台县志》上有记载,但直到此次发现才被证实。原来考古界认为范公堤在富安古街东头即转向南方,现在看来范公堤还向东延续了至少 3 公里才调头向南。

穿越千年风雨,范公堤终于揭开了它神秘的面纱。

## 串场河,盐城的母亲河

如果说,海盐文化是盐城第一张亮丽的名片,那么串场河就是这张名片上的主人。

串场河是里下河地区横贯南北的人工内运河道,南自海安徐安坝,北至庙湾,全长 200 余公里。唐代大历年间,黜陟使李承任淮南节度判官时,率民众在海陵以北沙坝上兴筑一条长 70 多公里的捍海堰,该堰保护了堤西农田,百姓称之为"常丰堰",又叫"李堤"。因筑堤取土而挖成的河流,就是串场河最初的复堆河。后常丰堰年久失修,渐失挡潮功能。北宋天圣元年(1023年),范仲淹在其基础上,筑成捍海堰。

图 2-3 串场河,盐城的母亲河

境内各盐场为了运盐方便,先后都沿范公堤一线而建仓,复堆河则以范公堤为屏障,串通境内富安、安丰、梁垛、东台、何垛、丁溪、草堰、小海、白驹、刘庄、伍佑、新兴、庙湾 13 个盐场,"串场河"由此而来。

该河因泰州盐运分司设在东台,故以东台海口为界,分南、北两段。据盐城、东台、阜宁旧志记载:元、明、清几百年间,串场河先后疏浚几十次。清康熙四十五年(1706 年),都统孙渣齐奏准开挖盐城至便仓段 22.5 公里。乾隆三年(1738 年),大理寺丞即汪隆奉旨开挖盐城至阜宁段 60 公里。至此,南北串场河始全面贯通。民国年间及新中国成立后,南北串场河又屡经修浚,并几经裁弯拉直。南串场河地位逐步被通榆运河替代,北串场河仍起到通航、排水和引水的作用。

串场河是沿线盐业繁荣兴旺的承载者和见证者。当年"夹岸云光笼夜日,片帆秋色带江涛"的景象,无疑记录了串场河盐业运输的繁忙。随着岁月流逝,斗转星移,当年"舳舻片来,恒以千计",运盐通商,首尾衔接的景象已经不在。如今的串场河虽已失去了当年的喧腾而显得异常宁静和悠闲,却依然保持着当年的姿态,水波荡漾,蜿蜒延伸。

历朝历代的统治者为什么那么重视兴修河道,随时确保串场河通畅无阻?那是因为这条古老的河道承载着历代官府衙门赖以生存的经济命脉——淮盐。淮盐的主产地在范公堤、串场河一线。没有这些盐产的丰收,淮盐课税收入就无法保障官府的开支。古人云:"两淮岁课当天下租庸之半。"以顺治十年(1653 年)为例,全国税课入库银 212.8 万两,而两淮盐税入库银就达 119.7 万两,占全国盐税的 56.3%,康熙三年(1664 年),两淮盐税占全国的64.5%,就是到嘉庆八年(1803 年),淮盐课税仍占全国的 40.8%。由此可见,串场河沿线的淮盐产区在全国的位置是多么重要。

串场河是盐城的母亲河。串场河水就像母亲甘美的乳汁浇灌着河道两岸的良田稼禾。串场河是贯穿盐城市区的母亲河、形象河、经济河。凭借着天然的空间优势和人文优势,串场河景观带项目将盐城的文化与故事融入其中,承载着城市记忆的串场河也将推进盐城形象的提升。串场河景观带北起新洋港、南至伍佑街道 3000 亩的盐城龙湖公园,全长约 18 公里。如今的串场河景观带已成为一条流动的历史文脉和水绿交汇、生态宜人的城市景观轴。

串场河景观带划出七处景观区域,彰显本土特色。从南向北分别是伍佑古镇记忆、创造记忆、地方记忆、工业记忆、生活记忆、文脉记忆和生态记忆。

整个串场河景观带的规划划分为三大功能板块，即"亲水·慢生活、休闲·乐生活、意趣·新都市"，七处景观区域包含在这三大功能板块内。

七处景观区域的主题命名也很有意思，都以"记忆"为名。从北向南分别是生态记忆、文脉记忆、生活记忆、工业记忆、地方记忆、创造记忆和古镇记忆。每一处景观区域都依靠串场河，做足了水的文章。

串场河景观带与中国海盐博物馆连成一体。建有"盐字广场"、"唐之盐政"、"宋之盐政"、"明清盐政"、"煮海祭宗"、"淋卤煎盐"、"八卦盐田"等七大景区。景观带与串场河沿岸的盐渎公园、迎宾公园等有机串联，形成贯穿市区的"绿色锦缎"。

盐城海盐历史文化景区总占地 100 公顷，包括中国海盐博物馆、盐镇水街、水城、东进路美食街、娱乐街、盐渎公园等。其中中国海盐博物馆是经国务院批准、全国唯一展示海盐文明的海盐博物馆。盐渎公园位于市区中心地段，与古老的运盐河——串场河水脉相连相通，占地 486 公顷，总投资约为2.7亿元，是市区最大的综合性水绿生态公园，彰显了盐城"水、绿、盐"的特色。

盐镇水街内，不仅可以观赏民间绝活和淮剧、杂技表演，还可以品尝地方特色小吃，购买旅游文化用品和地方名特优商品，盐政衙门、盐宗祠、盐商会馆为市民了解海盐历史和文化的理想场所。东进路文化休闲美食街是集餐饮、休闲娱乐、洗浴、会所和度假酒店功能于一体的休闲度假街区。

图 2-4　海盐博物馆

# 吴王张士诚起义处——北极殿

张士诚(1321—1367),小名九四,淮南泰州白驹(旧属泰州、今属盐城)人,出身盐贩。元末明初的盐民起义领袖。

草堰北极殿,张士诚起义地,位于盐城市大丰市草堰镇。至正十三年(1353年)正月,张士诚和胞弟士义、士德及盐丁李伯升等18人在北极殿揭竿起义,史称"十八条扁担起义"。他们杀场官,剿土匪,威震四方,始称诚王,于高邮建大周。至1356年,大周版图南接绍兴,北逾徐州,西达汝、颖、濠、泗,东临大海,纵横1000多公里。

图2-5 "十八条扁担起义"示意图

1363年,张士诚在苏州自称吴王。1367年,朱元璋攻破苏州城,张士诚被俘,不服劝降,自缢而死。

大丰市草堰镇上,原有一座古观北极殿,始建于何年已无考。此殿规模宏大,山门前为飞檐琉瓦照壁,山门上嵌有白玉石横额,上镌"北极天枢"四个贴金大字，内供四大护法元帅塑像；穿过天井是正殿，中间供奉北极真武大帝，东厢供雷祖，西厢为单房，殿后为上下两层藏经楼。北极殿不仅年代久远，而且是吴王张士诚的首义地，因而声名远播。

# 西溪盐仓监

西溪地处江苏海滨，东临黄海，曾是中国主要的产盐区之一。

西溪产盐历史久远，被人们称为"淮盐之根"，至今仍有丰厚的与海盐相关的遗存、遗址可供开发。西溪盐仓监就是其中之一。地处东台的西溪作为特殊的地区性政治经济和文化中心，在中国历史上的政治经济地位，是无可替代的。

西溪古镇的历史就是"沧海桑田"这个词的写照。西溪在西汉时代，就成为因盐兴镇的苏北名镇。西溪，旧属南唐海陵监，后属泰州，今属盐城的东台市。相传北宋三相吕夷简、晏殊、范仲淹都在西溪做过盐官。

西溪是东台古老文明历史的发源地。汉高祖十二年（公元前195年）刘邦封兄刘仲之子刘濞（前215—前154）为吴王，于广陵立吴国。刘濞"招致亡命，汲海水煮盐"，始在东台地区设西溪盐亭。汉武帝建元元年（公元前140年），西溪设镇。东晋至唐初，东台地区分别为海陵县、宁海县、蒲涛县属地。唐贞观年间，大将尉迟敬德在西溪建造海春轩塔，淮南黜陟使李承筑捍海堰经西溪镇，唐武德九年（626年），宁海县并入海县，设海陵盐监于西溪，管理盐场事务。南唐升元元年（937年）海陵监移驻东台场，辖南北八个盐场。南四场为虎墩（今富安），小淘（今安丰），东台、栟茶（今属如东）；北四场为丁溪、南八游（今大丰草堰）、北八游（今大丰白驹）、紫庄（今大丰刘庄）。

西溪曾经东临大海，当年有大面积的盐田。在食盐还只能由官府生产经销的时候，盐民们在这里煮海为盐，官府在这里设立盐监收盐，古代西溪是苏北串场河沿线各盐场的行政管理机构——海陵盐监的所在地。盐官将盐收上来后，又通过这里的水码头向外转运。

宋太祖开宝七年（974年）海陵监移驻如皋。下设西溪、海安、如皋三盐仓。当时盐政管理实行"官专卖引法",即煎盐的一切生产资料均属官有,灶民所煎之盐全部交入官仓,官府给灶丁工本费或实物(如粮食等生活必需品),名为"民制、官收"。煎盐入仓后,加上盐税,再转售于商人,运输至安徽、江西、湖广一带,流通于市场。

各盐仓除设有盐仓管理人员外,还驻有督察机构,这就是盐税监的来历。所谓西溪盐仓监,实际上是西溪盐仓的盐税督察。号称监,是与盐仓、盐场官员共同处理盐仓、盐场政务,同时握有监察盐仓、盐场官员业绩的"实权"。其主要职责则是:既要督察各盐场灶丁的煎盐全部纳官入仓,又要督察盐仓售出成品盐给商人时所交盐税额的及时入国库。其职位十分重要,历来为有才能的年轻官员所充任。所以,当时年轻有为的吕夷简、晏殊、范仲淹先后被朝廷委派来此任盐税监。

明代之后,这里的海岸线不断向东推移,盐田逐渐消失了,随着不再产盐,这座曾经风光一时的盐埠慢慢地被时光遗弃。不再有腰缠重金的盐商和豪客出没;不再是人声鼎沸、每日吞吐万金的货运枢纽,西溪镇上,往日的繁华在岁月里渐渐褪去。但身为盐帮重镇的历史,给西溪遗留下来了丰厚的精神遗产,发绣、陈皮酒和盐帮菜这三样特产,被称为西溪"盐仓三绝"。

# 第二节　古建筑

在远古时代,盐城地处淮水下游,后经长江、淮河、古黄河等的泥沙堆积逐渐演变为滨海平原。盐城历经了 2000 多年的历史沉淀,其独特的地理位置和自然资源孕育了灿烂文化。盐城的古建筑作为这座城市历史的见证者,承载着这座城市的记忆,今天仍在向人们展示着盐城的海盐文化魅力。

盐城境内的古建筑,如古庆丰桥、海春轩塔、朦胧塔、西溪宋桥、明永宁桥、阜城真武庙、安丰古庙、县衙照壁、富安明代民宅、鲍氏大楼、沈氏大楼等,无一不体现着盐城的特色文化。当然,在城市化的过程中,它们所传承的文化也在不断地流失,它们的命运堪忧。

# 古庆丰桥

古庆丰桥，距今已有 800 多年历史，是盐阜平原上保存最古老、最完整的一座宋代桥梁，现已列为大丰市重点文物保护单位。它不仅印证着宋代范公堤上丁溪盐场有过兴旺的历史，也为研究古代桥梁建筑历史提供了实物资料。

庆丰桥，亦名广丰桥，在大丰市草埝镇丁溪的夹沟之上，是一座砖石结构的单曲拱桥。砖有两种，大小相间，石是一色，黄麻条石，桥面正中有一块四尺见方的黄麻石板，上面刻有花纹图案，清晰可辨。人们传说，这块石板叫"八龙治水"，因为桥身下南北各伸出四个龙头，意为"八龙治水，消旱去涝"。砖石混砌一孔，拱门两边有石刻、对联。桥南侧栏杆正中内侧嵌有标志。

根据营造法式、结构和碑志分析，此桥初建于南宋淳熙年间，明清时重修。

桥南扶栏内侧正中，有石刻《庆丰桥碑志》一块，碑文是："桥建自宋淳熙年间，明杨大成介议捐资独修。兹于道光九年，衿士耆老公请堰上袁可亭先生领袖重建，因连年大水，桥基淹没，兼值浙省兴修海塘，苏行石料始于今夏到齐，即于是冬竣工。明人名太平桥，今仍其旧。"

# 海春轩塔

海春轩塔，又名广福寺塔，盐城第一古塔，为唐代建筑物。1982 年，该塔被列为省文物保护单位。

此塔位于江苏省东台市古镇西溪。塔为七层八角砖结构密檐塔，塔高 20.8 米，底层直径 7.2 米。除底层外，每层均有 8 位佛像和佛龛，共 48 位。塔无地基，就建在泥地上，虽屡遭地震和水灾，仍巍然屹立如初，堪称建筑界的奇迹。塔的宝顶原是铜葫芦，用"烽火铜"铸成，随着日照光线不同，能变幻成七种色彩，现为全国重点文物保护单位。

据清光绪《扬州府志》和《西溪镇志》载,海春轩塔系唐尉迟敬德建。

1985年,省古建筑专家对该塔进行全面勘察和考证。他们依据塔的平面、外观、塔檐及塔基的结构和具体砌法,认为该塔建于北宋早期,并留有唐塔许多特点。

据查《西溪镇志》,有人认为西溪原有二塔,除海春轩塔外还有一广福寺塔,但其名声小于当时的海春轩塔,后因海春轩塔废坏,广福寺塔才逐渐被讹传为海春轩塔。此论有待进一步考证。

该塔不仅是盐城境内现有最古老的建筑物,而且是中国唐末过渡时期,南北两建筑体系衔接在古塔建造方面的典型代表,有重要的历史、科学价值。

# 八字桥

"八字桥",位于东台西溪三岔形河口、犁木街中部,由广济桥和通济桥两座桥组成,呈八字形,故名八字桥。因两桥桥角紧靠,故有"一步两搭桥"之说。

其中,广济桥,南北向,横跨晏溪河,始建年代无考。1983年疏浚晏溪河时导致桥身下沉,1984年拆除按原样重建,长24米,宽5米。通济桥,东西向,横跨鱼行河,建于明正统年间(1436—1449年),长17.1米,宽5米。历经560多年的风雨沧桑,该桥依然如旧。两桥结构均为单孔砖桥体。因桥身坡陡,桥面均砌成锯齿形,以利行人上下桥行走安全。

传说,"八字桥"由于造型独特,桥体建筑技术精湛,很有欣赏价值,当时就引得八方民众前来一饱眼福。一看两桥呈八字形,人们就不再分别称为"广济桥"、"通济桥",干脆就叫"八字桥"了。而且,"八"与"发"谐音,于是有了犁木街数百年的繁华。有位大户人家也前来观赏,觉得能造出"八字桥"的人必是有发运之人,便欲将小女儿嫁给造桥的大师傅。大师傅说自己是个做手艺的苦人,家中已有老婆孩子,不配娶大户女儿做妾,便草草完工后连夜逃遁。

古老的"八字桥",如今已成为西溪旅游文化景区的一处景点。

## 朦胧塔

古塔位于建湖县宝塔镇宝塔村北射阳河西塘河交汇处。据清光绪《阜宁县志》载:该塔在县治西南朦胧镇净慧寺前,寺建于唐武德三年(620年),寺已无存,仅存一塔。从该塔结构特征和用砖尺寸及地宫发现宋代石函、银棺、舍利、太平通宝钱等物判断,应为宋代所建。为八角三层楼阁式砖塔,修复前残高15米,底边长2米,原有副阶无存,仅存各层腰檐砖叠数层和石角梁,金丝楠木斗栱尚残嵌入塔壁部分。原塔形制简朴。斗栱四辅作,扶壁栱为砖制,出跳构件为木质,每面用补间一朵。塔底层南向辟门,其上二层各开四门,门位上下相闪。门上内外各施一木枋做过梁,梁下相对跳出三层砖,形成圭形门首,过梁又于转角处搭接,形成二道箍梁。塔室呈八角形,底层于2米高处,砖砌穹隆顶承接楼面(已残缺),北部有砖砌佛龛。各层之间有扶梯可盘旋而上,修复前已无存。该塔在形制和结构上有别于江南和北方的砖檐楼阁式砖塔,有明显的地方特色。1998年进行大修,加固了基础,修复塔身腰檐平座、斗栱、楼板,安置塔心柱,做穹隆顶和宝瓶,装避雷针,修复后高16.3米。

## 陆公祠

盐城是南宋末年著名丞相、民族英雄陆秀夫的故乡。陆公祠是陆秀夫的纪念馆。盐城人民为了纪念陆秀夫这位爱国民族英雄,于明代嘉靖十年(1531年)在盐城儒学街西侧建造了"宋丞相陆公祠"。初建为"三进两厢"和"一坊一亭",即一进为门厅,二进为仰止堂,三进为正祠堂。

2009年11月24日,经过修复扩建后的陆公祠正式开馆。陆公祠修复扩建工程占地总面积约6750平方米,修复、扩建面积2680平方米,其中祠堂等占地3375平方米,文化街区占地2250平方米,总投资3000万元。

陈列分"家"、"国"两部分。"家"主要由序厅、景忠堂和正祠堂组成,着重表现陆秀夫为人诚实、勤奋好学、乐于助人、孝敬父母的美德;"国"由"忠烈堂"和"仰止堂"组成,通过现代的展陈手段,再现了陆秀夫勤政、廉政和崖山殉国的壮举。

陆公祠初建时在二进与三进之间,两侧有对称的东西厢房。大门外建有中流砥柱坊,门厅内有表忠亭。嘉靖十七年(1538年),正祠堂后又增建浩然堂。祠堂内的陈设,有陆秀夫塑像、画像和名人题写的匾额、挂联、诗词、碑刻、祭器等。几经战争摧残和长期失修,陆公祠房屋破败,陈设先后遭毁散失。仅有祠内墙上保存一块石碑,刻着明天启年间苏茂相题诗:"浮海南奔拥六飞,孤臣血泪洒朝衣。石衔精卫心犹壮,鼎抱龙髯愿不违。粤屿草荒枢密冢,厓门花满侍郎矶。可怜旧国还祠庙,正笏忠魂归未归。"

据《盐城县志》(清光绪二十一年)记载,始建于明朝初年的陆公祠原来占地面积很大,东至儒学街,西至解放中路,南至陆公祠巷,北至粥厂巷。由于历史原因,当年重建的陆公祠北侧、东侧地段陆续被占用,祠堂空间颇为局促。

陆公祠在20世纪80年代得以修复,仍为三进两厢。门厅上由书法家武中奇题写"陆公祠"。踏进门厅,迎面便是"宋丞相陆公祠"碑,上悬匾额"碧海丹心"。第二进仰止堂前天井东西墙壁上各有名人碑刻,厅堂中有陆公遗像。上悬匾额:"南海留芳";两侧对联:"社稷已墟尚有怀中六尺,君臣不死直从海底千秋。""海岳忠贞"则出自张爱萍之手。陆公祠被列为省级文物保护单位。

"社稷已墟尚有怀中六尺,君臣不死直从海底千秋。"陆秀夫在盐城人的心目中有着特殊的位置,他在国家民族生死存亡之际"宁为玉碎,不为瓦全"的忠贞刚烈之举,700多年来一直深深震撼着家乡人民。为更好地纪念这位民族英雄,2008年度的修复扩建方案特地请同济大学国家历史文化名城研究中心设计,向东扩至儒学街,建设三进二堂,同时建设两座二层长楼,为文物古旧交流市场和古色古香的茶社雅聚之所,均为仿明清风格建筑,与现有祠堂建筑保持一致。

扩建后的新陆公祠在2009年春节前,即陆秀夫以身殉国730年之际建成迎接游人。

## 明永宁桥

　　明永宁桥位于大丰县草堰镇丁溪村中心河道北端,为并联单孔石拱桥,长32米,拱高3.9米,中宽4.5米,埌宽5米,东西走向。桥石栏中部两外侧有"永宁桥"碑刻。始建于明代万历年间,1977年被拆,1987年由群众集资和政府拨款修复。造型线条圆转流畅,具有明显的江南风格,为苏北里下河地区所少见。

## 草堰石闸

　　草堰石闸位于大丰县草堰续草堰村南端,即小海正闸和小海越闸,又称鸳鸯闸,始建于明万历十一年(1583年),清雍正七年(1729年)和乾隆十二年(1747年)两度改建。两闸相距70多米,形制一样,青石砌成,均为二孔一机心,每闸长14.8米,机心宽4.2米,金门宽5.3米,高4.8米,闸门为东西向,每孔两侧有

图2-6　草堰石闸

四槽,备有两闸板,相对启闭。两闸南北相串于今通榆公路。明代,为有效地东御海潮,西泄兴化等地来水,曾在范公堤上(今通榆公路)建有13座闸,此两闸为现存较为完整的石闸。不仅记载着当地劳动人民用聪明才智与自然灾害斗争的历史,也为研究境内古代建闸技术提供了实物资料。

## 阜城真武庙

　　阜城真武庙位于阜宁县阜城镇东南隅射阳河畔,始建于明代,清初重建。

原为三进二殿,现仅存大殿,硬山造,穿斗式木结构,面阔3间达10米,进深5檩约5米,檐高3.5米,留有院落100多平方米。阜城真武庙为旧时庙湾(阜城镇)主要庙宇,对了解阜宁清代的历史面貌和建筑技艺具有重要价值。

## 富安明代民宅

富安明代民宅位于东台县富安镇。1987年省文物专家在富安调查时发现4处明代民宅。分别是:霞外阁巷2号董氏住宅,坐北朝南,扁作分心3檩,木质柱础,面阔3间13.8米,进深7檩6.7米,檐高3.6米,面积约95平方米;镇北街105号王氏住宅,坐北朝南,扁作抬梁式,磕头轩,硬山造,木质柱础,檐柱平面呈八角形,为宋代遗风,面积94.4平方米;板桥北巷17号贲氏住宅,坐北朝南,5界梁前后廊,硬山造,木质柱础,面阔3间10.5米,进深7檩7米,檐高2.9米,面积约80平方米;芦家巷14号和22号的芦氏住宅,前后两进,均坐北朝南,硬山造,木质柱础,前厅磕头轩,面阔3间12.3米,进深8檩7.4米,面积91平方米,后厅有前廊,面阔2间9.25米,进深7檩8.55米,面积约80平方米。

近年来,该镇又陆续发现了5处明代和清初住宅。这批明清时代住宅用料讲究,风格多样,工艺精湛,不同格局的明清时代民宅集中于一镇,为苏北地区所罕见。它们或出于官宦之家,或造自于盐商大贾,从一个侧面印证了富安镇明清时代发达的历史,为进一步研究境内明清时代盐商发迹史和民宅的建筑情况提供了资料。

## 施氏宗祠

相传元至正二十六年,施耐庵(1296—1371)为避战乱,和学生罗贯中冒着烽烟,渡江北上,来到临近黄海的白驹场(今大丰市白驹镇)定居。元至正二十七年(1367年)九月,朱元璋二次派军师刘伯温登门恭请施耐庵出仕,施耐庵以年老有病婉言谢绝,闭门著作,写下了中外名著《水浒传》。施氏宗祠最早为施耐庵后裔施文灿等将施公故居改建而成,前后穿堂三进,斗拱飞檐,古雅壮观,1938 年被日本侵略军烧毁,1981 年修复,内部陈设着《水浒传》研究和施耐庵家谱等重要资料。

施耐庵死后,他的十二世孙施奠邦发起,将其在白驹镇上的故居改建为施氏宗祠。后来几经修复扩建,遂成前后三进,旁有偏殿之礼堂。第一进为门厅,内设茶坊;第二进为书坊,供艺人说《水浒传》;第三进为福荫堂,供奉迁兴始祖施耐庵及其后裔的灵牌,每年春秋二季在此祭祖。施祠不幸毁于抗日战火。

20 世纪 90 年代初,国家文化部、江苏省暨大丰县人民政府多方筹措资金,参照上海复旦大学喻蘅教授绘制的施氏宗祠复原图,由著名古建筑专家、上海交通大学陈从周教授主持设计,于 1993 年 8 月 20 日建成"施耐庵纪念馆"。它占地 2815 平方米,其中建筑面积 1478 平方米,是依仿清代"施氏宗祠"原样、以展出文物史料为主要内容来纪念古典文学巨匠施耐庵先生的专题人文纪念馆。

人们从南面的水泊桥走上花家垛,拐弯向东便是施耐庵纪念馆,进入由著名书法家启功书写的"施耐庵纪念馆"匾大门,你可看到一尊高 3.8 米的大理石的施耐庵雕像(为雕塑家叶宗镐所作).馆内前后三进大厅和左右侧厅、左右碑廊以及建在后院两侧的半亭,显得结构严谨,饶有意趣。第一进为接待厅;二进为景仰厅,大门上方悬挂女书法家萧娴题额"乡国之光",两旁门柱上写有对联一副(由著名书法家臧科书、诗人童斌撰联):

韬光养晦,一代英才居胜境;
激浊扬清,千秋峻笔著奇书。

景仰厅里面陈设国画家绘制的施耐庵著书及其行踪的图像;有绢制介绍施耐庵生平的连环画 48 幅。镇江书法家李宗海撰联曰:

有舍己为人侠骨义肠,却从鲁达、武松、李逵身上画出;
具掀天揭地深谋远略,乃自晁盖、宋江、吴用胸中写来。

再向后为文物厅,上方悬挂书法大师武中奇题额"文心独运"。两旁门柱上有对联一副(由著名书法家陈大羽书,诗人童斌撰联):

> 百回《水浒》,秉春秋褒贬忠奸,千古人间消块垒;
> 一曲《秋江》,承风骚思忧治乱,五州文苑仰宗师。

厅内陈列有关施耐庵文物、史料,分施耐庵家世、生平、著书轶闻和社会影响四个部分。其中有《施氏长门谱》,出土的施耐庵独生子《故处士施公让墓志》和《施让地照》,曾孙《施廷佐墓志铭》等数以百计的文物和史料,为人们解开了数百年悬案"施耐庵之谜",通过有关施耐庵的各种文物史料,人们还可看到许多不同版本的《水浒传》。

施耐庵不仅是中国的文学巨匠,也是世界文坛的名人;《水浒传》不仅是祖国文学艺术的瑰宝,也是世界文学宝库中的精华。

## 董孝贤祠

董孝贤祠位于东台市台南镇董贤村。

明正德七年,盐法御史朱冠,分司谢贵修墓并重建董孝子祠。据刘积兰《彭城堂笔记》所载:董永,乃西汉时人,家境贫寒,为人雇佣糊口,山东青州贫女七妹,随父逃荒至西溪,见董永卖身葬父,身受苦辛,很为同情,便以身相许。成婚后,董永仍为佣工,七妹将自己从故乡带来的蚕子孵化,采桑养蚕织绢,为董永偿债。后董永劳累去世,遗有一子,乡人附会董永卖身葬父,孝感上天,派七仙女下凡,让董永留存一脉,即重返天庭。

千年古镇西溪是古东邑佛教和两淮海盐文化的发源地,是国家级非物质文化遗产名录"董永传说"的发祥地。西溪,为始建于西汉中叶的一个古镇,在这块古老的土地上流传着董永与七仙女的传奇故事。文化旅游景区"董永七仙女文化园"大型主题雕塑"董永与七仙女",双人站像,像高6.8米,台高2

米,由中国美术学院潘锡柔教授设计。汉白玉雕刻的董永、七仙女雕塑神形兼备,在蓝天白云下默默演绎着传颂千年的爱情佳话。

东台"董永七仙女文化园"项目计划总投资 6700 万元,占地 143 亩,整个工程规划建设董孝贤祠、古戏台、天仙茶馆、十八里亭、老槐树、凤凰池、丝缫井等 24 个景点。"董永与七仙女文化园"整体定位为汉唐风格,围绕孝贤文化和爱情传说两大主题,充分挖掘东台市历史文化渊源,努力彰显西溪古镇地方特色。

# 宋曹故居

宋曹故居位于盐城市亭湖区儒学街 4 号,是一处保存较好的明清庭院建筑。中国书法家协会副主席沈鹏题额。

宋曹,字彬臣(邠臣),号射陵,盐城市北郊新兴场人,生于明万历庚申年(1620 年)十一月。他髫龄即喜弄墨,而立之年,即以诗书并善而称颂乡里,是清初著名书法家、爱国诗人。他一生留有大量书法作品,散传于江浙沪一带,北京故宫博物院亦有收藏。他的《书法约言》,为书论名篇,后人收入《中国历代书法论文选》。宋曹诗学精深,著有《杜诗解》、《会秋堂诗文集》传世。

宋曹的才艺冠绝一时,南明弘光时授中书舍人。明亡后,他归隐盐城南门外汤村,自号耕海潜夫,筑蔬枰养母。清康熙二十二年,总督于成龙迎请宋曹到南京,纂修《江南通志》,并总校其事,书成他不署名。于成龙十分敬重,尊称射阳先生。康熙四十年(1701 年),宋曹病逝,享年 82 岁。

故居建于明朝后期,原有几进,房屋数十间,经历年毁弃,仅剩少数几间房屋。1986 年经盐城市人民政府批准,动工修缮复原,现成为盐城市书画院院址。

修复后的故居,大门朝东,迎门而立的是宋曹塑像,头戴平民髻,身着布衣衫,面目清癯,长髯飘动,俨然一副傲世脱俗的学者风度。故居庭院坐西朝东,为水磨砖门坊。由春里居、蔬枰草堂、桐引楼、会秋堂、后厅、琴亭、碑廊等群组成。前厅为蔬枰草堂,西侧为桐引楼,楼下为书斋,内通卧房。迎门过厅为会秋堂,陈列书画墨迹。廊柱有抱柱,上刻楹联,后院有琴亭、假山石洞,细流潺潺。穿过厅进入碑廊,12块草书千字文碑石嵌于廊内,有洞天景角,点石瘦竹,情趣横生。穿过流觞池,清泉环绕,红鱼戏水,竹石辉映,生机盎然。整个庭院错落有致,古朴典雅,水石花木,浑然一体,为盐城市的重点人文景观。

# 第三节　古地名

## 盐城古地名概述

盐城因"盐"置县,历经2000余年的历史沉淀,这里的一切无不打上"盐"的烙印。一方水土孕育一方文化,这里的河曾经是运盐的河,这里的土曾经是出卤的土,这里的地名最终也散发出卤香。

盐城,原来不叫盐城,西汉武帝刚设县时叫盐渎。当时这里遍地是煎盐亭场,到处是盐河,"渎"就是运盐之河的意思。直到东晋安帝时才正式更名为盐城。翻开共和国的版图,市、县之名与"盐"有直接关联的仅有盐山(冀)、盐井(藏)、盐池(宁夏)、海盐(浙)、盐边(川)、盐亭(川)、盐津(川)、盐源(川)、盐都、盐城10处,而盐城又是其中建置时间最早的产盐之地。

漫长的盐业生产史,在盐城留下了众多的文化遗存,因而盐城市有着丰厚的海盐文化积淀。盐城沿海的乡镇地名多为灶、堰、冈,这与海边烧盐或海边的特征有关。盐城是名副其实的"盐城",至今地名当中仍保存有"团"、"灶"、"总"、"𤓊"、"仓"等与盐业生产管理、运销或生产方式相关的名称,如新兴、东台、伍佑、刘庄、白驹、草堰、何垛、梁垛、安丰、富安等,东台的头灶、三灶、四灶、六灶、沈灶、南沈灶、张灶,阜宁的九灶等。

走进盐城,踏上204国道,公路沿线东西两侧的乡镇村组、集镇街坊,到处都能嗅到"盐"的咸味。"烟火三百里,灶煎满天星",昔日壮观的淮南煎盐场景虽然风光不再,但被淮盐浸泡过的与"盐"相关的地名却星罗棋布、俯拾皆是,散落在盐阜大地上,犹如渗出卤花的珍珠,熠熠生辉,给盐城的地域文化平添了一层独特的风采。

"灶",自汉代,煎盐工具使用的是官铸官给的巨大"盘铁",一副盘铁分四角,每角又分数块,分户保管,使用时再用铁栓拼成一盘,彼此牵制严防盐民私煎、私贩。到了唐代,废盘铁,改用又高又大的铁锅,铁锅虽比盘铁改进,但仍比较笨重。所以,这一时期的盐灶都比较大,每灶都有亭户数家,轮流共煎,亦称团煎、团煮。

灶有两种,一种用以支搭盘铁,一种用以搁置锅鏾,是灶民煎盐的重要设施,明清时亦曾作为盐区最基本的生产单位。旧时煮海水煎盐所用的盐灶,由土垒砌成,灶台圆形,四周开灶门,用以烧草,上按煎盐的各类煎具(如锅鏾)。北宋开宝七年(974年),西溪设盐仓监管盐场后,各场煎盐均为官盐制,为防盐民私煎,曾规定每场设盐灶10座,每灶有灶民20户,按场造册,划3至5灶为1甲,每甲设1名甲头,专门监视盐灶起火、停火,督催灶民纳盐归仓。于是,每座盐灶便有了各自不同的名称。

明初,一个灶有若干户盐民共同合作生产,盐民也被称为"灶户"。

灶户必须"世守其业",世代"以籍为定",入了"灶籍",就永世不得更改,子子孙孙都得围着盐灶为朝廷煎办盐课,境内因"灶"称名。一是以甲头姓氏命名的灶名,如包灶、沈灶、徐灶、张家灶等。二是以顺序俗定的灶名,如头灶、三灶、四灶、六灶等,这些都成了镇、村名。三是顺序号前加方位,如东七灶、西八灶。也有以事物命名的,如福兴灶(今属范公镇)。相传宋开宝年间(968—976年),虽累遭水灾,该灶却丝毫无损,有福兴旺盛之兆,故得名。安丰原有座盐灶,被海水冲毁后重建,因而取名"新灶"。"货郎灶"则是因邻户是一家挑货郎担做生意的。灶名起用于宋代,至明代,因盐区东播至范公堤以东附近,所以,带"灶"字的地名也随盐区的逐渐东移而由范公堤逐渐东播至今头灶、六灶、南沈灶一带。

海陵监规定每个灶丁每年必须完成正盐35石(每正盐1石,合平盐3石,平盐1石,约25公斤,即年约2627.5公斤),称为"丁额盐"或"正额盐"。淳熙初年(1174年),亭户采用石莲子测试卤水浓淡,以浓卤煎盐的先进技术生产,绍兴初,每灶煎盐最多11筹(1筹为50公斤),实行卤水之法后,每灶煎盐在

25～30 筹之间,增产一倍多,淮盐产量由此再次进入兴盛时期。

"团"相当于一种生产组织方式,明代有"团煎法",就是将盐民集中煎盐处用墙垣围起,以便监督。它是明代灶户"团灶"组织的基础。每个盐场设几个团,每团设若干灶户,"各场灶户,领受盘铁,聚团煎烧,不许越离出外私煎"。

明代淮南"中十场"中的草堰场,从五十里河北段到斗龙港东岸,共设东、西、南、北四个团,拥有盐灶 40 座,其中南团就有 20 座。市境以"团"为地名的,分布在古淮南盐区的东台、大丰较多,如东台的正团、新团、中心团、杨家团等,现在大丰的戚家团、南团、西团、新团、北团、卞团等,都是由此演变而来的。

大丰境内还有 18 个村、48 个自然村落的地名与"团"有关。明万历年间(1573—1620 年),官府改造煎具,制造统一轻便的小型铁锅——镦,推行小灶制,从此,传统的"团煎"改为"散煎"。但带"团煎"之意的地名却沿用至今。如正团、中心团、杨家团、新团、南垛团、西海团等。由于"团煎"之际,境内盐灶分布在范公堤沿岸及其以东附近,所以带"团"字的地名大都分布在今梁垛、台东、四灶等镇乡。

"镦"是明代后期及清代灶民煮盐的主要生产工具之一。其形同铁锅,略比锅浅,径圆 1 米,深达 10～13 厘米,因煎盐省草省时,操作方便,两淮地区普遍使用。

当时废大灶改小灶,统一推行轻便的锅镦煎具,灶台置前镦后锅,一灶一锅两镦或三镦,锅预热盐卤,然后将热卤入镦,经猛火直烧,结晶成盐。以"镦"命名的乡镇,东台有曹镦、华镦、练镦、潘家镦,孙家镦,大丰有潘镦等,市内还有一些自然村落亦是以"镦"为地名的。

煎盐用的盘铁,点卤成盐用的皂角等,亦在地名中有所反映。如滨海县有村名铁盘洋、天盘,响水县有村名皂角树、皂角等。

"仓",即盐仓,宋代盐仓隶属于盐监。北宋大中祥符二年(1009 年)以后,盐监先后废弃,淮盐收购专卖业务由监仓办理,时泰州海陵盐仓监分置于西溪和如皋,楚州盐城盐仓监设于县城内。"吴、越、扬、楚州收纳淮盐之仓数千廪"。

明清时,各场均设官盐仓于集镇之上,并有正仓与便仓之分。以枯枝牡丹名扬天下的盐都便仓镇,当年就是伍佑场的便仓所在地。东台三仓镇也是因民国三年(1914年)盐商设置盐仓于第三条沙河畔而得名。另有一仓、四仓等。

"垛",如东台的梁垛、何垛、花家垛等。

"总",是盐场灶民聚居的单位,明初大规模的"洪武赶散",移民来到荒漠的海滨烧盐,为了对散居沿海的灶户实施管理,各场设总若干,以次为序。清嘉庆时,东台富安场就设有30个总。因此,今天沿海地区乡镇、村居地名中仍保留有一总、二总、三总等地名,如东台的头总、五总、十八总等。

"坝",如东台的东门坝、下坝、老坝、朱家坝、杭坝、日晖坝、蒋家坝等。

"锅",如东台的叶家锅、解家锅、陈北锅等。

"墩",古时盐民躲避海潮的潮墩也演变为地名,如盐城的头墩、二墩、三羊墩,大丰的金墩等。东台富安过去叫"虎墩"。墩有三种:烟墩、潮墩和渔墩。

所谓烟墩,又称烽火墩。明嘉靖时,东南沿海倭寇为患,筑墩传送警报,有军驻守。清顺治时也因防倭再建。所谓潮墩,又称示例墩,也始筑于明嘉靖时,用于防大潮,延至清光绪年间,仿效共筑94座。渔墩,又称渔舍,为渔民下海捕鱼的栖息场所。诸墩之设,维护了国家安定,保障了人民生命安全,促进了盐业的正常生产,这也是后来地名命名的一个来源。

关于"大丰"一名还同废灶兴垦有关。民国时期,民族实业家张謇等人在沿海倡导废灶兴垦,先后创办了77家盐垦公司,盐城境内就有63家之多。民国时期新增的许多地名就有盐垦公司的痕迹。大丰市名就是源于民国六年(1917年)张謇在草堰场创办的大丰盐垦股份有限公司的名称,裕华镇名源于民国十一年(1922年)陈仪创办的裕华垦植公司之名,阜丰、德丰、成丰、广丰等地名,均源自大丰盐垦公司工区的名称。通商镇是从通燧垦植与商记垦团两个盐垦公司各集一字而成的地名。

元中叶,两淮29盐场产盐380万石,居全国产盐区之首,盐城境内13个盐场产盐290万石,占淮盐总产的76%。"两淮盐税甲天下",盐城的产盐对全国的贡献可想而知,"场"的地位是如日中天。

唐朝以及五代南唐置海陵监、盐城监。北宋时,范公堤修筑完成,盐城监有盐场9所,包括丁溪、小海、草堰、白驹、刘庄5场。明代沿袭元制,清代有所合并。至民国三十三年(1944年),抗日民主政权在境内东部沿海建立了何垛、川东、草庙、王港盐务合作社及垦北盐场,20世纪50年代兴建大丰盐场。

盐场是古代所设的一种产盐的专业机构,始设于汉高祖十二年(195年)西溪盐亭。东台老政区内曾设有栟茶场、角斜场、富安场、安丰场、梁垛场、东台场、何垛场、丁溪场、小海场,草堰场等10个盐场,即历史上著名的"淮南中十场"。后因场署周围居住的人多了而形成了村庄,场名便成了地名,如当今的富安、安丰、梁垛、东台、何垛等,所不同的是在原盐场名称后面去掉了"场"字。因当时各盐场是沿范公堤而建的,所以由"盐场"而得名之地均分布在原范公堤一线,也是东台境内最早设专场烧盐之地。

盐城境内的盐场,有的成为盐城境内城市的地名,如当年的庙湾,现在称作"阜宁"。有的成为集镇的地名,沿范公堤由南而北,如今的富安镇、安丰镇、梁垛镇、草埝镇、白驹镇、刘庄镇、伍佑镇、新兴镇、上冈镇都是,小一点的集镇还有西溪、丁溪、小海、西团、便仓等。这大大小小的集镇,每一处都是一部史书,它们记载着海盐生产兴衰的演变;每一处都是一幅画卷,它们定格着名人文士徜徉其间的踪迹。

范公堤旁的白驹镇,别名薋场,取《诗经》"皎皎白驹,食我场薋"的意义命名。元朝末年的泰州海陵县白驹场为大盐场之一,施耐庵与张士诚故居同属白驹场。传说施耐庵在白驹场的花家垛创作《水浒传》。

"亭",东亭,东台的别称、雅称。台城还有众多经过历史大浪淘沙保留下来与海盐相关的老地名,如老盐坝、新坝、老坝、下坝、盐包场、盐码头、咸宁巷、盐义仓巷、海曙巷、海河边、陆家滩、杨家坳、望海桥等,不胜枚举。

地名是地域文化最为鲜活的符号,也是承载厚重历史文化的"化石"。当年因"环城皆盐场"而形成的这些地名,就是历史的烙印,就是地域文化一道别致而独特的风景线。你行走其上,可以采摘到一颗颗璀璨的明珠。

## 盐渎与盐城

"盐渎",古朴儒雅的名字,一下子将盐城这座新型的沿海城市与2000多年前因盐置县的人文底蕴交融在一起。"水绿盐城·湿地之都",靓丽的城市名片,水的灵性、水的活力为盐城的未来打开了广阔的想象空间。"黄海公园"更名为"盐渎公园",城南新区中心地段一条大道命名为"盐渎路",海盐博物馆和"盐镇水街"的落成,以及串场河风光带的建设,为"盐渎"这张名片铭刻上了深深的历史印记。

"盐渎"则因"煮海兴利,穿渠通运",盐运繁忙、盐业兴旺而名。"盐渎",以盐而兴城,盐税乃国家之大税,汉昭帝始元六年(公元前81年)专门召集"盐铁会议"就是一个明证。当时的庐江太守丞桓宽根据这次会议记录撰写了《盐铁论》,这一著作则成了研究西汉中期历史和桑弘羊的重要史料。

对于"渎"字,许慎的《说文解字》是这样解释的:渎,沟也,从水。沟,水渎,广四尺,深四尺。看来"渎"字本意是水沟之意,而且是"广四尺,深四尺"的小沟。

但"渎"的字意也并不全都是指"小沟",这从历史文献的记载中也得到印证。在古代,一些河流、大川也称之为"渎"。《韩非子·五蠹》记载:"天下大水而鲧禹决渎",这说的是大禹与父亲一起治水的故事。很显然,治"大水"绝不是一条"小沟"所能解决问题的,这里的"渎"则是指较大的水利工程了。事实上,历史上长江、黄河也称为"渎"。《尔雅·释水》称:"江、淮、河、济为四渎,四渎者,发源注海者也。"这里的江、河、淮、济是指长江、黄河、淮河、济水,唐朝时将这四水又分别称其为南渎、西渎、东渎、北渎"四渎"。可见所谓"渎",在古代是对独流入海的河流、大川之总称。那"盐渎"之为"渎",很显然是指这条河流(沟渠),也是独流入海的大河流,拿今天术语来说,是一条大的行洪走廊,或许就是古代的流经盐城的"洋河"(新中国成立后,"洋河"裁湾而改称为新洋港)吧!

从 2000 多年前的盐渎县命名,到今天盐城县、盐城市,再到盐城市的盐都区,都在打造"海盐文化"名片,这不正说明了"盐渎"旺盛的生命力吗?

## 东亭与东台

继阜宁之后因盐置县的则是东台。

汉武帝年间(公元前 140 年—公元前 87 年)建立广陵县西溪镇,汉元狩六年(公元前 117 年)建海陵县,海隅散布煎盐亭灶,应为东台官盐生产之始。

东台又称东亭。《旧唐书·食货志》载:煎盐处为"亭场"。《宋史·食货志》亦称"煮海为盐,其煮盐之地曰亭场",即取卤制盐的地点为亭场。由于东台为重产盐区,至宋代已亭场林立,故"东台"在一些文人的笔下又出现了"东亭"这个另称。

而东台之名,早在北宋《太平寰宇记·图志》中,即有"南唐升元元年(937年)置海陵监于泰州东北之东台场"的记载。到了乾隆三十三年(1768 年)东台建县以后,县治所在东台场始称东台城,简称台城。

东台草煎盐生产历史悠久,源远流长。春秋战国时期(公元前 770 年—公元前 221 年),时为淮夷地。东台先民即在此借沿海之利零星制盐,供生活所需。"彭城以东,东海,吴广陵,此东楚地也……夫吴阖庐、春申、刘濞三人招致天下喜游子弟,东有海盐之饶",这说明了春秋时期吴王阖庐就注意到在苏北沿海地区发展草煎制盐大有可为。齐相管仲大兴海盐之利,实行"官山海"政策,鼓励海边居民引海煮盐,使齐国一举成为富甲天下的"海王之国"。

汉初至清末,东台为淮盐重点产区。自吴王刘濞(公元前 195 年)组织移民煮海为盐,至清末民初张謇(1914 年)废灶兴垦,2100 多年的东台经济史,就是一部煮海煎盐的盐业生产发展史。灶、团、𬇙、墩、仓、总,由盐而起的地名遍布域中,组合为场镇的兴盛、古城的繁荣。

三国魏晋南北朝,江淮战争频仍。东台成为淮北、山东等地南下难民躲避战祸聚居之所,生产生活相对稳定。东晋安帝义熙七年(411 年)置海陵郡,下辖宁海、建陵、蒲涛.如皋、临江五县,东台境内就有海陵郡治(设在东台市时

埝镇西一带)、宁海县治(设在西溪镇)、建陵县治(为北方侨置县,设在东台市
溱东镇青浦村),加强了对草煎盐生产的管理和监督,进而使东台地区草煎盐
生产成为中国四大海盐生产的主要产区之一。此后虽几经王朝更迭,但草煎
盐生产却因其巨大利税,备受统治者青睐,盐亭灶民逐渐增加,生产规模持续
扩大,到唐武德九年(626年)建陵县、宁海县,先后并入海陵县(今泰州市),设
海陵盐监于西溪镇(原宁海县治所在地)。唐玄宗开元十年(722年)朝廷恢复
盐税制度,在东南海盐产区设四场十监,海陵监时已为十监之首,管理南至长
江,北至盐城地区的盐务。时有盐亭120多所,每岁煮盐45万石,从而奠定了
海陵监在全国海盐生产的重要地位。

隋炀帝大业九年(613年),赵破阵、杜伏威先后率灶丁义军在海陵一带击
败隋朝禁军,威震江淮。唐武德九年,宁海县署(西溪)改海陵盐监,监东台、
金沙(海门)、竹溪(草堰)等南北八盐场,东台地名见于世。唐大历二年(767
年),淮南黜陟使李承修筑常丰堰,楚州至海陵盐农得以乐业,称之为"李堤"。
宋代海陵监盐赋,最低为淳化年间70万贯,最高为嘉定年间1100万贯。东台
盐产量及税赋额居两淮之冠。南唐升元元年(937年),海陵监移驻东台场,年
产盐60万石,居全国十大监之首。

北宋景德、天圣年间,吕夷简、晏殊、范仲淹先后来西溪任盐官,理盐政、
恤民生,浚晏溪河,垒中州山,修捍海堰,育牡丹园,建书院,拓坊道,做了一系
列实事善事,后相继入朝为相,成为西溪佳话。

晏殊任职西溪时,创建西溪书院,"五代以来,天下学校停废,自晏殊始,
重启兴学教育之事"。范仲淹任西溪盐官时,改书院名为晏溪书院。明初裁
撤海陵监,设两淮盐转运使司泰州分司。武宗正德十五年(1520年),泰州分
司移驻东台,辖东台域内十盐场,称"淮南中十场"。分司年盐赋额为429760
引,折为42976吨,值白银2148800两。

东台"盐场之有社学(元明清三代的地方教育机关和学校),盖自判官徐
鹏举始。明弘治二年(1489年),鹏举分治泰州十场,乃场置一学",东台教育
由此肇兴。

如果说,监管西溪盐仓的范仲淹常因催税"猛且贱民、缓则罹咎"而忧

虑,由此孕育了先忧后乐的从政情怀,那么,自幼烧盐的王艮在丁役中悟出
"百姓日用即道"的理论,无疑锤炼出为生民立命的赤子盐魂。于是,产生
于东台的安丰之学,发展为传承中外的泰州学派,掀起了明末社会思想启
蒙的浪潮。

清代水利学家冯道立目睹淮扬水灾,深入江淮河湖堤实地考察,了解水
路来龙去脉,测绘上百图记,完成了《淮扬治水论》、《淮扬治水图说》等专著,
为治理里下河水患做出重要贡献。

北宋开宝七年(975年),海陵监移迁,西溪设盐仓监管五盐场。

北宋天圣元年(1023年),范仲淹官监西溪盐仓,见常丰堰久废不治,海潮
倒灌,淹灶漂庐,奏请修堰。天圣二年,范仲淹任兴化知县,在泰州知州张纶、
两淮盐转运使胡令仪支持下,动员通、泰、楚、海四州4万多民工,历经4年,
筑成捍海堰,北起阜宁庙湾场,南至栟茶场,全长70多公里。沿海一带农、盐
两利,后人尊为"范公堤"。

清乾隆四十一年(1776年),东台县产盐938734引,合187743吨,占两淮
30个盐场总产量的47%。盐民们水中制卤、火中取盐,世世代代用汗水和生
命,支付着赋甲两淮的税赋,支撑着州府的繁华、国帑的充盈。

清康熙五年,两淮盐赋占全国总课额的64.5%。两淮盐赋甲天下,东
台课税甲两淮,名不虚传。南宋乾道年间(1165—1173年),海陵监产盐盐
额为160万石,丰利监为70万石。其时,西溪盐仓曾创下中国盐业史上的
惊人纪录。创一仓年支盐6000万公斤的全国历史最高纪录,有"天下盐
仓"之美誉。

张謇的母亲是东台人,民国时期,张謇在东台创办母里师范、大达轮船公
司、淮南泰属贫民工场、东明电气股份有限公司和五家盐垦公司,废灶兴垦植
棉,促进了东台由盐业向农业经济作物生产的转变。

海风吹拂下,西溪的夕照、范堤的树影、亭场的"雪山"、盐河的风帆,映照
出东台城的古老与年轻。盐韵流转,千年弹奏,从东亭到东台,步入了现代化
的台城。

# 庙湾与阜宁

因盐而置县的,除了盐渎便是阜宁。

阜宁原称庙湾。这地名特别好解,一定是有河有庙。河即射阳河,一条历史悠久的自然河道,充足的水源滋润着一方土地。宽阔的河道有一大折湾,此湾有些突兀和不可思议,原本一览无余的视线在此不得不稍有阻断和停留。于是,折湾北岸一座气势恢弘的真武庙便显得异常夺目。

庙湾其实先有湾,后有庙。湾是自然所为,庙却是人工所建。它始于北宋景德年间(1004—1007 年),目的在于镇水患,祈民安。真武庙代表着典型的道家文化,它历经岁月沧桑,香火由盛及衰。至明代由邑人刘翰出资重建,复兴其旺盛,明代诗人李长科的一首咏庙湾诗曰:

> 东来浩渺势如环,曲折迂回庙子湾。
>
> 不复苍茫留海气,犹余芦荻映秋颜。

明洪武八年(1357 年),庙湾设立盐场,称"庙湾场"。当时两淮盐业生产十分兴旺,作为淮南重要盐业集散地的盐城已不能满足盐的屯集和运输,急需向南北发展,盐城之北的庙湾场便由此应运而生。它分担了盐城的繁忙,同时也促成了自身的繁华。多少富商巨贾、达官贵人从射阳河移步上岸,在庙湾场定居。青砖石径,粉墙黛瓦,传递着城市演变的信息;灯红酒绿,车轿穿梭,勾勒出城市繁华的景象。其时庙湾城邑已大有发展而初具规模。有趣的是从繁华街市的一条悠深小巷穿越而出,映入眼帘的竟是飞檐重甍、香火袅袅的真武庙。

据文献记载,庙湾垒土筑城始于明万历二十二年(1594 年),目的在于防止倭寇入侵,故而城池十分坚固,有 5 个城门。其时,庙湾地理位置之重超过了北面的云梯关,其利害关系正如顾炎武在《天下郡国利病书》中所言:"倭奴……入盐城,可犯淮安,入庙湾,可犯扬州。"明朝中期,因朝政腐败,海防松弛,故倭寇活动特别猖獗,东南沿海盐场亦屡遭骚扰。盐城、丁溪、小海、草堰、白驹、刘庄等地均有倭寇犯场的历史记录,庙湾自然不能避其所害。

发生在嘉靖三十八年(1559年)的一场"庙湾大捷",可以让人们从另一个角度感受庙湾,了解庙湾。当然这种感受和了解伴随着弥漫不息的烽火硝烟。此战总指挥为朝廷刚任命督师清剿倭寇的巡抚李遂,面对乘数百艘海船来犯的倭寇,李遂采取诱敌深入的战术,将倭寇逼入瓮内,庙湾则为其瓮。这一仗打得很漂亮,《明史·列传第九十三·李遂》中有详尽的记载。当时李遂分析倭贼有三路选择可能,"若从富安沿海北上至庙湾,则绝地也"。李遂乃令副将一路将倭寇逼近庙湾。此次庙湾不是紧闭城门,相反城门洞开,"请君入瓮"。庙湾虽因此做出了极大的牺牲,却顾全了大局。之后,则如《明史纪事本末卷之五十五》所记,"江北兵攻倭于庙湾,冲其巢,斩首四千",虽寥寥数语,却不难读出其中的刀光剑影,以及铮铮作响的厮杀之声。

庙湾大捷使庙湾之名频频出现在明朝史书上,是中华民族凛然正气的代名词。此役后,"地方遂宁,军民安堵"、"南都远道,俱保无虞"。

庙湾也从此成为一种象征,它是御敌的战场,从地域升腾的是一种民族的情结。后人提及庙湾,总仿佛还能呼吸到那不散的硝烟:

> 渔归远浦寒烟阔,雅集平台暮霭横。
>
> 遥忆昔人谁授钺,年来海上谈罢兵。

明人李长科的这首咏庙湾诗中,折射出庙湾大捷的刀光剑影。庙湾于清雍正九年(1731年)改称阜宁县,从此庙湾这个地名渐渐被人们淡忘。

仿古妙作庙湾古城,浓缩老城最精彩的昨天,渗透出人们对老城悠久历史引以为豪的评价。县衙、却金亭、三贤祠等再现复制,给参观者留下许多惊叹。

## 珠溪与伍佑

从珠溪到伍佑,有一个人在与一条河对话,那人便是唐代御史中丞伍正己的曾孙伍佑，那河便是串场河。如今，这对话仍在时空的长廊里回响，久久不绝。

伍佑位于盐城以南，古代时因为镇上的小溪中时常能获得蚌珠，所以名叫珠溪。与之并列存在的还有依次向南的丁溪、西溪等，这个浪漫名称，让水乡特色跃然其间。珠溪之名虽然悦耳，却未能维持多久。也许蚌珠只是偶尔为之，养蚌作为一种产业，当时并未形成。总之珠溪已被另一个名字所取代，这就是伍佑了。

关于伍佑，印水心编著的《盐城县乡土地理》中有如下记载："自（盐城）西门太平桥乘轮南行，入南串场河，溯流而上，往大新河至伍佑市，市集曰伍佑场，场知事署在焉。东南有物，巍然隆起，高出屋脊，望之如丘，盘亘历历，皆盐岭也。居民千余户，商店尚多。"

伍佑在东晋时即设有盐场，成为与盐城相毗邻的重要盐场之一。然而在唐乾符年间，该盐场一度废煎百年有余。直到宋朝时有一人来到这里，改变了这一现状。他就是前唐御史中丞伍正己的曾孙伍佑，时任楚州团练推官。眼见盐场废置，他首议兴复，"役不及民，甫期而就"，人称伍佑场，以为纪念。伍佑因盐出名，也因盐发达，谈到盐就不能不说穿街而过的串场河。

伍佑的地理位置非常特殊。唐代黜陟使李承主持修堤而形成的串场河横贯境内，将伍佑一分为二，形成东、西两部分，以桥相通。随着海势东迁，盐灶渐疏，河西街道趋废。河东则成为伍佑镇之所在。清康熙年间，伍佑即有四条主要大街和十多条交叉古巷。其时盐商在主要街、巷首以石砖砌有圈门九座，门楣刻有象征吉祥意味的文字，如"紫气东来"、"薰风南来"、"北阙思光"等。各门设栅栏，夜锁防盗。

串场河是人工挖成的，为盐城的母亲河，因为其将古时盐城、东台最为繁盛的30个大盐场串联而得名。这30个盐场中最大的便是伍佑场。大家都知道苏东多为淤泥海岸，古时的海岸线在如今的西边，在淤泥的堆积下才形成苏东地区。当时海潮经常袭扰沿海，对盐业生产造成极大的危害。

北宋时期，"西溪三杰"最后一位的范仲淹为了抵御海潮之患，主持修建了海堤，虽名气无法与西湖苏堤、白堤相比，但在盐城人民的心中范公的功德无法忘却。"海水有时枯,公恩何日已",纪念文正公,此堤名为范公堤。

伍佑也有一段范公堤,但在建设 204 国道时,将其做了路基。串场河就是挖堤之时形成的。海堤的庇护和盐业的发展,让伍佑迎来了它的繁盛期。

秦晋时期,盐商在扬州、盐城等地贩盐赚钱之后并不注重享乐,而是将其送往关西老家贮藏,自己仍是粗茶淡饭。到了明清时期,徽商的进入则改变了这样的风气。他们及时行乐,并融入伍佑当地的文化之中。伍佑原居民也逐渐接受这些思想,从此伍佑由盐场逐渐成为集镇,经济发达,人民安居。现在的伍佑仍有一些遗留的古建筑见证着伍佑的古时繁华。曹家大院、陈氏宗祠虽然现在被改为民居房,但其古色古香的木雕、青瓦仍然透露出水乡的思古之幽情。

悠悠历史,点点精华,在历史的打磨中,伍佑如与世无争的乡下隐士,行走在属于自己的路上。如果没有那个人、没有那条河,便没有伍佑,你说呢?

# 第三章　渗透盐味的盐文化

　　"海盐文化"从本质上讲,应该是一种开放式的地域文化。盐城,从今天的地理位置上看,处于江苏沿海中部,苏南有吴越文化,苏北北部有楚汉文化,盐城置身于南北文化的过渡带上,虽兼容并蓄却又不倚不靠。还好,一方水土养育一方人。

　　经历2000多年海水浸泡了的土地终于让盐城人拥有了自己的"海盐文化",这样的"文化"也让820万盐城人的生产生活带上了独特的"咸味"。今天,从盐阜大地上出土的大量文物可以发现,它们就是历史上盐民生产与生活的遗存,从中我们能够触摸到先民的体温和气息。

　　生活充满了艰辛,盐民们又不乏粗犷豪放的文化。他们与天斗、与地斗、与人斗,苦中找乐,自娱自乐。他们"横吹笛子竖吹箫",盐号子伴随着草丛旷野里的箫笛之音在一望无际的盐滩上回响。这一片卤水浸泡的土地就是因为有一大批文人墨客和盐商、盐民、盐官们的砥砺与撞击,才使得盐城有了自己的海盐文化。

　　因为盐,这里有着多姿多彩的民俗风情;因为盐,这里说着只有他们能懂的方言俚语;因为盐,这片盐土地上传诵着多少不老的传说;因为盐,这里留下了文人雅士的遗迹;因为盐,这里有盐民诗人的吟唱;因为盐……

只要你有雅兴,沿海而行,那碑亭石刻,那古楼深井,那石闸石桥,那寺院晨钟,宛若星星点缀在这片东方湿地之都上。那乡音方言,那传奇故事,那诗文弹唱,如春雨秋风沁人心脾。你为之激动,你因之沉思,你不免生发思古之幽情。

# 第一节　盐风民俗

民风民俗是盐文化的继承和发展。在过去悠久的制盐历史中,盐民们都是靠天吃饭,靠海晒盐。因此,在盐民中长期形成并流传着特别的风俗民情,如祭张王、盐婆生日、敬龙王、晒盐日、烘缸会等。

## 盐民过年关

春节,俗称过年,盐民又称为"年关"。因官、匪常在这时上门敲竹杠,"打秋风"。盐民中有"一年十二月,月月皆受憋,腊月憋得狠,过年如过鬼门关"之谚。

农历十二月(即腊月)三十日(月小则是二十九日)为除夕,盐民习惯称之"三日子"。这天人们十分忙碌,上午全家里里外外大扫除,称为"刷尘",意思是扫去一年的晦气,盼望新的一年交好运。

清扫之后,张贴对子(即春联),大门上贴"门神"或"斗方",房门上贴钟馗,窗户上贴"太公在此,百无禁忌"的横幅,同时贴挂乐、贴花笺。还要在灶头上张贴灶君像,两边贴上"上天言好事,下界保平安"的对联,放鞭炮接"灶神"下界,保一年平安。

中午上供猪头、雄鸡,点烛烧香,叩拜神灵,称"谢神",同时烧钱化纸,祭祀祖先,并到祖先坟上烧纸,称"送守岁包子"。

盐民烧盐时在灶上用的是特制的平底铁锅——"镦"。相传煎盐的发明者曾被封为神,盐民称之为"盐盘大圣",农历三十晚,盐民必到锅灶旁向"大圣"敬献酒肉刀头,焚烧黄元香烛,对"大圣"的画像顶礼膜拜。

晚上煮"陈饭",装"陈饭盆",又称聚宝盆,盆中装满饭后,插上彩色纸旗和柏树枝,在柏树枝上嵌上白果、花生、红枣等物,还在上面贴上"黄金万两"的横幅,祈望来年五谷丰登,硕果累累。晚上合家团聚吃团圆饭,名曰"守岁",长辈给晚辈发红包,称之为"压岁钱"。

盐民大年三十吃年夜饭忌泡汤,也为顾忌来年雨多之意。

正月初一五更头,盐民到天井观看天气。如刮西南风,无云彩,则预兆当年盐花大丰收;如刮东北风,天空有毛云,则认为当年雨水多,对盐产不利。

## 盐婆婆过生日

正月初六,在两淮盐区,盐民有为"盐婆婆"过生日的习俗。相传很早以前,两淮不产盐,人们因缺食盐都得了浮肿病,生命危在旦夕,就在这个关键时刻,从东海里来了一个浑身长满盐的"女人"。她走到哪里,盐就掉到那里,当地的百姓有了盐,浮肿病就好了。后来传说那个浑身长盐的"女人"就是"盐神",盐民们都称她"盐婆婆"。

为了生存,人们学着"盐婆婆"煮海为盐,从此人们生活安康,煮海为盐代代相继。于是,在两淮盐区,盐民将每年正月初六定为"盐婆婆"生日。这一天,盐民要处处图吉利,祈望盐婆婆高兴。

每年正月初六,龙王奶奶生日这一天,盐民手拿三股香,一对红小烛,带上印有"龙"形图案的红方,领着全家能上滩干活的,到滩头或风车头祭祀。他们将盐婆婆画像贴上,点烛、焚香、放鞭炮,烧纸磕头,名叫"烧盐婆纸",又叫"烧滩头纸"。祭祀的人要边烧纸边祷告,请盐婆婆开恩显灵,保佑当年产盐多,盐粒大,盐花白。盐民还手持锨锹等工具,到滩下动动手,干点活;转转风车,戽几斗水;或挖几锨泥,动一动盐席,象征性地表示一年晒盐开始了。

这一天如果是大晴天,盐民会格外高兴,因为,这能预示全年盐产大丰收。因此,民间正月初一到初十有"一天二地三风四雨五草六盐场七人八谷九豆十棉花"的说法。其中的六盐场就是说的"盐婆婆"过生日的这件事。

## 盐神节

盐神节是渤海湾沿海地区流传较广的民俗岁时节令,在环渤海湾沿海潍坊、莱州、东营、滨州等广大产盐地区,盐民和从事盐业生产的人们都过盐神节,主要是在农历正月十六"盐神管仲寿诞日"进行祭拜,多以村盐场为独立群体,进行集体祭拜庆贺。

■ 刘晏神座

■ 庙内供奉的"盐司菩萨"

■ 现留在丹城丹西街道后洋村的"盐司庙"

■ 古代为杉木洋盐民不顾安危为民造福的"盐法菩萨"

图 3-1　盐神节

# 二月二,敬龙王

农历二月初二,是"龙"抬头的日子。盐民们认为:龙是管兴云布雨的神,涨潮、落潮都是由龙王爷决定的,送上来晒盐的海水是龙王爷的"恩赐",所以盐民有敬龙王的习俗。二月初二这一天,盐民要到龙王庙去烧龙王纸,离庙远的盐民就到海边或盐河边烧。烧纸时嘴里祷告,请龙王开恩,多送含盐分高的海水,保佑多产盐,多挣钱,求得有饭吃、有衣穿。

## 三月三,祭盐宗

农历三月初三,是开晒日。盐民生火烧盐之前,先要祭盐宗,乞求保佑灶火兴旺,多产好盐。盐宗就是淮夷部落首领夙沙氏,他是"煮海为盐"的创始人。

盐民中有"到了三月三,脱脚忙和滩"之说,因为三月份阳气上升,适宜晒盐,从此要修滩做埝,进行开晒。三月初三这一天,盐民要赶盐宗庙会,祭祀供猪头三牲,烧香点烛,行三跪九叩大礼。祭盐宗,盐场的祭祀活动排场大,舞龙舞狮,热闹得很。盐灶的祭祀活动排场小,只是烧香叩拜而已。秋后灭火休煎,也要祭盐宗,感谢盐宗的保佑,当年盐产丰收。

清明节,天气进入晴朗季节,风和日丽,是盐业生产旺季。盐民盼望在清明节前后降点雨水,泼泼盐滩周围的尘土。俗话说:"雨打坟头田,今年产白盐。"清明这天,盐民起大早去赶城隍庙会,烧香、磕头,求城隍爷保佑当年盐业取得好收成,家家过上太平日子。

## 六月六,晒龙盐

管仲,博通坟典,淹贯古今,有经天纬地之才、济世匡时之略。他注重经济,发展盐铁业,铸造货币,调剂物价,改革成效显著,齐国由此国力大振。盐官盐商们都尊崇春秋时的齐相管仲为盐业祖师,过年时家中都挂管仲画像,侍奉香火。

世居海边历代以烧盐为生的盐民们却不信仰管仲,他们信的只是龙王爷。因为管仲不能带给他们直接利益,而龙王爷却可以保佑他们多收盐,多得利。据传六月初六是龙王爷的生日,这一天晒的盐又叫"龙盐"。每年正月十五,盐民家家要烧"龙王纸",请求龙王爷在新的一年中多行好事,确保多产盐,产好盐。

图 3-2 晒龙盐

为此,东海龙王特地下令,让虾兵蟹将全体出动,把海水弄得干干净净。用这干净海水煎盐,洁白精细,腌腥不臭,腌菜不苦,做汤味鲜。东海龙王就用这盐招待来宾。

盐民敬过龙王,回家忙着晒盐,这些盐被称为"龙王老爷生日盐",俗称"龙盐"。这天晒出的盐果然腌腥不臭、腌菜不苦、做汤味鲜。一般盐民都要保留一些"龙盐"珍藏起来,除自用外,还作为礼品馈赠亲友。

## 烘缸会

在盐民夏、秋两季不晒盐的休闲季节,盐场、盐灶都要举办"烘缸会"——请艺人说书唱戏,烧香拜太阳神。烘缸会,以盐场公署举办的最为热闹。

清晨,盐民们聚集在广场上,摆上香案,供奉三牲,恭候太阳从东方升起。由祭司领头,面朝太阳焚香磕头。祭毕,由几个大汉抬一只口朝下的大卤缸,缸底上置纸糊或苇扎的太阳神,四周用红绸裹束,以示火烤,锣鼓开道,前往会场（戏台）供奉。而后，神戏即开场，一般上演《二郎担山赶太阳》《金乌下凡》《夸父追日》等戏文。热闹一整天，直至深夜方散。

盐灶举办的烘缸会就简单多了，一般是几户盐民联合，用土块垒成一座太阳神庙，上面覆盖小缸，缸中间开洞，内置神像，外面竖两根旗杆，集体烧香祈祷，求太阳神多赐晴天。

这些盐民习俗，自民国废灶兴垦以后，随着岁月的流逝逐渐淡化了。

## 祭张王

元末，大丰白驹场的盐民起义领袖张士诚无法忍受压迫与剥削，十八条扁担起义。起义军所到之处，对民众秋毫无犯，爱护百姓，有口皆碑。每攻下一座城府，便开仓济赈，除留军需之外，其余财物均分发给贫苦的百姓。

民间流传"死不怨泰州（张士诚），生不谢宝应（杨完者）"的民谣。后来，朱元璋打败了张士诚，建立了明王朝。但是张士诚在百姓心中的形象是抹不掉的，人们想方设法纪念他。为掩人耳目，西团、白驹、草埝一带民间将历史上沿袭的七月三十祭地藏王的习俗，改为明"祭藏王"暗"祭张王"。

这一天晚上，家家户户的门槛外摆一张祭桌，上置一盏用蛤蜊壳做成的香油灯，内浸几根灯芯，两边各置一支蜡烛，前面点香。一时，光影摇曳，香烟萦绕。男女老少磕头跪拜，口中祈祷："惩奸除恶，普度众生，家家祭祀，张王安康。"祭祀完毕，人们便相约来到一处预先搭好的辕门下，手持枝蔓芦柴，在顶端缚上一炷香，香的末端系上一束鞭炮，待香慢慢燃尽后点着鞭炮，须臾间，火花四溅，像夜空繁星闪烁。据说，这便是"张王睁眼观察人世"。接着，人们尽情地吹奏箫笙、唢呐等各种乐器，乐声震天，此起彼伏。

据说此景象征着当年张士诚一呼百应，带甲数十万的浩大声势，也象征着百姓怀念张王的感情如江河行地，永久不息。这种祭奠活动，每年一次，每次持续到午夜时分。农历七月三十，祭张王的习俗在盐城一带流传了几百年。

# 盐民两盼

盐民有两盼,一盼出太阳,二盼刮大风。

盐民们常年生活在海滨,与渔民、农民的生产、生活习俗不同。盐民制成的卤水怕雨水冲淡,晒好的盐怕雨水冲化,所以每天清晨和渔民一样有观天的习惯。盐民会以早上的天气情况为依据,对全天的天气做出一个判断,决定盐卤是否灌格子。

盐民一盼出太阳。盐民对晴、雨、风、旱、涝等气候变化,与农民、渔民有不同的理解和喜好。农民们希望一年到头风调雨顺,最害怕暴雨连天和久旱不雨;渔民出海打鱼,最害怕狂风巨浪和暴雨潮涨;盐民们最希望久旱不雨、烈日炎炎。

淮南盐场烧盐主要靠晴天晒灰,场上盐花多,才淋出好卤。太阳成为盐民的生产主宰,所以盐民有敬神做会、烧香拜太阳的习俗。

盐民二盼刮大风。晒盐的卤池里盘都是卤水,除了曝光有利自然蒸发,再刮些大风,更有利于加快蒸发。风刮得越大,对盘卤、晒盐就越有好处。

渔民们在海上捕捞希望有点小风,便于鼓起风帆行船,但最怕大风,风大浪大,行船危险。农民们对风的态度不太明显,因为有无风不大影响生产、生活,但反对大风和台风,这会刮倒庄稼和房屋,危及生命和财产安全。这就是屁股决定脑袋。

有时候,农民、渔民、盐民之间的亲戚们在一起"坐桌子"吃喜酒,席间因为对待风和雨截然不同的态度,也会各执一词,誓不相让,甚至吵得面红耳赤,不欢而散。没办法,谁让他们操持不同的营生呢。

# 盐民不送灶

苏北民间的城乡农民一直有送灶(又叫"祭灶")的习俗。每年腊月二十三送灶为"小灶",二十四则为"大灶"。而沿海一带的盐民(又叫"灶民")在煎盐的大灶上就没有送灶的习俗。

盐民靠烧灶煎盐为主，一日熄灶不煎盐，就一日吃不上饭，又叫"熄火穷"。因此，盐民即使过大年，也绝不送灶。他们认为，哪家送了灶，也就等于丢了饭碗。谁那么傻，要自砸饭碗呢？

沿海一带渔民出海捕鱼，有许多禁忌。其中较为显著的是有关歧视妇女的封建习俗。如女人不能跟船出海，否则捕捞会遇上风浪，有翻船危险。平时，女人就不能站在船头上，怕阴气太重，出海捕不到鱼等。

盐民就不一样，在熬盐过程中，晒灰、挑灰、淋卤，劳动强度大，不仅男人要干活，女人也得帮着干。有时，男人患病了，女人还得领头干活。一家一户为熬盐的生产单元，也有几户人家合一盐盘，团煎共煮，轮流煎盐。因此，盐民在生产过程中，不像渔民那样歧视妇女。

# 第二节　方言、谚语、歇后语

## 盐城方言

盐城现在是江苏面积最大的一个地级市，人口居全省第二。因为地势狭长，从最北端到最南端，有近 200 公里，所以，各市县方言相差极大。盐城方言不但反映着盐城地域文化的创造，记录着海盐文化的变迁，也时刻影响着盐城人的生活方式。

总体来说，盐城方言属于江淮次方言，但由北到南转变的梯度比较大。北边的响水县，口音与连云港一带接近，滨海、阜宁则同淮阴差不多，到了盐都、建湖，又有点接近扬州一带，大丰、东台则类似于南通地区。即使在一个县内，口音也有很大差别，比如射阳，北部口音与滨海、阜宁差不多，而到了南部黄尖、洋马等乡镇，口音已经与盐城市区和盐都非常相似了；再比如滨海，苏北灌溉总渠从其境内流过，有趣的是，该县渠南和渠北的口音就有了差别，比如"鱼"，渠北发"yu"，渠南发"wu"。而且，历史上，盐城的很多先民是从苏州阊门一带移居过来的，有些地方还带有一些吴语的特点。

就盐城南北方言对小孩的称谓来看，也是大不相同。在响水，人们管小孩叫"小究"（音，下同），滨海、阜宁一带叫"侠子"，射阳就略有了变化，叫"小娃子"，或"小伢子"，盐城市区则称为小宝宝，东台又不一样了，发音是"狗狗"。狗狗好养活，给吃的就行，寓寄孩子像小狗狗一样，好养活长大之意。

终年辛勤劳作、食不果腹、目不识丁的盐民，用自己的口头方言，和着自己的汗水泪花，高唱低吟，留下了许多如泣似诉、如谈家常、催人泪下的盐民歌谣。请看在《灶户苦难挨》中盐民对自己形象和劳动生活的描绘："呼天头，诉田头，你看我灶户佬儿黑不溜秋。嘴上胡子环环球，头脸颈颈积脂垢，手像灰扒皱皮裂口，脚像乌靴黑到膝头……到了秋天，斫草的时候，早饭一吃，扛刀就走，有人送饭，冷得抽抽；没人送饭，裤带收收。一年到头，没得一个清闲的时候。"再听盐民在《灶户前世不曾修》中对自己命运的悲叹："三十六行皆辛苦，都比灶户有出头。乡下人家种五谷，春耕夏耘秋天收。半年清闲半年苦，缺吃少穿终有头。灶户人家无冬夏，一年四季苦到头。"

盐民不但日出而作，还要在刺骨的寒风中通宵劳作，《灶户叹五更》把这种艰苦凄清的劳动吟唱得淋漓尽致："一更鼓儿上，炉火刚要旺。晚饭送到锅门旁。没筷子撅上两根芦柴棒。一手端粥碗，一手管锅膛，不是吃饭真是活受丧，粥碗里茅草屑子好肮脏。二更鼓儿敲，老板总睡了，独自孤单把锅烧，冷清清实在好无聊。瞌目充，打不得，眼皮不好熬；哈欠连连伸懒腰，没谈头，哼段小曲解解焦。"

称谓方言列举：

爹爹：父亲。丈人：岳父。丈母：岳母。细的：伢子、子女。男将：丈夫、男人。女将、婆娘：妻子。丫头：女儿（婢亦称丫头）。小伙：儿子（亦称小伙）。

妈子：乳妇。长工：汉子。舅子：内兄弟。姑丈：姑父。姨丈：姨父。媳妇：儿媳妇。铺子、亮亮：姑母。嗲嗲：祖父。婆嗲嗲：外祖父。惯宝子：宠爱的孩子。

生活方言列举：

邋遢：肮脏，不清洁。没得：无，没有。东西：用物。好天：晴天。天着丑：阴天要下雨。杠：虹，七彩虹。茅缸：厕所。眈：疲劳欲睡，假眠。一复时：一昼夜，24小时。焦：愁闷，有心思。哼：呻吟。天井：庭院。颊腮：颌。波罗盖：膝盖。孤拐：胫。闪：雷电。躲：避人。容：包庇。斜头：不务正业，不讲理。

洮祸：搬弄是非。翘辫子：咒人死了。痒手儿：手关节不灵活，手残废。没出息：没有前途。不胀汤：不会勤俭持家过日子。急急子：口吃，说话不流畅。顽、耍子：嬉戏。淘气：与人争闹。疙瘩：有矛盾。缠蛮：不理解意思，诡辩。做斋：做佛事。芒：味咸，盐多。麻人：辣。躲懒：偷懒。笨：鲁莽，不细心。锤子：酒杯。盘子：碟子。钵头：盆。匠：藏物。鹘突：不明白。打摆子：患疟疾。哄：骗人。吃亏：受人欺。占光：讨巧，讨便宜。舔：以舌取物。耳朵根子软：轻信他人言语。硬峥：说话讲信用，办事实在结棍：身体健壮。告作：糟蹋，浪费。

穿针引线：介绍，拉关系。有扒头：有钱，有势，有头绪的人。吊儿郎当：办事不负责任。驴囚：反正不理解。屁漏桶子：经常出问题，到处闯祸的人。瘌里麻里洋：做事马虎、不负责任，样样事情都做不好。滑头：人刁滑，欠诚实。

嘴上没毛说话（做事）不牢：年纪轻，说话不负责任。小气：不大方。文雅：吃东西讲礼节，做事不泼辣。上冒：食物生霉。裂赤子：皮肤粗糙裂口子。捣鬼：轻声耳语，不给别人听见。讪：追赶。忽货：骂人没有出息，没有用处。馊：饭菜变质，变味。作怪：讥笑别人办事不行。抬慌：说话不归真。泼作：原料较多。如办酒席，原料多丰盛实惠。做嘻：干什么。乏嫌：调皮捣蛋，不讨人欢喜。望望：看看。剃头：理发。洗澡堂子：浴堂。解手：上厕所。角落：旮旯。

## 盐民谚语

"人是大地的盐。"这句外国谚语既赞美了人，也赞美了盐。晶莹洁白的海盐，是大海之子，盐民之根，"五味之主"，国税之源。

盐民谚语是一种行业性的地方语言文化,是盐民生产生活智慧和经验的结晶,是盐民生产生活的真实记载,是海盐生产的历史见证,常常被人们誉为民间的知识总汇。

盐民谚语是盐民的口头集体创作。在漫长的历史长河中,盐民们把自己在生产生活中所积累的心得和经验,用最精练的语言表达出来,又在世代口口相授的流传过程中,不断地加之琢磨,形成了谚语。优秀的盐民谚语,不但能真实反映盐民的思想感情和历史经验,而且能体现盐民的进步思想和优秀品质。

盐民谚语言简意赅,通俗易懂,深入浅出,通常又以押韵、对偶、比喻、夸张等修辞手法,便于记忆,易于流传。同时优秀的盐民谚语又总是耐人寻味,富有哲理。人们往往可以从一句好的谚语中,领悟到一种做人办事的道理。因而,它常常又被誉为"浓缩的诗"。

> 烧盐的,熄火穷,没得住,蹲草棚。
>
> 穷扫盐,急扫硝,盐民吃的草和糠。
>
> 又晒灰,又煎熬,裤头没得第二条。
>
> 锅蓬有烈火,灶屋无清风。谁识盐丁苦,年年六月中。
>
> 春打"五九"尾,盐民做得像个鬼。春打"六九"头,盐民力气大似牛。

这组盐民谚语是当年盐民高温煎盐和穷苦生活的真实写照。赤日炎炎似火烧,正是盐商在公馆里吃瓜纳凉的时候,而盐民们却在比烈日还热的高温下煎盐。"谁识盐丁苦,年年六月中",充分说明了盐民高温煎盐的艰苦。

盐民们干的是牛马活,而吃的是猪狗食。他们的日常生活是"盐蒿芼作羹,蒿种炊为饼",如能吃到一些苦咸的蟹渣,就是难得的佳肴。他们住的是草棚,穷得连一条裤头都买不起。如此艰难的盐民生活,谚语中都得到一一的证实。

　　　　　富家有剩饭，路有饿死人。

　　　　　富翁一席酒，盐民半年粮。

　　　　　盐民三日粮，公家一伏火。

　　　　　昨听鬼车声，夜来愁杀我。


　　这组盐民谚语，在真实反映盐民穷苦生活的同时，也对地方贪官污吏和盐商的豪华奢侈生活做了有力的抨击。

　　"盐民三日粮，公家一伏火"，盐民一点微薄的收入，还抵不上盐场一般公差一天的消费。富家的一席酒，抵到盐民半年的生活开销。

　　盐民们除了从事繁重的体力劳动外，还要遭受苛政之类的人祸。"昨听鬼车声，夜来愁杀我"，这远处传来的车马声，不是场官或盐商的狗腿子在催运食盐，就是在催缴盐税和其他徭役。盐民们听到这声音，就会毛骨悚然，遇到他们就犹如遇到恶鬼了。


　　　　　七月风潮水，八月神鬼天，九月菊花水，十月盐归土。


　　这组盐民谚语写的是盐民熄火后的忧愁。每年的七、八、九三月，阴雨连绵，无卤煎盐，这是对盐民最大的威胁，也是对盐民最致命的打击。特别是到了隆冬季节，盐民们更是雪上加霜，他们只好靠野菜和胡萝卜充饥度日。"灶户忧卤少，点点滴心窝"，真实反映了盐民无卤煎盐时的悲痛心情。"熄火穷，熄火喝西北风"也就成了当年盐民最为流传的话语。


## 盐民歇后语


　　歇后语是百姓在生活实践中创造的一种特殊语言形式，是一种短小、风趣、形象的语句。它由前后两部分组成：前一部分起"引子"作用，像谜面，后一部分起"后衬"的作用，像谜底，十分自然贴切。在一定的语言环境中，通常说出前半截，"歇"去后半截，就可以领会和猜想出它的本意，所以就称为歇后语。如:猪八戒照镜子——里外不是人;水仙不开花——装蒜;哑巴吃黄连——有苦说不出。

还有一种是谐音的歇后语,它在前面一种类型的基础上加入了谐音的要素。如:外甥打灯笼——照旧(舅);孔夫子搬家——净是输(书);火烧旗杆——长叹(炭);粪坑关刀——文(闻)也不能,武(捂)也不能;百日不下雨——久情(晴);百尺竿头挂剪刀——高才(裁);老爷下轿——不(步)行;老公拍扇——凄凉(妻凉)。

在盐民中,还流传一些与盐有关的歇后语,咸味十足,不信你尝尝:

卤缸里掺水——捣蛋(倒淡);盐包掉到河里——白送;盐廪上冒气——咸(闲)气;口渴喝盐卤——找死;盐滩上走路——一步一个脚印;卤水点豆腐——一物降一物;咸菜焖豆腐——有言(盐)在先(鲜);盐堆里的花生——闲人(咸仁);盐堆里爬出来的人——闲(咸)话不少;盐碱地的身苗——稀稀拉拉;盐碱地的庄稼——死不死,活不活;盐店里卖气球——闲(咸)话不少;盐店起火——烧包;盐店里冒烟——生闲(咸)气;盐井不出卤水——出言(盐)不逊。八宝饭里撒盐巴——又添一味;炒菜不放盐巴——乏味;炒咸菜不放盐——有言(盐)在先;炒咸菜放盐巴——太闲(咸)了;吃多了盐——尽讲闲(咸)话;吃挂面不调盐——有言(盐)在先;喝盐开水聊天——尽讲闲(咸)话;鸡蛋换盐——两不见钱;口含盐巴拉家常——闲(咸)话多;口渴喝盐汤——徒劳无益;葵花子里拌盐水——唠闲(咸)嗑;麻绳蘸盐水——越来越紧;卖盐的喝开水——没味道;打油的不买盐——不管闲(咸)事;生盐拌韭菜——各有所爱;挑盐巴腌海——尽干傻事;桶水两盐——淡而无味;盐场罢工——闲(咸)得发慌(荒);盐场的伙计——爱管闲(咸)事;盐老板抱琵琶——闲谈(咸弹);一打醋,二买盐——两得其便;一斤肉放进四两盐——闲(咸)人;油盐罐子一对儿——形影不离;张飞贩私盐——谁敢检查;猪蹄子不放盐——一只旦角(淡脚);盐店的老板转行——不管闲(咸)事了;虾子掉在盐堆里——忙(芒)中有闲(咸)。

当然,也有一些以盐为谜底的谜语,与上面的歇后语有异曲同工之妙,如:生来好与水做伴,几经曲折到人间;莫嫌来到泥沙中,洁身自爱白雪般;远看一片白,近看白一片;像霜不是霜,受潮把形藏;家住大海,走上岸来;太阳一晒浑身变白。

# 第三节　民间传说

传说既不是真实人物的传记,也不一定是历史事件的记录,而是人民群众的艺术创作。许多传说把比较广泛的社会生活内容通过艺术概括而依托在某一历史人物、事件或某一自然物、人造物之上,达到历史的因素和历史的方式与文学创作的有机融合,使它成为艺术化的历史,或者是历史化的艺术。

盐城历史悠久,海盐文化资源丰厚,当然,关于海盐、盐城、盐城名人的故事也是不绝于耳了。

## 登瀛桥的故事

盐城河网纵横交错,是名副其实的水城,而最大的轮船码头紧靠鱼市口北侧。那时,串场河里到处是船,客船、货船、挂桨机船,还有两米多长的鸭溜子小鱼船川流不息,远处随风转向的帆影,好像绽开的一朵朵白莲花,浮在水面晃来荡去,在波光粼粼中美极了。

连接鱼市口和轮船码头的路叫水街,其实只是三五人宽的巷子。一进腊月,四乡八方的人都拥来了,把个水街挤得水泄不通。

有了串场河,自然就有桥,方便两岸的人通行。在串场河上,最著名的可能就是登瀛桥了。

登瀛桥在好几百年前就有了,是一个叫陈登瀛的善人出资修建的。传说,登瀛桥下面有一口神井,与城里大大小小的石井、砖井、土井串联相通,神井上方的水会一直不停地旋转,形成一个大大的漩涡,将清清的河水吸进来,暗流到了城里的井中,清冽甘甜,沁人肺腑,从不干涸。

新编《盐城县志》记载了鲜为人知的或即将在一些人记忆中湮没的登瀛

桥的传说：相传盐城有两个叫"登瀛"的人，一个叫李登瀛，一个叫陈登瀛。这两个人是同年、同月、同日生，可是家境不同。李登瀛有万贯家财，应有尽有；陈登瀛夫妻两人，吃了早饭愁晚饭。有一天，陈登瀛从一家大船上拿了一条铁绳链子，到城隍庙里把大菩萨、小菩萨一个个拴起来，晚上，他就睡在大殿上，这是当时的一种习俗，叫"宿斋"。城隍老爷见陈登瀛睡在大殿上，就与他梦中谈起话来。

陈登瀛说："我和李登瀛同年同月同日生，为什么他富我穷？"

城隍老爷回答他："李登瀛发财没大寿，又无后代，你现在虽穷，将来有大寿，而且儿孙满堂。你是要发财，还是要大寿呢？"

陈登瀛想了一刻说："我穷够了，要发财。"

城隍老爷点点头说："好，我就叫你发财，不过，发了财就没有大寿了。"

第二天，陈登瀛到家时，老婆已病倒在床上不省人事了。就在这时，一个老和尚突然到来对他说："我可以治好你家娘子的病。"老和尚未进房，就往地上一倒，娘子一吓，一点病都没有了。夫妻两个急忙去拉，哪里拉得动啊，已经变成金和尚了。再到堂屋把包袱解下来一看，里面全是金银财宝、珍珠玛瑙。

陈登瀛真的发财了，但他忘不了城隍老爷说的话：36岁那年某天就要死的。于是，他和李登瀛商议好，各人买条船，到杭州等地去玩一趟，就是死也够本了。没过几天，两条船就在现在的登瀛桥这个地方准备出发，当时河上还没有桥，只有个小渡船摆渡，来往行人又多，每趟都挤得满满的。当陈、李两人的船刚动身时，不料，发现小渡船翻了，陈登瀛赶快叫船上水手停船救人，但还是有十几人被淹死了。

陈登瀛心里十分悲痛，他想来想去，如果这地方有座桥，这些人就不会死了，我现在有钱，为何不做做好事呢。随即就同李登瀛商量在这河上合伙造桥，等桥建好了再去杭州。李登瀛摇头说："我还有几年的阳寿，哪有闲情再管别人的事呢！"陈登瀛说："你走吧，我把桥建好了再出去玩。"

就这样，陈登瀛在盐城独造一座桥，取名叫"登瀛桥"。桥造好了，陈登瀛才带上妻子儿女乘船出去游玩。到了苏州一带，看见有成千上万的受灾饥民,陈登瀛就用自己的金银财宝在苏州买粮放粮,一连放了几个月的粮,直到第二年开春,饥民们回家种田,他才开船往杭州。

因为陈登瀛造了登瀛桥,又赈济灾民,后来城隍老爷又给他添了寿,一直活到80多岁,而李登瀛只活了36岁。

登瀛桥的传说表现了盐城先民们积德行善的传统美德。

## 张士诚起义

元朝末年,政治腐败,民不聊生。

张士诚,小字九四,泰州(今江苏盐城大丰)人。出生白驹场张家墩的运盐钢甲张士诚等人,因生活所迫常结伙贩私盐谋生,但屡遭缉私弓兵搜捕、抄家,盐民们被搞得走投无路。

一次张士诚等18人结伙贩盐,途经白驹场和草堰场交界之地——十五里庙时,正碰上元朝弓兵丘义一伙,仇人相见,张士诚等人火冒三丈,于是就一不做二不休,寻死不如闯祸,张士诚等18个兄弟,拿着扁担与丘义等弓兵展开搏斗,结果将弓兵丘义活活打死,真的闯下了杀身之祸,于是张士诚决定揭竿起义,与元朝统治者决一雌雄。

张士诚等人到了草堰北极殿,以此作为起兵反元的发祥地。这时施耐庵和刘伯温一起找上门来,成了张士诚的幕僚,帮助策划反元之事。

一天,张士诚家场上晒了一场稻谷,一群麻雀前来觅食,张母看了有些心痛,立即驱散了麻雀。加之张士诚对几个幕僚的话也信之甚少,引起了刘伯温的反感。刘伯温见张家气量小,张士诚又听不见别人的意见,便借故离开了张士诚,投奔朱元璋去了。临行时,刘伯温不怀好意地对张士诚说:"苏州有帝王之气,举事后可作都城。"可是张士诚并未悟出其中的奥秘,反而认为刘伯温的提议有道理。

那一天,张士诚和施耐庵在北极殿商讨进军路线,张士诚对刘伯温留下的话感兴趣,主张就近先攻泰州、南通等地,然后乘船南下,夺取苏州。可施耐庵却提出相反的意见:"出师很重要,打胜了即可大长我军士气,打掉元鞑子的威风。南通、泰州诸城元军均有重兵把守,在地理上又靠近范公堤,元鞑子骑兵驰援迅速,势必于我军不利。目前,我主张以草堰为基地,挑选精干、强壮的兄弟,率先拿下戴家窑,戴家窑有被压迫较深的窑工兄弟,招兵扩军容易。尔后再挥师西进水乡,攻克兴化、高邮。那里是水路,元鞑子增援不便,我想西进定能成功,定能取胜。"施耐庵一席话,说得张士诚等人心服口服。

按照施耐庵的进军路线,起义军节节胜利,一举攻克了高邮州,元军无可奈何。西进胜利休整后,张士诚起义军又沿运河南下,一举拿下了泰州、扬州。这时张士诚的起义军所到之处都得到了劳苦百姓的拥护和资助,很快就控制了长江下游的广大地区。在一片大好形势下,张士诚称帝心切,他想起了刘伯温的话,决定提前过江拿下苏州定都称王。施耐庵得知后,立即找张士诚:"听说主公意欲定都苏州?"

"是的。"张士诚说。

"这是谁的主意?"

"这是刘伯温先生行前良谏,你以为如何?"

"不可,不可!此乃刘基诡计,不可听信。因为主公姓张,獐(张)有草才能活,如在枯树(姑苏)上,必死无疑。臣观天时地利,认为以草堰为基地才是。"

正取得胜利的张士诚对这些话一点也听不入耳,仍然一意孤行地决定把都城建在苏州。于是,出兵攻克苏州,张士诚便自称"吴王",国号"大周",开始过起称王称帝的瘾。

劝说无果,帮他出谋划策的幕僚施耐庵等人也以种种借口离他而去。数年后,朱元璋命徐达为大将军,统兵 20 余万攻打苏州城。张士诚在兵临城下,四面楚歌的情况下,虽然抗争了大半年,结果仍因寡不敌众,全军覆没。张士诚本人在苏州被俘,押至南京后自缢身亡。

## 董永与七仙女

东台西溪,始建于西汉中叶的一个古镇,在这块古老的土地上流传着董永与七仙女的传奇故事。

西溪镇西北角有一小村庄，叫"董家舍"。传说，东汉初年董永就出生在这个村子里。早在南宋时的《方舆胜览》中就有记载："海陵西溪镇，汉孝子董永故居。"清嘉庆《东台县志》详载："汉董永，西溪镇人，父亡，贫无以葬，从人贷钱一万，以身作佣……"

西溪镇北有一水塘，叫"凤凰池"，昔日池水碧波荡漾，清澈见底。传说王母娘娘的七个女儿常来此沐浴。凤凰池后建有"天女庙"。

图 3-3　董永与七仙女

西溪西南面有一村庄叫"鹤落土仑"，传说七仙女深为董永的勤劳和孝心所感动，一日在众姐姐的帮助下，乘鹤下凡来到人间。七仙女乘鹤下凡之处，得名"鹤土仑"，即今台南镇社东村，东庄叫"鹤东"，西庄叫"鹤西"。

七仙女下凡后，在西溪南面的"十八里河口"与董永相遇，后在"十八里河口"附近的老槐树下，两人拜天地成了亲。天长日久，十八里河口旁边的村庄也成了"河口"村（今属台南镇）。

西溪西广福寺后院内有一口古井，叫"缫丝井"，大旱之年不涸，传说是七仙女当年为帮助董永赎身而替曹长者家织 300 匹云锦时汲水缫丝的一口井。

嘉庆《东台县志》载："井口小而中宏深，味极甘，大旱不涸，每至春深，井生草根长丈余，人以为仙迹云。"明英宗天顺六年（1462 年），巡宰李诚莅临西溪，查看了这个遗迹，建亭其上。当年九月亭建成，朴实得宜。亭的梁柱上还雕刻着水藻形的花纹。兴化顾繁在亭上作《缫丝井亭记》。明万历四十年（1612 年），西溪巡检刘文奎又在此修亭作记。

日军入侵前，井上还有凉亭，四角凌云，翼然欲飞；井旁石碑上有亭记，日军入侵后，亭毁井存。传说，董永和七仙女一月还清了曹长者的债务后，夫妇来到西溪南面的"董家垛"，安居于"寒窑"，从此过上了男耕女织的新生活，此地也由此得名"新生"，现为广山镇新生村。

数月后，王母娘娘得知七仙女下凡之事，大为震怒，遂派天兵天将捉拿七仙女。董永追赶至西溪"南仓河口",夫妇俩抱头痛哭,生离死别。七仙女被天兵天将抓上半空,她扔下脚上穿的一双绣花鞋给董永留做纪念,一只落河东,一只落河西,落鞋处分别得名"东鞋庄"和"西鞋庄",两庄又合称"双鞋庄"。

为使董永免遭天兵天将加害,七仙女在空中拔金钗向地面划出一条河,阻挡住追赶的董永,并用双钗插地,凿成两口井,一井在河东,一井在河西,以示与董永在此诀别,永无相见之日。后人为怀念善良美丽的七仙女,将井取名为"双钗井",又名"金钗井";将河取名为"辞郎河"。

辞郎河边有个村落,得名"辞郎庄"(今属广山镇)。七仙女别董永凌云而去,后人在河上建"凤升桥",俗称"南仓桥"(即今牛桥,旧曾为西溪第一桥),旁边建"凌云亭",亭久圮。

第二年,七仙女在天庭为董永生得一子,玉帝难容,她只好忍痛把儿子送到十八里河口的老槐树下,托梦嘱董永领子。放孩子的地方由此得名"舍子头"(今为台南镇杜沈村)。董永得到儿子,更加思念七仙女,天天来到老槐树旁远眺,遥望天空,殷切期盼妻子回归,全家团聚,董永伫立之处便得名"殷庄",今属广山镇。

董永死后,后人有感于董永的孝心,为其建"董孝贤祠",又称"董永庙"。有砖墙瓦盖四合院十余间,祠内供董永塑像,四时香火不断。院内有土建"董永墓",墓有石碑,碑文为"汉董孝子讳永墓——道光乙未里人修"。为了永久纪念董永,并将当地村庄取名"董家土仑",后又改为"董贤乡",现为台南镇"董贤村"。

## 李汝珍撰写《镜花缘》

清代小说《镜花缘》据说是作者李汝诊到大丰西团观海,偶然见到海市蜃楼的奇景,突发灵感而创作出来的。

李汝珍(1763—1828),清朝文学家,字松石,直隶大兴(北京)人。他学识广博,通音韵,兼涉杂艺,晚年写成古典长篇小说《镜花缘》。不久前在盐城电视台播出的电视剧《镜花缘传奇》,即根据该书改编而成。该书通过唐敖等游历海外的见闻,运用浪漫主义的手法,描绘了海外诸国的奇闻逸事,大胆否定男尊女卑的封建说教,讽刺了现实社会中各种丑恶现象。李汝珍曾在草堰场署住过多时,多次到当时的海边西团观光游览,壮观的大海给他留下了深刻的印象,《镜花缘》中不少故事情节都来自其当时的见闻。

图 3-4　李汝珍写书草堰场

李汝珍之胞兄李汝璜,是清嘉庆六年继吴嘉法、杨文济之后的第三任草堰场大使,李汝珍出任河南县丞前,在草堰场多年。他在草堰场署闲住,闻说大海各种奇观,又听说灶户烧盐、渔民出海、滩头小取等他在内地从未见过的趣事,便前往观游。

先是天明前看日出。但见脚下滩涂一望无垠,少时,一轮红日喷薄而出,海面上一片金黄,煞是壮观,令人心旷神怡。李汝珍惊道:"大海这等气势,内地人如何能见到? 今日一观,不枉此行也!"

再看滩头小取，人群三三两两，勾蛏挖蛤，欢声笑语，忙个不停。李汝珍兴致勃勃，借来一把蛏勾，学着渔人，勾起蛏来。忽听周围渔人齐声惊呼，急抬头向东望去，只见缥缈的海天之间，隐现出若干山峦峥嵘，坡崖桥梁，亭台楼榭，飞檐翘角，烟云缭绕，或隐或现，隐约中似乎还有行人。李汝珍大惊道："这不是蓬莱仙岛么？"那场吏笑道："先生，这叫海市蜃楼，传说是海中叫蜃的大蚌吐气而成的。"正说着，海市蜃楼已消失得无影无踪。李汝珍叹道："海市蜃楼，即是传说中的蓬莱仙境。"

据史书记载，当年秦始皇东巡海边，曾观到此景，随行大臣说是神仙居住的岛屿，秦始皇令人欲寻神仙求取长生不老之药，造了数艘大海船，从民间掳了3000名童男童女，带了充足的粮食、牲畜和饮用河水、金珠宝贝，命徐福带领大众出海寻找神仙替他求取长生不老仙药。结果在海上航行数月也未找到神仙，徐福自知荒唐，回去难免一死，只好寻荒岛住下，数千名童男童女建房耕种，长大婚配生儿育女，若干年下来，众岛渐成一国名曰扶桑。

大家感叹了一回。眼见日头过午，一行人便步行返回。行不里许，又见西方隐隐一座庄园，烟云缭绕，气象万千，雄伟壮观。汝珍诧异道："这是谁家庄园？竟像一座王府，昨日来时因何未曾看到？"身旁一老渔民道："这里是晾网寺，庙墩高出沙滩数尺，我们从海滩向高处看，再加上海边潮雾瘴气，望起来这庙宇便高入云端了。"汝珍道："昨日我等曾从寺旁跨过，只是普通庙宇，如何有这等雄伟？这东海瘴气之奇妙，令人大开眼界，却又不似云南山间瘴气为害人畜。"

李汝珍在西团游玩数日，乘小船返回草堰场署。当晚，灯下静坐，西团之行的所见所闻一一浮现眼前。更锣三响，尚无睡意，索性披衣而起，铺纸挥毫，记下西团见闻。

李汝珍联想到，当今世道不平，朝廷昏庸，官场黑暗，劳苦大众备受煎熬之苦。他忽然起了一个欲望，想把这一切都写成书，揭露世道不平，唤醒民众，不也是人生一大快事？转念又一想，当今朝廷大兴文字狱，如何容得你直言不讳？他反复寻思，眼前忽地浮现出在西团海边所见之海市蜃楼，不禁拍案叫绝道："有办法了，我何不以那海外虚无缥缈之事，仙山荒诞不经之说，影射此世间昏暗不平之实,朝廷诸官,即有察觉,能奈我何?"忽想起曹雪芹《石头记》(即《红楼梦》),口咏宝玉和黛玉的诗句,"一个是水中月,一个是镜中花",汝珍沉吟道:"水中之为虚,然空中无月,水中焉有月影? 镜中之花为虚,但镜前无花,镜中岂会有花? 此书何不取名《镜花缘》!"

李汝珍对此书名十分满意,从此,开始了小说《镜花缘》的写作。他塑造了一个才华出众却屡考不中的书生唐敖,服食仙草后身轻如燕,隐射了清朝腐败的科举制度;又虚构了海外的小人国、狗头国、两面国、女人国等荒诞不经的奇国怪事,隐射了世间种种丑恶不平现象。

李汝珍《镜花缘》问世后,受到底层劳动人民的普遍喜爱,这本书也作为我国的一部古典名著,世世代代流传下来。但人们可能不知道,《镜花缘》这部小说是李汝珍在西团偶然看到海市蜃楼受其启发而定的。

## "四知老爷"杨瑞云

杨瑞云,广东南海(今海南省)人。明万历七年(1579年)中进士,同年出任盐城知县。盐城县地处淮河下游,连年水患,田园荒芜,百业凋敝,百姓纷纷逃离。杨瑞云就是在这样的艰难困境中上任的。

杨瑞云到任的第一件事,就是千方百计筹措银两,赈济灾民。当年,他就筹银800两,赈济灾民万余人。第二年,又筹银2500两,赈济灾民28000余人。他自理赈金,并拿出自己的薪俸。

万历九年(1581年)六月大雨,禾稼几没,杨瑞云呈请都御史凌云翼筹赈数千人,并决定宽赋税,有的田租打折征收,有的索性停征,本县所存积谷悉数拨出。除自筹赈银3000多两外,又呈请朝廷拨银1500两再赈。除赈济银两外,他还为灾民解决幼畜、生产工具等困难,鼓励流民复归。仅万历七年(1579年)至万历九年(1581年),就招抚流民3461户、9696人,占全县总户数的一半以上。

盐城县境内射阳湖为古代泻湖的一部分,承担调节水源、农田灌溉的任务。但自从黄河改道后,泥沙大量淤积,特别是嘉靖、隆庆之后,湖渐淤浅,水道堵塞,为害附近州县。万历九年(1581年),杨瑞云上书都御史凌云翼,呈请疏浚,得朝廷批准,拨银3000两。杨瑞云亲自勘查,督工开浚,由庙湾新丰县入海,使诸水始有所归,其后,水灾渐轻。为防海潮倒灌,万历八年(1580年),杨瑞云又于盐城东门外建石达闸,保护范公堤内农田免受海水漫溢之苦。

盐城城池,宋时修土城,明永乐十一年(1413年)建砖城,但只有东、西、北之朝阳门、安泰门、拱斗门,唯无南门。而城南居民集中,生活诸多不便,杨瑞云决定新僻南门迎薰门,建楼阁三间,题匾"淮扬一览",为盐城一大景观。盐城城内原有正学书院,后因倭寇侵扰,改作参将府。

杨瑞云考虑治理一县之政,不能无教育,不能无书院,于是,于万历八年(1580年),建潘公生祠,纪念工部尚书兼总河大臣潘季驯。万历九年重修陆秀夫祠,并题写了声情并茂的祠记。建便民仓91间,积存稻谷以备荒。同年,重修养济院,使孤老无靠者有所养。万历十一年(1583年)又建西书院。

杨瑞云在任上,还接手了一桩官司。打官司的两个人家一家穷,一家富。百姓都说,富的肯定能把官司打赢,他虽然没理,但他有银子,"黑漆衙门朝南开,有理无钱莫进来"嘛!

可是呢,官司进了杨瑞云的衙门,不像大家想的,穷人的官司打赢了,富人的官司却打输了。这个穷人非常感激,连夜借钱买了一份礼送给杨瑞云,一直送到杨瑞云住处。

杨瑞云问他:"你为什么要送礼啊?"

"老爷啊,我对你十分感激,这点小礼不成个敬意。"

"你可知道,本官从来不收礼啊。"

"老爷啊,我这个礼可不是行贿呀。"

"我身为父母官,就应爱民如子,秉公而断,哪能收礼呢?"

"老爷啊,我晚上从家里来,没人晓得,你收下吧,这是我们一点感激之情哪!"

"怎么能说没人晓得呢?就有四个人晓得嘛!呶,上有天知,下有地知,还有你知,我知,这不是四个人晓得吗?"

不管怎么说,杨瑞云就是不收这份礼。

后来,这个事情就传出去了。平民百姓从此叫杨瑞云为"四知老爷"了。

# 后羿射日

盐城市的射阳县位于江苏沿海中部,相传因精卫填海而成陆,由后羿射日而得名。

射阳,从字面上看就是射日的意思。有人认定射阳这个地名正是源于后羿射日的传说。

相传上古时期,夏代有穷国的国王是一个名叫后羿的英俊男子。那后羿不仅长得潇洒,而且文武双全,天文、地理无所不知,谋略、武艺无所不精,尤其还射得一手好箭。有穷国在后羿的英明治理下,蒸蒸日上,威震四方。人们丰衣足食,安居乐业,日出而作,日落而息,呈现一派丰盛祥和的景象。

后羿每天处理完国事后,就带上心爱的弓箭(听说此箭乃神灵所赐),到射箭场进行练习,日复一日,年复一年,从未间断。他的箭术已到出神入化、无人能比的地步。日子在和平、美满中一天天过去,穷国日趋繁荣。就在人们沉浸在幸福、满足之中时,突然,祸从天降。

那是仲夏的一天,那天早晨和往日并无不同,可到了日出的时候,东方一下子升出来 10 个太阳。人们看着眼前的一切,目瞪口呆。大家清楚,天上挂着 10 个太阳意味着什么。立时,哭喊、祈祷声一片。人们用尽各种办法祈求上天开恩,收回多出的 9 个太阳,但一切无济于事。一天又一天,田里的庄稼渐渐枯萎,河里的水慢慢干涸,老弱病残者一个接一个地倒下⋯⋯后羿看着眼前的一切,心如刀绞,可是无计可施。他愁肠欲断,焦虑万分,人日渐憔悴。一天,困倦不已的他刚搭上眼,忽梦见一白胡子老人,指点他将 9 个箭靶做成太阳形状,每天对准靶心,练上七七四十九天后,便可射落天上的太阳,并嘱咐他,此事不可外扬,只有到了第五十天才可让人知道。后羿睁开眼,惊喜不已,立刻动手做箭靶,箭靶做好后,便带上箭躲到深山里,没日没夜地练起来。

到了第五十天,国王要射日的消息传出后,在死亡线上挣扎的人们精神顿时振奋起来,仿佛看到了生的希望。人们唯恐后羿的箭射不落太阳,男女老幼顶着火一般的烈日,用最短的时间,搭起一座数米高的楼台,并抬来战鼓,为后羿呐喊助威。后羿在震耳欲聋的鼓声里,一步步登上楼台,在他身后,是无数双渴求、期盼的眼睛;在他周围,是痛苦呻吟的土地;在他头顶,是炽热、张狂的太阳。他告诉自己只能成功,不许失败。尽管知道走的是一条不归路,但为了救出受苦受难的民众,他无怨无悔。

终于到达楼顶了,后羿回首最后一次看了看他的臣民、他的王宫,然后抬起头,举起手中的箭,缓缓拉开弓。"嗖",只听一声巨响,被击中的太阳应声坠下,随即不知去向。台下一片欢呼,呐喊声、战鼓声穿透云霄。

后羿一鼓作气,连连拉弓,又射落了 7 个。还剩最后两个了,此时,他已精疲力竭,可他知道,天上只能留下一个太阳,如果此时放弃,就意味着前功尽弃。他再一次举起箭,用尽全身力气,将第九个太阳击落后,便一头栽倒在地,再也没有起来。一切恢复了原样,而勇敢、可敬的后羿却永远闭上了眼睛……

被射中的 9 个太阳,坠落到 9 个不同的地方。其中的一个太阳,掉到了黄海边上,并砸出了一个湖,这个湖后人称作射阳湖。

## 神奇的便仓枯枝牡丹

话说北宋末年,金兵入侵中原。有位姓卞的抗金将军率部途经洛阳,时令正值隆冬季节,满眼百草枯黄、千树凋零的凄凉景象。

将军急欲催马征程,马鞭折断,便顺手在路旁捡了一段枯枝,打马向东而去。

几经转战,一天他率部来到盐城的便仓镇,已是人困马乏,亟待休整。将军下马,环顾四周,将作为马鞭的枯枝插入地下,以令所部在此安营扎寨……

翌年的春天,那段插入地下的枯枝竟抽出了嫩芽,展出了新叶。随着谷雨过后,又神奇般地开出了鲜艳美丽的花朵。当地百姓闻得此事,从方圆百里纷纷赶来观花烧香。经药农辨认,方知是一株牡丹。人们奔走相告:"大宋有望,大宋有望。"并将此牡丹称为"枯枝牡丹"。后来,当地人捐款筑台,兴建了便仓"枯枝牡丹园",将枯枝牡丹栽在里面。

# 第四节 海盐诗文

## 盐民诗歌述略

两淮盐业之所以如此发达,都是盐民的劳苦和血泪凝结而成的。经济与文化总相伴相成。有血泪就要呐喊,就要反抗,有正义感的诗词大家纷纷拿起手中的如椽大笔,奋笔疾书,大量优秀的盐民诗歌就这样面世了。

自宋代柳永《煮海歌》,元代王冕的《伤亭户》、杨维桢的《海乡竹枝词》,到明代季寅的《盐丁苦》,清初吴嘉纪的《绝句》、苍岩的《灶民苦行》诗等,不绝如缕,它们都真实全面地反映了当时灶民的悲惨生活,为当代人留下一部信史,功莫大焉。

清初遗民诗人吴嘉纪的盐民诗歌颇有艺术成就和地域特色。他生活在海边盐场,抱穷守志至死。在其作品中,有不少反映盐场灶民这一特殊社会阶层悲惨生活的诗歌。诗人秉承了新乐府主义诗歌风格,以严峻、沉郁的艺术特色创造了"盐场新乐府"。

从诗歌内容看:盐民诗歌思想内容大多抨击时弊,辛辣地揭露严苛的盐政、盐官和盐商的横征暴敛,对盐民悲惨的生活寄予了深深的同情。

从诗歌形式看:盐民诗歌以诗为主,以词辅之。

从诗歌的作者看:盐民诗歌的作者分为三类。一为官者,如范仲淹、柳永等。二为文者,如吴嘉纪等。三为民者。在这三类人中,盐民诗歌的产量与质量以吴嘉纪为代表。吴嘉纪之所以能写如此多的质量高的盐民诗歌,是因为他是清初遗民诗人,身居社会底层,一生命运坎坷,穷困潦倒,品格高洁,性格孤傲,同时他又精通诗文,感同身受,信手拈来。柳永为北宋著名词人,偶一为之《煮海歌》,也能一飞冲天,流传千古,殊为不易。可惜他仅此一首而已。

从盐民诗歌的社会意义和艺术价值看,那个时代盐民生活一方面被志书记录下来，一方面被诗歌记录传诵至今，给人以警醒和教育，又给盐民以精神上的抚慰。盐民诗歌的特点是语言简朴，叙事自然，感情真挚，朗朗上口，易于传唱。盐民诗歌的风格以冰寒清冷、哀怨凄清的"野人体"为主，具有强烈的艺术感染力，如吴嘉纪的《风潮行》、《临场歌》、《流民船》、《堤上行》等。他们往往能以平民视野、白描手法"状难状之景，达难达之情"。

特别是以吴喜纪为代表的盐民诗人创造了一种"盐场新乐府"的盐民诗歌，他们同杜甫一样，善于选择重大和时代性的题材，善于捕捉典型性的场景，直达人心最柔软的地方。吴嘉纪的《过兵行》、《堤上行》、《邻翁行》、《七歌》、《临场歌》、《流民船》与杜甫的"三吏"、"三别"有异曲同工之妙。吴嘉纪学杜，既得杜诗的"诗史"特点，又具杜甫诗歌叙事性、典型性的写实风格。说盐民诗歌在中国诗坛上具有里程碑的意义，实不为过。

## 盐民诗人吴嘉纪的《绝句》

如果说北宋柳永以一首《煮海歌》穿越古今，写出了盐民生活的苍凉，那么清初东台籍遗民诗人吴嘉纪则用一组盐诗全方位地淋漓尽致地道出盐民生活的不幸，当然，其中尤以《绝句》为甚。

清初，黄海之滨的东台是两淮地区重要的盐场之一，《嘉庆东台县志》详细记载了煮盐劳工恶劣的生活及劳动环境："缚草陻坎，数尺容膝，寒风砭骨，烈日烁肤；藜藋尘粝，不得一饱……晓霜未唏，忍饥登场，刮泥汲海，伛偻如豕……"但无尽的血汗并没有富裕了盐民，"盐在场灶，每斤仅值一二文"，可见淮盐的暴利养肥的只是清政府及盐商，而广大沿海灶民却生活在不为人知的悲惨境遇之中："悲哉东海煮盐人，尔辈家家足苦辛。频年多雨盐难煮，寒宿草中饥食土。壮者游离弃故乡，灰场蒿满池无卤。"

吴嘉纪生于明万历四十六年(1618年)。他的祖父吴凤仪是王艮的得意门生。吴嘉纪曾中秀才，但因目睹了明王朝的覆亡、清兵南下和沿海居民惨遭屠杀的种种现实，无心仕途，决意沉入乡野，安贫乐道，以终身为下层人民歌哭为己任。

吴嘉纪的陋轩四周杂草丛生,蓬蒿遍地,而身在其中的布衣诗人"每岁水至,常及半扉,井灶尽塌,苦吟不辍",过着衣食不周、朝不保夕的生活,难怪人们称他为"野人",而诗人也乐于以此为号,"野人体"的盐民诗歌应运而生,他的诗结集而成《陋轩诗》。

安丰场,作为明清时期中国沿海著名的淮南十大盐场之一,其兴盛事实上是建筑在官吏和盐枭对盐民的双重剥削之上的。这里,一方面商贾云集,豪贵甲于王侯;另一方面也汇聚着更多衣不蔽体、食难果腹的盐民。由于吴嘉纪长期生活在贫苦灶民中间,切身体验着官商的剥削和频仍的灾害对灶民的

图 3-5　吴嘉纪像

侵害,因此,他的诗更能够切中社会真实,体现深刻的内容,反映当时江淮一带劳苦大众的悲苦命运与思想感情。如《临场歌》、《归东淘答汪三韩过访五首》等,写盐民受尽赋役之苦;《海潮叹》、《风潮行》、《决堤诗》等,写他们受风灾、水灾之害。《李家娘》、《难妇行》等,写百姓受清兵杀掠之厄;《过史公墓》、《谒岳武穆祠》等诗,则表现他反对民族压迫的故国之思。另有代表作《朝雨下》、《流民船》、《翁履冰行》、《邻翁行》等。而一首描写灶户煮盐劳动情状的《绝句》,简洁而又深刻:


白头灶户低草房,六月煎盐烈火旁。

走出门前炎日里,偷闲一刻是乘凉。


这是一首描写盐民苦难生活的诗。诗人家住东淘,地处海滨,因家境贫苦,青少年时曾在盐场劳动,之后同下层人民也有着密切联系,因此,这首反映盐民疾苦的诗尤为真实动人。前两句诗直接描述了灶户生活的艰辛。农历六月,是一年中最炎热的季节,大地在火辣辣的太阳的曝晒下,本已闷热得令人窒息,但灶户们此时却不得不守在低矮简陋的破草房里,忍受着熊熊烈火的炙烤,在熬盐的锅灶旁加柴、添水、搅拌、取盐……劳累不息,大汗淋漓。

这种非人的生活条件连年轻力壮者都难以忍受,更何况这位盐民还是一位白发苍苍的老翁哩!末句诗中,诗人又透过一层去写,更加典型地概括了灶户劳动生活的苦难辛酸。盛夏之时,常人都到阴凉处避暑,而这位年迈的盐民却被困在炙人的灶火旁,备受熬煎,好不容易在繁忙中偷得一点空闲走出草房站在烈日下喘口气,对于他来说,居然算是"乘凉"了!可见赤日炎炎下,竟然比草房内盐灶前的高温还要凉快得多!这就更加衬托出灶户们处境的极端困苦悲惨,令人感到触目惊心。实质上,不正是罪恶的封建制度剥夺了灶户们的劳动果实和生活福利吗?这首诗语言朴实无华,由于其内容惊人的真实性,加之诗人巧妙地运用了进层和反衬的手法,故而显得格外沉痛感人。

作者以白描的手法将盐民的艰辛刻画得入木三分,将其沉郁怨怒之情散布在婉转的艺术处理中,读后令人心酸。无怪乎林昌彝在《海天琴思录》中赞吴嘉纪的这首《绝句》是"天籁"之作。

正是由于吴嘉纪辛酸而又潦倒的一生,使得他更为真切地了解了盐民灶户之苦难、战乱之痛苦、赋税之狠毒、政治之腐败。他不是旁观者,而是位亲历者,因而其才有"字字入人心腑,殆天地元气所结"的不朽诗作。

# 第五节　艺苑双璧

盐城有着2000多年的产盐历史,聪慧勤奋的盐城人创造了灿烂辉煌的海盐文化。多元的海盐文化符号融入城市建设是重塑名实相符的现代化"盐"城的必然选择。

盐城地处里下河地区,特殊的地理位置造就了适应水乡发展的历史文化、人文景观以及独特的民俗文化,如河渠行舟、碧潭网鱼等,极富水乡田园气息。一方水土养一方人。盐城成为淮剧的发源地和全国著名的杂技之乡,也就不奇怪了。

## 淮剧与杂技

国家艺术基金 2015 年度项目立项名单于 9 月 8 日公示,全国 196 项大型舞台剧和 114 项小型舞台剧(节)目入选。其中,江苏省有 9 部大戏,2 个小戏。盐城市作者创作的 3 部大戏、1 个小戏入选。

图 3-6 淮剧《小镇》演出剧照

盐城入选的作品为:市剧目室徐新华创作,江苏省淮剧团上演的大型现代淮剧《小镇》;盐都区陈明、袁福荣创作,市淮剧团上演的大型现代淮剧《半车老师》;亭湖区张赵凡、朱福全创作,射阳县淮剧团上演的小淮剧《良心》;盐城市剧目室杨蓉创作,张家港市艺术中心上演的大型现代锡剧《杨家碾坊》也同时入选。同一年有 4 部戏曲入选国家艺术基金,这在江苏乃至全国均属罕见,再一次彰显了盐城戏剧创作的绝对实力。这是盐城市重视人才培养,繁荣文化创作,打造文化盐城取得的又一项新成果。

台湾原盐城同乡会秘书长薛鸿钧先生曾经这样吟唱:"淮剧是我故乡的风/淮剧是我故乡的云/……外语乡音都听过/唯有乡音最动听/……乡音中

有淮腔淮调'八段锦'/乡音中有'九莲十三英'/乡音中有艺苑传芳众明星……"

盐城地方戏剧的产生和发展，是盐业文明的一个组成部分。如果说海盐文化和水绿文化是根植于自然的沃土，它们一沉郁一飘逸，那么铁军文化和淮剧杂技文化则是来自社会的创造，它们一刚强一优雅。四大名片天造地设，刚柔相济，这是自然的馈赠，也是盐城人千百年心血的结晶。

那么，何谓淮剧杂技文化呢？一般来说，淮剧杂技文化是盐城人在长期的艰苦生活中一种生存方式和生活的态度，他们在生活无着时谋生，在生活安逸时自娱，尽情享受人生的乐趣。这种文化表现了盐城人乐观向上的精神，他们不会向恶劣的生存环境低头，他们永远都在追求生活中真善美的东西。这种文化通过演唱，将对人类自身极限的挑战表现出来。因为淮剧杂技文化的源远流长，使得盐城人在地域文化的发展长河中占有了一席之地。今天的盐城人敢想敢干，不畏艰险，乐观向上，热爱脚下这片用盐卤浸泡了的土地。他们在创造美好生活的同时，又在享受生活的馈赠，这是同盐城源远流长的淮剧杂技文化的熏陶分不开的。

淮剧和杂技是江淮平原上两朵艺术奇葩，它们已被列为首批非物质文化遗产。它们的生根发芽要归功于盐城市建湖县。淮剧原称江淮戏，建湖县本是淮剧的主要发源地。淮剧流行于江苏、上海、安徽、台湾等省市，久传不衰。

最初它是从农民和盐民的劳动号子、民歌、民间说唱逐步发展起来的。各种饱含乡土风味的秧歌、田歌和号子抒发出盐城人质朴的情感，并逐步演化为淮剧的雏形。

在盐城、阜宁一带农村，历史上有童子做香火的巫觋①活动，其内容包括：祈求丰收做"青苗会"、"加苗会"；延福消灾做"太平会"、"火星会"等。随着历史的变迁，这类演出内容不断丰富，经长期衍化，逐渐发展成为"香火戏"。

开始形成的叫门叹词，是过去的穷苦农民和盐民一路沿街乞讨时到人家

---

① 读音"wū xí"，巫师。古代称女巫为"巫"，男巫为"觋"，合称"巫觋"。后亦泛指以装神弄鬼替人祈祷为职业的巫师。

门口唱的。盐城等地位于江淮流域,这里是中国历史上水旱灾害发生比较频繁的地区,据文献记载,每遇灾年,人们被迫大批外出逃荒,流浪的人群中常常可以见到一些民间艺人,唱门叹词也是他们谋生的手段。

明代以来,盐城这个地方"香火"比较兴盛,香火做完后,为了娱乐群众,就唱一会戏,叫作"香火戏"。20世纪20—30年代,许多香火艺人南下沪、宁、杭和苏、锡、常等地演出,唱香火戏,也唱门叹词,两者融合,一门新的老百姓喜闻乐见的艺术形式——江淮戏就这样诞生了。

此间,由于从各个方面学习吸收京剧以及其他地方戏曲的艺术成就,加之南北淮剧间的相互交流,淮剧逐渐形成了《淮调》、《拉调》、《自由调》三大主调之格局。淮剧整合了楚文化的细腻和吴文化的婉约。它真正形成剧种是在1919年。诸宫调在淮剧中被引入和相对完整的保留,既是盐业经济繁荣的结果,又是盐业经济一度衰落的反映。

淮剧这个从苏北民间走出来的剧种,至今已走过了将近200年的历史。它走过了门叹词和香火戏,走过了徽夹可和京夹可,走过了江淮戏和新淮戏,终于走进了自己的成熟期。

淮剧艺术,经过不断的交流实践与创新,新中国成立后几十年来,成果丰硕,设在盐城的江苏省淮剧团和盐城市县的13个淮剧团陆续发掘整理并演出了一大批优秀的传统戏与古装新戏,现代戏的创作更是继承了20世纪三四十年代新四军的文化传统,长期走在全国各剧种的前列。从50年代到今天,他们坚持深入生活,贴近观众,创作的淮剧现代戏佳作不断。

1953年,"江淮戏"被正式更名为淮剧。新中国成立后几十年,党和国家领导人都先后观赏过淮剧,并亲切接见演职人员,给予他们热情的关怀和鼓励。省淮剧团和市淮剧团等表演团体屡屡在全国和省内外重大赛事中获奖,为盐阜老区和淮剧艺术赢得了荣誉。2005年12月29日,为纪念淮剧诞生210周年、淮剧进入上海100周年,上海大戏院特地在建湖举办了一场淮剧寻根演出,盛况空前。尤其值得一说的是,现代淮剧《太阳花》从它10多年前面世的那一天起,先后演出700多场,获得多项大奖,深受观众的喜爱。今天,在经过全新打造之后,新版淮剧《太阳花》又入选2006—2007年度国家舞台艺术精品工程,这让盐城的淮剧艺术步入了一片新天地。

如今的盐城淮剧以江苏省淮剧团和盐城市淮剧团为主阵地,好戏连台,精品迭出,如《奇婚记》、《鸡毛蒜皮》、《十品村官》、《祥林嫂》、《小镇》等。

江苏省淮剧团由盐城实验剧团发展而来。1956年在南京成立,半个多世纪以来,演出了传统、古装、现代戏等优秀剧目,如淮剧《奇婚记》、《牙痕记》、《恩仇记》、《蓝齐格格》等,吸引、培养、造就了一大批优秀的演员、编剧及音乐创作人员。它是江苏省地方戏重点实验团体之一,是淮剧艺术继承和发展的"领头雁"。江苏省淮剧团两位著名表演艺术家成为国家非物质文化遗产——淮剧的传承人,半个多世纪以来为淮剧艺术的传承和发展做出了贡献。

最系统、最全面地展示淮剧艺术成果的《中国淮剧》丛书2012年由江苏人民出版社出版。盐城市有关部门在市行政中心专门召开了《中国淮剧》丛书出版发行座谈会,丛书组委会、编委会成员与部分淮剧爱好者代表出席,与会人员说得最多的两句话是"不容易"和"了不起"。这套丛书由市委宣传部和市文联组织编撰。该套丛书编撰工作从2010年5月启动,历时两年多。

2008年,淮剧被国务院列入"国家级非物质文化遗产名录"后,盐城市为进一步保护、传承、利用好淮剧艺术,先后采取了一系列行之有效的举措,其中最为突出的是"一馆一书"的实施,即淮剧博物馆的筹建开放和《中国淮剧》丛书的编写出版。《中国淮剧》丛书的正式出版发行,抢救和保护了淮剧艺术,意义非同寻常。

丛书共分4册,文字部分1册,曲谱部分3册。文字部分共分9个章节,并配与内容相对应的彩色图片。曲谱部分3册,分别为《中国淮剧经典曲调选》、《中国淮剧现代戏曲调选》、《中国淮剧古装戏曲调选》。

没有文化自觉和文化自信,就无法出版这套书。丛书具有极高的历史价值、文化价值和艺术价值,它的出版发行必将产生巨大的社会效益。《中国淮剧》丛书必将对淮剧艺术的传承和发扬产生巨大影响。

2014年5月9日,"百年淮剧——2014名家典藏演唱会"在盐城市文化艺术中心大剧院内拉开帷幕。演唱会集结了全国13个淮剧团近百位名家名角,其中不乏梅花奖、文华奖、白玉兰奖等奖项得主。

图 3-7　百年淮剧——2014 年名家典藏演唱会剧照

演唱会共演绎了 15 出淮剧唱段,现场观众大呼过瘾,掌声、叫好声不绝于耳。

我们很难想象,如果盐阜革命老区没有了淮剧会怎样? 是不是盐城人的精神文化生活会有一丝沉闷和寂寞? 盐阜革命老区是与新四军、淮剧杂技共生共荣的。今天的乡土淮剧带着它的质朴,带着不断创新的精神,带着父老乡亲的深情厚谊又走进了一个全新的发展时期。

其实在盐城,有了这一门淮剧艺术便足矣,但好事成双,锦上添花岂不更好? 盐城人不仅要用老淮调唱响新生活,歌颂真善美,针砭假恶丑,还要以拼命三郎的精神、眼花缭乱的表演吸引世人的眼球。也许你想象不到,中国的杂技艺术的发祥地竟然同盐城市的建湖县联系在一起。盐城筹建的中国海盐博物馆得到国家的批准,冠名"中国"了,而盐城市建湖县的杂技早就成了中国杂技艺术三个发祥地之一。"中国","中国",这是中国盐城的骄傲!

盐城市建湖县是一处水网交通非常发达的地方,这里虽然没有一望无际的水面,但九曲的湖水更给人一种心旷神怡的感觉,虽然看不到小桥流水人家的景象,但在方圆几十里内几乎村村有水、户户有船。这虽然是个小地方,但在很早很早以前它的名声就享誉海内外了,其实在杂技界,一提到建湖"十八团"可以说无人不知晓。建湖县庆丰乡所属八十三华里方圆内的十八个村庄,统称叫作"十八团"。这里的杂技艺术源远流长。它跟河北吴桥、山东聊城齐名,是我国杂技艺术三个发祥地之一,以具有独特的民族风格和精湛的艺术技巧而饮誉中外。

杂技在建湖具有很广泛的群众性,像"马戏团"这样古老的演出形式、演出团体依然存在着。你在田间看到穿着盛装的少男少女,骑着马走街串巷,或者一辆敲锣打鼓的宣传车出现在你面前的时候,那一定是"马戏团"到了,再过一会儿,就一定有一场精彩的演出。这些"马戏团"的足迹遍布全国各地,从城镇到乡村,每年要演出几百场,虽然是个人组合的小团体,但是他们仍然沿袭着很多经典的表演项目。其实,"马戏团"早在明代就已经出现了,当时叫作"马戏班"。他们经常在农闲时走南闯北,靠卖艺为生,随着时间的积累,就逐渐形成了一些经典的杂技表演项目,现在的"马戏团"就是靠着这些古老而传统的精彩表演吸引着观众。

新中国成立前建湖的艺人们一直过着艰难困苦的生活,民间流传着几句形容他们生活的俗语:"上台像公子,下台像花子,吃饭像猴子,睡觉像虾子。"新一代的杂技艺人成了艺术工作者,他们的思想也在变,但不变的是他们久传不衰的技艺,是他们顽强拼搏的精神,是他们对艺术坚持不懈的追求。在变与不变之间,建湖杂技在顽强地生存发展着。这些杂技艺人不管当初出于什么目的,但还是最终选择了杂技这一行业,他们为盐城这一传统文化的发扬光大做出了奉献。走进现代的盐城人不能忘怀这些艺术前辈为盐城文化所付出的心血与汗水,他们是盐城文化艺术的脊梁。

中国杂技有南、北两派之说,盐城建湖的杂技具有南派的特点。十八团的沃土培育了大批出类拔萃、堪与世界同行媲美的杂技人才。新一代杂技艺人继承和发扬了十八团的传统技艺,在"百花齐放,百家争鸣"、"古为今用"、"洋为中用"的方针指导下,博采体操、戏剧艺术和国内外同行之精华,对传统剧目进行了整理,积极改革、锐意创新,使杂技事业出现了崭新的局面,成为当今杂技的中坚。

　　他们多次参加省、华东地区及全国的杂技比赛，均获奖励。1964 年 11 月，盐城市射阳县杂技团演员陈美玉就被南京杂技团抽调，随周总理出访南非七国演出。盐城市杂技团担当文化使者，为经济建设铺路搭桥，先后随市政府代表团赴韩国南原市访问演出，还多次远赴加拿大、新加坡、法国等 20 多个国家访问演出，使中国传统的杂技艺术冲出亚洲，跻身于世界艺术之林，丰富了世界艺术宝库，给人以其他艺术形式所不能代替的、独特的艺术享受。

　　盐城人不寂寞，因为他们有决心让杂技进操场、淮剧进课堂。每两年一次的"烟花杂技节"、"戏迷大汇演"都集中地反映了我们对淮剧杂技文化的激情与厚爱。淮剧与杂技是江淮平原上的两朵艺术奇葩，也是盐城的两朵姐妹花，它们给人们的精神文化生活带去欢笑的同时，又为这座古老而又新兴的城市插上了一对美丽的翅膀。这美丽的翅膀早已带着歌声，带着美妙，也带着盐城人的梦想飞向远方。

# 第四章 盐土地上的名人大家

盐城是一座以"盐"命名的城市。追溯其历史,盐城先民们为了生存,早在商周时期就有了与大自然进行抗争的故事,他们开荒造田,汲海水而煮盐。

至于对盐的认知,先民们也是随着生产力的不断发展、制盐技术的不断更新而渐渐深化的。从汉武帝元狩四年开始置盐渎县至今,"盐"城已有 2130 多年的历史了。盐城 2000 多年的盐业发展史,就是盐城生生不息的文明进化史,就是盐土地上的名人大家辈出的历史。

从传说中的夙沙氏煮盐到《史记》中的管仲论鹾;从汉唐时期的盐政职官到清代中叶的票盐改革;历史上的淮盐,更因其地位的显赫,吸引了众多的重臣名流如过江之鲫纷沓而至。

纵观盐城历史,可谓文化底蕴丰厚,人杰地灵,名人荟萃。从陈琳《讨操檄文》到海国孤忠的陆秀夫,从平民思想家的王艮到盐民领袖张士诚,从施耐庵的《水浒传》到书法大家宋曹,从出版大家印水心到名闻中外的盐城"二乔",等等,他们在一定程度上代表着盐城的能人志士或才华横溢,指点江山,激扬文字,或怀揣梦想,发奋图强,精忠报国。

淮盐产区风光秀美,这不仅让历代名人大家流连忘返,更滋生了大批"咸"味十足的淮盐文学巨制。其中当推吴承恩的《西游记》、李汝珍的《镜花缘》、施耐庵的《水浒传》、吴敬梓的《儒林外史》、曹雪芹的《红楼梦》、罗贯中的《三国演义》等，让人百读不厌。每每谈起他们在盐城的趣闻逸事，盐城人总是眉飞色舞。

# 第一节　风云人物

一方水土养一方人。盐城名人荟萃，这里仅说两位，一是海国孤忠陆秀夫，二是盐民领袖张士诚。

## 海国孤忠陆秀夫

南宋时，楚州盐城县长建乡长建里（今属建湖县）有个世代书香之家，户主陆芳春，妻子赵氏，夫妻俩志趣相投，清贫自守。宋理宗嘉熙二年（1238 年）十月，他们的第二个儿子呱呱坠地，他就是与国共存亡的南宋最后一位左丞相——陆秀夫。

嘉熙四年（1240 年），陆秀夫 3 岁时，苏北大旱，蝗虫肆虐。为了生计，陆芳春一家逃至京口（今属江苏镇江市），投奔定居丹徒县朱方镇的堂舅赵士诚，寄居在赵士诚建在汝山脚下的一座小

图 4-1　陆秀夫画像图

庄园内。尽管寄人篱下，陆芳春夫妇望子成龙的心情依旧急切，从未放松对清夫、秀夫兄弟俩的教育。童年的陆秀夫经常聆听父亲讲述古往今来杰出人物的故事，讲得最多的自然是同宗陆游了。"死去元知万事空，但悲不见九州同。王师北定中原日，家祭毋忘告乃翁。"仅此一首《示儿》诗，陆秀夫总是反复诵读，日日抄写，诗中对国事的忧伤、对现实的激愤、对未来的期待，无不在陆秀夫幼小的心灵上烙下深深的印记。

理宗淳祐二年（1242 年），陆秀夫 5 岁，和哥哥清夫一起拜京口名儒二孟

先生(孟逢大、孟逢原兄弟)为师。陆秀夫学习勤奋,聪明过人,7 岁即能作文,而且"下笔多奇语",被二孟先生誉为"不待师烦"的"非常儿"。他的学业天天向上,"日进不休",除了得益于二孟先生的精心授业,还在于他充分利用二孟丰富的书藏。陆秀夫 10 岁时,二孟先生就特许他自由进出他们的私人藏书室。陆秀夫沉迷书海,经史子集、列朝院本,涉猎内容十分广泛,时常宵旰不休,手不释卷。他的读书效率很高,一卷在手,可一目十行,往往一夕工夫,便能有一收百获的成效。当时焦山有座蒋氏焦岩书院,藏书丰富,名冠九州,人称"编列签厨富,万卷压江涛"。焦山与汝山隔水相邻,蒋氏书院便成了陆秀夫的寄居之乡,如同自家书房一样,他在知识的海洋里自由地遨游,尽情地汲取智慧的甘霖。

陆秀夫在汝山为时 8 年之久,由于志趣相投,他结交了一群勤奋进取、嗜书好文的友人。他们时常一起吟诗作对,曲水流觞。每逢假期或农忙季节,陆秀夫常与同窗忘年交郭景星一起,去京口南郊黄龙山下的鹤林寺小住,有时甚至会住上好几天。这里环境幽静,便于潜心攻读,他们白天"蕉窗论赋",夜晚"抵足说诗",闲暇时还一起耕地放牛、打扫山门,结下了深厚的友情。理宗淳祐十二年(1252 年),陆秀夫在淮安参加州试获捷后,再次来到京口,重访鹤林寺。旧地重游,他感慨万千,写下《题鹤林寺》一诗来回忆那段难忘的经历:

岁月未可尽,朝昏屡不眠。

窗前多古木,床上半残编。

放犊饮溪水,助僧耕稻田。

寺门久断扫,分食愧农贤。

30 年后,郭景星闻知陆秀夫在崖山殉国的消息,悲恸不已,不禁长叹:

黑风吹海浪崩腾,独抱龙髯气拂膺。

臣子但知全大节,国家哪得再中兴?

眼前儿女谁能顾，向后功名有足称。

独忆城南秋雨夜，一窗曾共读书灯。

字里行间充满对友人无限的思念。

淳祐十年(1250年)，为了参加县试，陆秀夫和父亲一起踏上了回家乡长建里的路。走在范公堤上，陆秀夫听父亲讲起范仲淹的故事，这时他才真正领悟到"先天下之忧而忧，后天下之乐而乐"的深刻内涵。他们走一路，说一路，父亲讲述了许多贤人的故事，用心之良苦，陆秀夫心里明白，其实他早已立下宏伟志向，"报国安民"乃是他一生的理想追求。

图4-2 陆秀夫纪念馆内的读书精舍

在长建里，陆秀夫借读于醋神庙西侧的精舍来复习功课，这间精舍三面环水，绿树成荫，环境幽静，确为读书的理想之所。陆秀夫将汝山二孟先生所传授的课业认真地温习，若有疑问，便向精馆老学究周老先生请教，学习中不断有新的领悟，更是激起陆秀夫强烈的学习热情，对参加应试也充满信心。长建里是盐城有名的"灯镇"，经常举行灯会，每逢其时，家家关门上锁，人人喜气洋洋,镇上热闹非凡。然而即使在这样的日子,陆秀夫依旧在精舍专心攻读,丝毫不受影响,人们都惊叹于他的刻苦精神。县试临近的日子,在酺神庙神案的长明灯下,每晚都可看到这个坚毅少年读书学习的身影。一年半后,15 岁的陆秀夫收拾行装,到盐城参加县试。

陆秀夫在盐城县试中取得全县第一的成绩。两个月后,他赴淮安参加州试,他的一篇题为《时说》的文章令考官大为赞叹,最终以优异的成绩名列榜首,不但被选拔为贡生,而且可以进入京城临安的太学(最高学府)深造。进入太学深造是陆秀夫梦寐以求的事,如今终于梦想成真,他分外珍惜,学习也更加勤奋,他的大部分时间都是在太学的图书馆里度过的。临安的两座皇家藏书库——东藏、西藏,也是陆秀夫经常借阅经籍、潜心治学的地方。陆秀夫在太学写的《奉二孟恩师书》中说:"秀夫仰窃教诲之绪馀,侥幸得游辟雍,所以感激讵容语尽之。"所谓"辟雍",就是指太学,陆秀夫视读书做学问为幸事,深深表达对老师教诲之恩的感激之情。由此看出陆秀夫多么酷爱读书,面对如此难得的深造机会无比珍视。

宝祐四年初,陆秀夫来到临安参加会试,中丙辰科二甲第二十七名进士。在此期间,他结识了一起应试的文天祥、谢枋得等志同道合的好友。陆秀夫曾对同榜的来自京口的王良臣、盐城的刘幼发说:"今日皇恩渥重,吾侪当思报国,相勉为天下第一等人物,方为不负此举!"这句话被当时的主考王应麟听到了,他惊喜地说道:"阅卷得文天祥,予不胜喜;今闻贤论,何让天祥? 可贺! 可喜!"陆秀夫赤心报国,誓成"天下第一等人物"的远大抱负可见一斑。

王应麟对陆秀夫赞赏有加,理宗景定元年(1260 年)初,推荐给两淮制置使兼知扬州的李庭芝,李庭芝邀请陆秀夫到他驻在扬州的淮南幕府任职。陆秀夫久闻李庭芝有胆有识,文武兼备,便欣然答应,在李庭芝幕府中主管机宜文字。陆秀夫谦虚谨慎,忠于职守,深得李庭芝器重。从此以后,陆秀夫和李庭芝同舟共济,并肩抗元,誓死捍卫着风雨飘摇的宋廷,直到崖山海战,宋军终因敌众我寡而战败。就在元军围攻帝舟之际,陆秀夫先仗剑驱妾倪氏和三子八郎、四子九郎以及幼女跳入大海,随后跪拜在少帝面前说:"国事至此,陛下当为国死！德祐皇帝辱已甚,陛下不可再辱!"说完,他背起8岁的赵昺,用素白的绸缎将那小小的身躯和自己紧紧绑在一起,一步一步坚定地走向船舷,面对大海,仰天长啸,纵身跳入万顷碧涛之中。巨浪拍岸,一代千古忠臣魂归长天,一片丹心镌刻在汗青史册间,流芳百世。

## 盐民领袖张士诚

张士诚(1321—1367),乳名九四,元末泰州白驹场人。张士诚出生在西团镇黄浦村张家墩,他造反的地点是草堰场,西团这里可算是"吴王故里"。

张士诚盐民出身,以运盐为主,并为盐舟纲甲。为生活所迫,也贩卖私盐。经常受元朝士兵侮辱,关卡爪牙勒索,盐商地主欺压,遂对元朝统治阶级恨之入骨,反抗情绪油然而生。

元至正十三年(1353年)正月,与同胞弟士义、士德、士信及盐丁李伯升、潘原明、吕珍等18人,在白驹场举行起义。首先杀死元朝弓兵丘义,而后在草堰场界牌头北十五里庙,聚集灶丁数百人攻打丁溪,被大地主刘子仁武装所阻,士义中箭身亡。张士诚奋力击溃刘子仁后,攻打兴化戴家窑,又得窑丁若干人,起义军深得民众拥护,不到两个月就发展到1万多人的以盐民为主的起义大军。三月,攻下泰州,用计杀扬州行省参政赵琏,接着攻克高邮、兴化,杀知州李齐。十四年(1354年)正月,张士诚以高邮为根据地,宣布建国大周,自号诚王,改元"天佑",在运河要冲设置官员,分兵把守,截断南北交通。十五年(1355年)五月,发兵攻破扬州,退还高邮,九月复攻破扬州,适逢湖南省右丞相阿鲁恢引苗军来援,士诚率部撤退。这时,元帝诏丞相脱脱统率大军攻高邮,张士诚乘机出击,十二月大溃元军,军威大振。元帝派孙协招安,士诚拒不接受,杀孙协。十六年(1356年)正月,张士诚派张士德率部渡江,击横栅、渡镝山,接连攻破常熟、吴江,旋又攻克嘉兴、松江。二月,占据平江(苏州)路。三月,改平江路为隆平府,将承天寺作为府第,改至正十六年为天佑三年(1356年),国号大周,设学士员、开弘文馆。任术士李行素为丞相;弟士德任平章,提调各郡兵马,蒋辉任右丞,省理府内庶务;潘元绍为左丞,镇吴兴;史文炳为枢密院同知,镇松江。

图 4-3　张士诚起义

元至正十七年(1357年)，朱元璋占领了集庆(南京)，不断向江、浙、皖扩展。在常州、镇江一带与张士诚部发生冲突。张士诚遣士德援救，士德战败被擒。张士诚向朱元璋请和，并愿付重金赎回士德。朱元璋拒绝，连续攻占常州、长兴、湖州、江阴、常熟等地。张士诚四面受敌，处境困难。张士德被俘在金陵不食而死。十八年(1358年)八月，张士诚降元，元以士诚为太尉，废弃大周年号。十九年(1359年)，元又遣使，以御酒龙衣赐诚，征"海运粮"，每年从江南海运粮食11万余石至燕京(北京)。二十三年(1363年)，张士诚出兵安丰(安徽寿县)，连连得利，占据整个安徽北部，这时他称帝的私欲膨胀，欲称吴王，请命于元，要求未遂，自称吴王，与元决裂，不再向元提供粮食。至此，张士诚满足已有的成就，迷恋于吴王的称号，生活奢靡，纪律松弛，士无斗志。

元至正二十六年(1366年)八月，朱元璋先后攻占了平江周围的城镇，再派徐达、常遇春率师20万南伐，包围平江。士诚拒守9个月，朱元璋多次派人招降，均被拒绝。士诚多次组织突围决战，均遭不利。二十七年(1367年)，朱元璋兵集城下，四面筑台长围，士信被飞弹碎首。九月，徐达攻克葑门，常遇春破阊门而入，士诚仅凭残余，坚持巷战于万寿寺东街，但寡不敌众，就烧毁全部户籍图册,打开国库,将金银财宝、绫罗绸缎分给百姓。此时张士诚问其妻刘氏:"我自应死,你们该怎么办?"于是,刘氏派人将柴草堆到齐云楼下,驱众妃嫔上楼,令养子辰宝举火焚烧,刘氏自缢而死。张士诚在四面楚歌的情况下,关门上吊时,被他的原部将赵世雄发现,自杀未遂。后徐达多次派降将李伯升、潘元绍等劝降,士诚闭目不语。张士诚被俘用船运往应天(南京),途中不食,至金陵后自缢而死,年方47岁,葬吴县斜塘。

张士诚领导的盐民起义,先后经历了14年(1353—1367年)。所占领的地区,南抵绍兴;北逾徐州,达于济宁之金钩;西据汝、颖、濠、泗;东薄于海。地广1000多公里,带兵甲数十万。张士诚所到之处,为民办好事、办实事,深受人民群众的欢迎和爱戴。张士诚在苏州岌岌垂危之际,民众为之守城,誓死不降。

张士诚七月三十日殉难后,江南人民偷偷地烧香纪念他,称为"久思香"①。苏北沿海各地盐民,更加缅怀张士诚,不敢公开纪念他,就在每年七月三十日晚上,家家户户在门槛上放三只蚊蛤壳,注上香油,放上灯草点燃,名曰:"点歪歪灯",并烧香叩拜,称为地藏王菩萨过生日("祭藏王"与"祭张王"谐音)。这些活动,是为了避免明朝官吏的注意,实际上都是纪念张士诚的。

# 第二节　盐官"三相"

西溪,东台古老文明历史的发源地,旧属南唐海陵监,后属泰州,今属盐城市东台市。

所谓西溪盐仓监,实际上是西溪盐仓的盐税督察。他们的职责是与盐仓、盐场官员共同处理盐仓、盐场政务,同时握有监察盐仓、盐场官员业绩的"实权"。北宋时,年轻有为的吕夷简、晏殊、范仲淹曾先后被朝廷委派来此任盐税监。后来,他们都成为宋朝一代名相。

---

① 张士诚乳名九四,"久思"与"九四"谐音。

# 西溪盐官吕夷简

吕夷简(979—1044),字坦夫,寿州(今安徽寿县)人。宋咸平年间(998—1003年)进士,入仕后任地方官。大约于真宗景德四年(1007年)到西溪盐仓任盐税监,时年27岁。

吕夷简到任西溪盐仓时,北宋建国已42年,经过五代十国百年战乱的两淮盐场,生产已经恢复,但储运设施与管理尚未完善,朝廷寄予厚望的盐税产量,尚未达到唐朝时的水平。上峰要盐,商家要盐,西溪盐仓少盐;灶团有盐,盐户有盐,却交不上盐,卖不出盐。原来盐仓库容不大,只得限量收储,致使盐课难以完成,灶民收入受限。

找到盐榷滞缓的症结,吕夷简与各盐场、灶团商定,组织灶民修建盐仓,以工代税,以工抵盐。不过数月,广三百丈的土坯围墙延绵而立,院内夯土平整,明沟排水,堆码盐囤,草苫封盖;修建的三十六眼仓廒,墙壁坚固,顶棚封漏;全库收储量翻了几倍。灶民们先前交盐量少、次多,增费工本,现在量大、次少,增加了收入。仓储盐多,各方商贾持引付货,盐仓扩建后盐税额直线上升。于是,吕盐官治盐有方、完税有力的岁考好评逐级上报,迤逦闻名。

吕夷简在西溪任上的所作所为,文字记载十分疏薄。这也难怪,作为以后的北宋政治家,盐官并不是他施展抱负的舞台。这种心态从他在西溪的唯一一首诗句中颇能找到注脚。

当时西溪人酷爱种植天下名花——牡丹。吕夷简到任后受其感染,也植牡丹一株,聊以自慰。他围以朱栏,悉心呵护,竟然花开百朵,成为海滨盛事。吕夷简月下看花,情不能已,当即赋《咏牡丹》一首:

> 异香浓艳压群葩,何事栽培近海涯。
>
> 开向东风应有恨,凭谁移入王侯家?

吕夷简以花自喻,其怀才不遇之情溢于言表。吕夷简离任后,西溪人专门修建"牡丹亭",刻其诗以为纪念。有人专门剪了花枝去移植,得地名"花家尖";有人念他扩建盐仓的好处,将所在的灶团命名为"吕家灶",十多里外的农居则名为"吕家庄",至今尚存。

也许西溪注定要成为一个通向宰相之路的驿站,它的历史积淀也因此显得异常的厚重。

大中祥符元年(1008 年),真宗通知各地选派官员参加"材识兼茂,明于礼用"的科考,吕夷简政绩出色,入选。因朝廷封禅成功,六科不阙,罢考,乃调吕夷简为通州通判,升一级,从八品。

吕夷简告别西溪,从此踏上升迁的新途……

## 西溪盐官晏殊

晏殊(991—1055),字同叔,抚州临川(今江西抚州)人,宋景德年间(1004—1007 年)进士。晏殊少年时代文学天赋极高,有"神童"之称。时朝廷重臣张知白巡视临川时,听到"神童"传闻,便面招一试。晏殊果然名不虚传,不仅长得玉树临风,且机敏过人,对答如流。张大人甚是喜爱,随即带在身边。身为宰相的张知白此后又将晏殊荐给朝廷,以尽伯乐之职。

这时适逢真宗皇帝殿试,晏殊亦参与其中。与一千多人应试,他一股牛犊之气,疾笔立成,且字句赡丽,用典精博。真宗阅卷后拍案而喜,即刻御笔钦点为进士。后授他为秘书省校书郎正字太使(正九品),送他到秘阁读书深造,并命陈彭年予以指导督促,后于 1014 年左右放任外职。到西溪盐仓任盐税监,时年仅 23 岁,才气逼人。

晏殊本性刚简,自奉清俭,荐拔人才,范仲淹、欧阳修均出其门下。

仁宗天圣年间(1023—1030 年)后进直史馆,迁左庶子(从五品),逐步晋升至礼部侍郎(从三品),庆历年间(1041—1048 年)官至集贤殿大学士,同平章事兼枢密使(相当于宰相,正二品)。

晏殊是在宋真宗时来西溪就任盐官的。此时西溪河里盐船相接,镇上人声喧腾,行业齐全,街市繁华,因曾在东晋义熙七年设为宁海县治,并成为当时的海陵郡治,世称"淮左名郡";尤其海阔天空,滩涂上芦苇丛生,鸥鹤翔集,丽日下四野盐灶青烟,馆舍里夜晚可闻涛声,正是读书修身之处。

相传晏殊在西溪任上曾写了名作《浣溪沙》:

一曲新词酒一杯,去年天气旧亭台,夕阳西下几时回?

无可奈何花落去,似曾相识燕归来。小园香径独徘徊。

晏殊离开西溪后走上了一条坦顺的入仕之途。颇具意味的是其继任者竟然是以后居宰相之位达 20 年之久的吕夷简。

晏殊在东台兼管盐策虽时间短暂,然功勋卓著。

谨行盐法,奏减盐户欠税。晏殊将宋朝以来的盐法制度逐项清理出来,对照实施。仓库管理的"编排堆垛记号"制、"逐库进出货记账法"、"黄昏入仓周视、封锁仓门制"、"盐仓外围巡控制"、财务管理的"受纳盐货、起置文簿"等制度,一一贯彻执行,不过月余,库内整齐整洁,库容一新。

兴办书院,播下读书种子。西溪镇业盐人户甚众,读书之人甚少,市上多见锱铢必较之事,少见温良谦让之为。晏殊就将颓圮的淫祠土庙修葺一番,清出泥胎陋像,安放书桌凳椅,办起西溪书院,招收所属各场灶愿意进学的青少年前来读书,自己亲自任课执教,在西溪播下读书种子。欧阳修后来写道,"五代以来,天下学废,兴自公始",是说晏殊后来在应天府主办书院之事,然究其"始",应为西溪。

晏殊在书院西边的运盐河与西溪河连接之处修了一座草亭,命名"南风亭"。理盐教书之暇,到南风亭观塔听涛,赏景读书。看那两河,波光粼粼,帆樯来往,承载粮茶百货而来,运载座座盐山而去,灵性激越之下,于三年十二月写出新作《河清颂》,报呈御览。真宗阅后,甚为满意,加晏殊为集贤校理。

既去,民思不忘,范仲淹在任时,改西溪为晏溪,市河为晏溪河。

晏殊西溪兼职之历,因岗位不入流,正史未录;加之此行系秘差,更需隐秘。欧阳修为晏殊撰写神道碑词,也只记录了真宗"命淮南发运使具舟送之京师",对其西溪代职之事,同样隐而未提。

晏殊去世时,仁宗除罢朝两日,还亲去祭奠,并篆其碑首曰"旧学之碑",谥元献,恩隆极誉。

## 西溪盐官范仲淹

范仲淹(989—1052),字希文,苏州吴县人。幼时丧父。随母改嫁长山朱氏。及长,辞母去,依戚同山而学。宋真宗大中祥符年间(1008—1016 年)中进士,始还姓更名。中进士后任广德军司理参军(从八品)。宋天禧五年(1021 年),以文林郎、试秘书省校书郎、权集庆军节度推官(从八品)的身份来监泰州海陵县西溪镇盐仓盐税,时年 33 岁(据《范文正公年谱》)。

军是宋代府州以下与监平行(正八品)一级的行政单位,参军、推官掌司法、狱讼(从八品)。盐官实行垂直领导,各级盐官下级对上级(转运使)负责,共同对朝廷负责。他们与地方府县虽有公务上的配合,但并无统属关系。范仲淹在西溪的时间,应是始于天禧五年,终于天圣元年,跨三个年头。

风和日丽的一天,串场河上舟楫桨声,水波棹影。船抵西溪后,新任盐官移步上岸。面对西溪特殊的地域历史,他有感而发:

> 谁道西溪小,西溪出大才。
>
> 参知两丞相,曾向此间来。

显然晏殊、吕夷简的入仕轨迹给了他很大鼓舞,他踌躇满志来到西溪。那天,范仲淹来到"牡丹亭",读了吕夷简的《咏牡丹》诗,并不苟同。于是和诗以释心怀:

> 阳和不择地,海角亦逢春。
>
> 忆得上林色,相看如故人。

意思是牡丹在任何春光和煦的地方均能生长,春天来到海滨时照样绚丽绽放,天香国色在哪儿都受到赞颂,品赏着它,仿佛重逢久别的友人。

这是一种积极的心态,明显迥异于吕夷简。较有意味的是,以后范仲淹任参知政事,积极革新朝政,而其对立面正是保守派代表人物吕夷简。

虽然范仲淹"在泰之西溪不过一盐官耳,位卑禄薄,事权甚少,非民社重寄",但他依然洒脱、豁达,于是便有了他在《西溪解嘲》中"秋天响亮惟闻鹤,夜海朦胧每见珠"中的达观和"卑栖曾未托椅梧,敢议雄心万里图"中的抱负。

范仲淹留在苏北的丰碑,是一条捍海堰,即后世所谓范公堤。遗憾的是,范公堤是他在监西溪镇盐仓任上倡议推行的,但并没有完成。史实是,范仲淹在西溪,提出了修复捍海堰的建议,朝廷采纳以后,任命他为兴化令,并且"总其役"。但直到天圣四年,他因为母亲去世而离任时,也没有竣工。临走时,他留书张纶,建议续修海堤,恢复海堤之利,但是遭到了非议。张纶和胡令仪再次陈疏朝廷,宋仁宗便委派胡令仪前来察看,酌情解决问题。胡令仪曾在泰州任地方官,经过勘查,抗章力请其成。天圣五年,宋仁宗任命张纶兼任泰州知府,督率兵夫修筑捍海堤于通、泰、海三州之境。范仲淹《张侯祠堂记》云:此后的工程"起基于天圣五载(1027 年)之秋,毕功于六载(1028 年)之春"。

自天圣六年范公堤横海出世,近千年来,西溪和沿海各场再未闹过特大涛灾。里下河平原成为江淮大粮仓,淮南"中十场"成为国帑摇钱树。西溪盐仓年进出海盐 60 万石,相当于唐代全国盐税收入的一半;由元至清,东台地区的 10 个盐场高产稳产,所纳盐税达全国盐课的 1/3。范公长堤,厥功至伟。

"范公堤"之成,三人之功不可泯:"范公倡之,二公(张纶、胡令仪)和之。"东台有"三贤祠"就是证明。但是"海潮之为斯患,前此之为守宰者,凡历几人? 而(范)公以盐职之卑,了不相系,乃独身任其责"。因为是范仲淹首倡,曾经"总其役",后来的成就和地位又远远超过了张、胡两人,所以此堤以"范公"名之就可以理解了。

范仲淹有"先天下之忧而忧,后天下之乐而乐"的胸襟,诗文并茂,作《岳阳楼记》为千古绝唱,有《范文正公集》存世。

西溪三盐官，是宋代历史上赫赫有名的三宰相。西溪这个区区小镇，因为盐官"三相"，从此声名远扬。

## 第三节　文学名家与文学经典

淮盐产区独特的风光不仅让历代诗人留下了许多脍炙人口的美丽诗篇，更滋生了大批"咸"味十足的淮盐文学巨制。其中施耐庵的《水浒传》、罗贯中的《三国演义》、吴承恩的《西游记》、曹雪芹的《红楼梦》、李汝珍的《镜花缘》、吴敬梓的《儒林外史》等最为著名。

### "建安七子"之一陈琳

当年的《讨操檄文》已成为千古绝唱，陈琳之墓静卧在大纵湖的七子岛上，毛泽东手书的唐代大诗人温庭筠当年来此凭吊陈琳而留下的诗文，更让盐城的大纵湖旅游景区品位倏然提升。

陈琳（？—217），字孔璋，射阳府东沙沟（今大纵湖镇东沙沟村）人。东汉末年著名文学家，"建安七子"之一。生年无确考，唯知在"建安七子"中比较年长，约与孔融相当。

"七子"在中国文学史上具有相当重要的地位。他们与"三曹"一起，构成建安作家的主力军。他们对于诗、赋、散文的发展，都曾做出过贡献。"七子"的创作各有个性，各有独特的风貌。孔融长于奏议散文，作品体气高妙。王粲诗、赋、散文号称"兼善"，其作品抒情性强。刘桢擅长诗歌，所作气势高峻，格调苍凉。陈琳、阮瑀，以章表书记闻名当时，在诗歌方面也都有一定成就，其风格的差异在于陈琳比较刚劲有力，阮瑀比较自然畅达。

汉灵帝末年，陈琳任大将军何进主簿。何进为诛宦官而召四方边将入京城洛阳，陈琳曾谏阻，但何进不纳，终于事败被杀。董卓肆恶洛阳，陈琳避难至冀州，入袁绍幕府。袁绍失败后，陈琳为曹军俘获。曹操爱其才而不咎，署为司空军师祭酒，使与阮瑀同管记室。后又徙为丞相门下督。建安二十二年（217年），与刘桢、应场、徐干等同染疫疾而亡。陈琳著作，据《隋书·经籍志》载原有集10卷，已佚。明代张溥辑有《陈记室集》，收入《汉魏六朝百三家集》中。集中最著名的是《为袁绍檄豫州文》，文中历数曹操的罪状，诋斥及其父祖，极富煽动力。这是一篇文采飞扬的檄文，让人领略"建安七子"的文化厚度。可谓骂人入木三分，让一场无所谓正义非正义的战争，因文字而高举起了正义的大旗，怪不得曹操在看了这篇檄文后，偏头痛的毛病顿时被治愈了，他看到了问题的严重性，认识到了文字的巨大的潜在的力量，与之相比，身体上的疼痛显得无关紧要了。好在曹操看透了袁绍，对袁绍发起的这场战争他应付起来还是游刃有余，于是他说了一句经典的话："有文事者，必须以武略济之。陈琳文事虽佳，其如袁绍武略之不足何！"

建安五年（200年），官渡之战，袁绍大败。当官渡之战结束后，陈琳被俘，曹操谓之曰："汝前为本初作檄，但罪状孤可也，何乃辱及祖父耶？"琳答曰："箭在弦上，不得不发耳。"左右劝曹操杀之；曹操爱惜其才，乃赦之，命为从事。不只是英雄爱英雄，真正的文人也是惺惺相惜的。

## 施耐庵写《水浒传》

《水浒传》是中国第一部描写农民起义的小说，全书围绕"官逼民反"这一线索展开情节，表现了一群不堪暴政欺压的"好汉"揭竿而起，聚义水泊梁山，直至接受招安致使起义失败的全过程。

这部小说最闪光的思想在于：它对封建统治者视为"盗贼草寇"的起义农民给予充分肯定，并深刻揭示了农民起义的社会根源，即上至皇帝和高俅这样的大臣，下至大小官吏的横行霸道、昏庸无能，致使民不聊生，尖锐的阶级矛盾逐渐加深。

没有伟大的作家，就不会诞生伟大的作品。作者施耐庵，元末明初的文学家，本名彦端，祖籍泰州海陵县或苏州吴县阊门（今江苏苏州），一说钱塘（今浙江杭州）人。但不管出身何地，他的伟大著作是在大丰完成的则确定无疑。他博古通今，才气横溢，举凡群经诸子，辞章诗歌，天文、地理、医卜、星象等，无不精通。

施耐庵生在元朝中叶成宗元贞二年，死在明初洪武三年，可谓生不逢时。他35岁中进士，在至顺元年，中进士后一般有差，约在至顺二年至三年为官钱塘，到至正十六年张士诚据吴称王后，他早弃官退居苏州，从事著作了。在这以后又因避张士诚之征而迁居兴化，约当在至正二十年前后。其后，他又一度居家淮安，直至洪武初年去世。

他弃官归里，闭门著述，与拜他为师的罗贯中一起研究《三国演义》、《三遂平妖传》的创作，搜集整理关于梁山泊宋江等英雄人物的故事，最终写成中国"四大名著"之一的《水浒传》。该书一经问世，好评如潮，洛阳纸贵。

历史上的盐城犹如海中之舟，环城皆盐场。在星罗棋布的古盐场中，白驹场是名盛两淮的重要盐场之一。盐之兴盛中渗透着盐民之苦。白驹盐场的盐民张士诚率众揭竿而起，横扫东南半壁江山，挥写荡气回肠之历史的壮举，不仅使这位盐民中的杰出代表在中国古代下层人民的抗争史上留下了精彩的一笔，也使这个取名于《诗经》中"皎皎白驹"的偏海一隅的弹丸之地印入了历史的记忆，更因之造就了一位绝代奇才，成就了一部旷世巨著，这便是施耐庵与他的《水浒传》。

施耐庵曾在《水浒传》中这样描写水泊梁山："楚州南门外，有个去处，地名唤做蓼儿洼，其山四面都是水港，中有高山一座，四周港汊，前后湖荡，俨然梁山泊水浒一般。"这块位于淮安南部的地方，其实正是施耐庵当年著书之所，也就是张士诚起义屯兵的小阳山、得胜湖，即今大丰市白驹镇西郊花家垛。历史上，这一带水网密布，芦苇茂密，烟波浩渺，其神秘幽邃、扑朔迷离的幻境般的自然环境正和《水浒传》中描写的"纵横河港一千条，四方周围八百里"的梁山气势相仿。即使身处今日的此地，依然可以感受到浓郁的"水浒"气息。

如今，在施耐庵故居的朱漆大门上书有施耐庵身前的自撰联："吴兴绵世泽，楚水封明烟。"

寥寥十字，道尽施氏的身世与人生追求。吴兴为苏州别名，施耐庵本为苏州阊门外施家桥人。据《施氏长门谱》记载,施耐庵,系孔子门生七十二贤之一施之常后裔,唐代末年,施之常后人来苏州为官,在此定居。施耐庵父亲操舟为业。施耐庵生于元末,13 岁入私塾,19 岁中秀才,29 岁中举人,35 岁与刘伯温同榜中进士,授任钱塘县事。看似一路坦途,前途在望,却因他一身不畏权贵、宁折不弯的傲骨,无法屈从于县令的骄横专断,一年后愤而辞官归里,以授徒、著书自遣。

楚水为兴化县别名,白驹曾隶属兴化。在此起彼伏的烟雨人生中,施耐庵终于在神奇迷蒙的湖荡丛中,发现了他此生理想的归处,他的潜心而作,是为了那擎着十八条扁担的身影。浩渺的水荡烟云里有下层人民的英雄群像,有盐民领袖蔑视皇权、雄视江南的野心与抱负。还有现世,还有朝廷,还有为贵族所不容的江湖草莽们的气魄与豪情,还有举步维艰的盐民生涯所赋予盐民们的或侠义或自私或忠贞或卑琐的丰满的个性,以及他们的江南梦,一一呈现眼前。

于是,一部旨在为江湖豪侠树碑立传的小说在施耐庵的脑海中有了最初的模型。

其实,如果单是耳闻张士诚聚众举兵,一路刀枪剑戟,所向披靡,自立为王,与朝廷抗礼以及最终梦断江南的悲壮故事,施耐庵那部《江湖豪客传》不至于脍炙人口、流传久远。施耐庵之所以能写成《水浒传》,是祖上的世学家养、自身的文化积淀使然,更因为他与这场旷世持久的战争,与他的传主张士诚有着千丝万缕的联系。

施耐庵在对《水浒传》中宋江这一人物的塑造过程中,倾注了太多对张士诚的感情。在宋江的身上,人们随处可见张士诚的影子。《水浒传》写宋江自大观四年(1110 年)晁盖曾头市中箭身亡把寨为头,到宣和六年(1124 年)饮御赐毒酒自尽,共纵横驰骋 14 年。而张士诚元至正十三年(1353 年)率众起义,到至正二十七年(1367 年)平江被攻破,被俘身亡,前后持续也是 14 年。这更证明了施耐庵在《水浒传》中打上了深深的张士诚起义的烙印。

《水浒传》里描写的"武松景阳冈打虎",其生活原型,就是张士诚的部将、白驹场北边便仓人卞元亨。当时,沿海滩涂一带常有猛虎出没,行人绝迹,卞元亨愤然发誓："昔周处父射虎斩蛟,以除民害,吾当效之。"他赤手空拳,独身前往,搜寻虎迹,"适虎当振威,公从容近之,以足蹴其颌,虎立毙。其豪迈如此"。施耐庵与卞元亨为好友,闻此奇事,惊叹不已,于是便有了武松景阳冈打虎那扣人心弦的精彩篇章。

施耐庵写完《水浒传》后,信笔题写了两首诗《成〈水浒传〉后题》:

太平天子当中坐,清慎官员四海分。

但见肥羊宁父老,不闻嘶马动将军。

叨承礼乐为家业,欲以讴歌寄快文。

不学东南无讳目,却云"西北有浮云"。

大抵人生土一丘,百年若个得齐头。

扶梨安稳尊于樊,负暴奇温胜似裘。

子建高才空号虎,庄生放达以为牛。

夜寒薄醉摇柔翰,语不惊人也便休。

## 孔尚任与《西团记》

"海上之村,大曰场,次曰团,荒寂旷邈曰草荡。"孔尚任一席话,简洁明了地提示出大丰西团的"身世之谜"。西团傍海,日升月沉,潮起潮落,渐由滩涂而形成广阔草荡。丰富的芦草资源,加之近在咫尺的茫茫海水,形成淮盐生产的两大要素。明初,草堰场即在此官办设灶煮盐。灶民从周边各地迁徙而来,庐舍相拥,聚居生息而形成群落,谓之团。

有西团,即有东、南、北团。这是根据居住方位命名的。而西团独占地势之高且在盐灶河西,故人气蓄积,产盐日盛,声名远达,为淮盐重要的集散地。

但由于明清两淮盐业为全国之最,其中盐场规模及远近影响大于西团者并不在少数。因此,西团之名并不仅仅源于其为盐利之地,而更多的则得益于一篇介绍文章,即《西团记》。作者是因《桃花扇》而享誉文坛的剧作家孔尚任。

孔尚任为山东曲阜人，孔子第 64 代孙。因为是"圣裔"，所以属于官庄户。但他并不精于儒家经典之学，平生所好全在诗词曲律。这种寄情诗文的雅致源于他的仕途失意——他乡试多年均告落榜。

孔尚任命运的改变在于一次偶然的机遇。那是康熙南巡返回时，特意到曲阜祭祀孔子。孔尚任被举荐在御前讲经，其表现深得康熙帝褒奖。随后，他被提拔为国子监博士并赴京就职。

图 4-4　孔尚任

康熙南巡后的第三年，即康熙二十五年（1868 年），因苏北里下河一带内河淤塞，常有水患。康熙闻奏后，钦点工部右侍郎孙在丰及孔尚任前往督理水利。国子监博士与督办水利可谓风马牛不相及，实在难以理解康熙为何差遣到孔尚任？也许国子监博士为一闲职，正好驱使。总之，康熙帝圣旨促成了孔尚任与西团之缘。

孔尚任是带着极佳的心情南下的。尽管这是一趟苦差事，京城官员唯恐躲之不及，但孔尚任为官不长，能得皇上钦点，自然引为幸事。

京杭大运河是当时维系南北交通的大动脉，舟船竞发，帆影点点，水波涟漪，已成为日复一日的景致。孔尚任乘的是官船，自然威仪万方，迥异于一般商船。

次年春，孔尚任随孙在丰先抵白驹场。移步上岸的孔尚任顿时感受到阵阵海风的侵袭，清凉中带有咸涩。当晚他便写下《夜宿白驹场》诗：

朝雾暮皆连，海风春更急；

维舟在白驹，聊以咏今夕。

白驹只是过驿，西团才是目的地。次日，依然薄雾漫漫，孔尚任沿串场河前行。西团的地理风俗民情，孔尚任是生疏的，但他却对这海隅之地寄予了特殊的感情。船刚泊岸,孔尚任便迫不及待地想要走近它、了解它,甚至全身心地融入它。

孔尚任布衣微服,串棚走户,往来于灶户渔民之间,体察他们的生活。同时,他又泛舟于西团的港汊河道,考察淤塞情况。此时的国子监博士已完全进入了新的角色。没有诗情画意,没有琅琅书声,只有枯燥的往返、烦琐的问询、重复的劳顿和飒飒的海风相伴相袭。

数天考察,孔尚任对西团已有感性认识。一日,他信步海滩,仰望如钩悬月,聆听涛声阵阵,想到西团地隅偏僻,荒凉贫瘠,然朝廷税赋日重,地方官层层盘剥,小吏坦商敲诈勒索,灶民、渔夫日益贫困,而海口疏浚工程虽利国益民,但朝廷拨款杯水车薪,不得不在沿海征收水利特别税。这对灶户、渔民来说,真是雪上加霜,不堪重负。他虽为钦差,却不能解民于倒悬,不禁慨然长叹,向海而吟:

> 东港天边水,西团海上村。
>
> 丰夫皆有长,小吏更能尊。
>
> 两脚平垂柳,潮头直到门。
>
> 乡关无定向,怅然立黄昏。

孔尚任伫立西团田畴、盐廪之间,面向茫茫东海之水,难以掩饰心中的抑闷和惆怅。

当夜,孔尚任心潮起伏,夜不能寐。他索性挑灯磨墨,铺笺挥毫,微风摇动窗棂,室外寂然无声。在这宁静幽谧中,《西团记》呼之欲出:

> 海上之材,大曰场,次曰团,小曰灶,荒寂邈旷曰草荡。比之郡治,场则府也,团与灶则州若县,而草荡则其田畴耳。
>
> 西团在泰州东北百四十里,西隶于草堰场,所属之灶及所有之草荡,东滨于海……

《西团记》由此开篇。继之孔尚任以精湛的笔墨,细腻地描写了西团的地域特色、风土人情,将"煮盐捕鱼"的西团生活刻画得惟妙惟肖。

> 煮盐者,常于深秋,杂刈草荡之薪,委以供釜。釜者,煮盐具也。庤底而丰缘,则火力齐;火力齐,则候速,结盐白,惟釜有功。爨下之灰,卤母也。取卤者,先布灰于场,以摄海气。场有呆活,呆者塞,活者通,活为贵。敷灰一日夜,暴而润之,而卤花腾于灰。然后活以海水,淋以深池。既澄,投试石莲子。莲子易沉,不沈而不浮,卤乃上等。乃倾于釜,猛火煎。釜内加皂荚,性能去腻,腻去斯凝。旋煎旋沸,旋沸旋凝,而皑皑如雪矣。

> 捕鱼者,刳舟如葫芦,周旁胶无隙,穴其背,仅容出入。有螺户焉,虽冒浪不灌。内贮半水,两胁绁以长木。与内水平。若飓风起,无虑侧覆。将入海,先衅罟打鼓、刑牲祭鱼神。置舟潮头,潮退,随潮以去。舟之尾,罟系焉,诱鱼自投。既得鱼,纳于内水。纳满,又从潮来,赛如初。

孔尚任为西团所深深吸引,言辞之间透露出一种对灶丁、渔民生活的好奇和欣赏。他对这海隅之地寄托了无限希望:

> 居民之婚丧粟布,皆赖盐鱼。而税课之多寡,讼斗之起灭,亦皆根盐鱼,此场大使所有事也。海口之役既兴,将观厥成;海水不漫灶,则盐有余;可通舟,则鱼有余。富者鬻盐鱼,贫者募为夫,得份外之利以治盐渔具,则盐鱼益有余。有余者,税课易,讼斗稀,婚丧举,粟布无缺,民俗斯乐。民乐矣,场大使复何忧?予处于同忧同乐之乡,虽斥卤荒凉,手胼足胝矣,与之欢呼鼓舞。盖不知劳之为劳,苦之为苦也。

孔尚任的《西团记》以精湛的笔墨、细腻的刻画,描写了300多年前海边村镇——西团的地理位置、风土人情,乃至苛政酷吏,贫民甘苦。此文夹叙夹议,文末呼吁:"有余者,税课易,讼斗稀,婚丧举,粟布无缺,民俗斯乐。民乐矣,场大使复何忧?"人民丰衣足食,当官的才能安乐无忧,充分显示了孔尚任同情劳动人民,不满苛政吏治,忧国忧民的思想。这篇文章对研究西团古代历史,探究古镇海盐文化的渊源有着十分重要的价值。

岁月如流,沧海桑田。由于海势东迁,盐业渐渐失去了优势。100多年前的清末民初,张謇来到西团,废灶兴垦,标志着西团由盐业文明迈向了农业文明。

孔尚任不久离开了西团,但其作品《西团记》却永远留存下来,成为西团地域文化中的重要文献资料。

# 第四节 文化名人

## 王艮:从一介盐丁到理学大儒

"白头灶户低草房,六月煎盐烈火旁。走出门前炎日里,偷闲一刻是乘凉。"清初著名的安丰盐民诗人吴嘉纪的这首《陋轩诗》,形象地反映了淮南盐场灶民的艰苦情状。他终日生活在海滨盐民中间,对盐民熬盐之艰辛,有着入木三分的刻画和描述。

本文的主人公王艮就是吴嘉纪笔下的一介盐丁。

天下不可思议之事多矣!东台安丰盐场的一介盐丁王艮,因为苦读乐学,终而成为一代理学大儒,成为泰州学派创始人。

王艮(1483—1541),字汝止,号心斋,东台安丰(时属泰州,现属盐城)人。

《明史·儒林传》的《王艮传》这样介绍王艮的出身:

(王)艮字汝止,初名银,王守仁为更名。他7岁受书乡塾,贫不能竟学。父灶丁,冬晨犯寒,役于官。艮哭曰:"为人子,令父至此,得为人乎?"

王艮38岁时,拜当时著名哲学家王守仁为师。41岁时,他独自入京,沿途聚讲,"入山林求会隐逸,过市井启发愚蒙",被视为怪才。他主张"百姓日用即道",第一次把圣人之道和百姓日用联系起来,对当时的思想界有着启蒙作用. 他创立的"泰州学派"是中国历史上第一个启蒙学派。

作为泰州学派的创始人王艮，早已被研究者定位为"哲学家"或"思想家"。所有当代中国及欧美出版的中国哲学史、中国思想史及宋明理学史著作，都不会忘记王艮。

王艮经常躬耕自省，有事则以自己单薄的身体承担很多。他虽然不能在学问上有专门研究，但默默参详探究，用儒家经典来印证自己所领悟的知识，用领悟的知识来解释经典，经过多年研究，没有人知道他探究的边际。

一天晚上，他梦到天塌下来，压在自己身体上，万人奔号求救，先生举臂托起，看到那些日月星辰失去了位置，用手理顺了日月星辰的位置。醒来汗如雨下，他顿时觉得心理和身体透明清澈。

当时王阳明任江西巡抚，传播良知（王阳明的心学）学问，长江以南的学者一致相信跟随学习。只有王艮地处偏僻之所，无法登门领教。有个叫黄文刚的人，籍贯吉安，而人居住在泰州，听到王艮的论学，惊奇地说："这与王巡抚谈论的学问非常相似啊！"王艮惊喜地说："有这样的事情！虽然王公论良知，艮谈格物，如果阳明与自己所见略同，那么这是上天降此人物于天下后世；如果阳明与自己所见不同，那么这是上天降此人物与我并立于天下后世啊！"当天启程，穿着古代礼服进见，到中门举手板而站立，阳明出到门外迎接。开始进去的时候，王艮占据上座。互相辩驳很久之后，心里略微被折服，王艮把自己的座位移到侧面坐着。辩驳完后，他就感叹说："简单直接，我王艮赶不上啊！"下拜自称弟子。王艮回去探究所学知识，中间有不吻合的，就后悔说："我太轻率了！"第二天进去拜见王阳明，把自己的懊悔告诉了他。阳明说："好啊！你不轻易盲从。"王艮又占据上座，辩驳很久之后，心里才大为佩服，就像当初一样恭敬地执弟子礼。

阳明回越地，王艮跟随。他趁机向阳明问孔子怎么利用辙环制车的，阳明笑而不答。他回家就自创蒲轮，招摇于道路，行将至都城之下。恰逢这个时候，王阳明的学问遭受了如群蜂飞舞、纷然并起的指责非议，而王艮依然着冠服言行如故，与一般人不同，京城的人把他当作怪物头目来看。在京的同门劝他赶快回去，阳明也写信责备他，他才回到会稽。阳明因为他心气太高、行事太奇，狠加惩戒，到家三日不能拜见。阳明送客出门，王艮长跪道旁，曰："艮知过矣。"阳明不顾而入，他随至庭下，厉声曰："仲尼对人处罚尚且适可而止。"阳明才揖让王艮起来。阳明卒于京师，王艮迎柩一路哭至桐庐，料理好王阳明的家室之后才回来。王艮开门授徒，远近皆至。同门会讲者，必请先生坐在正中的位置。自从王阳明去世以后，天下具有雄辩之才的当推王畿。然而天下心学之士有的相信他的理论有的不相信，只有王艮能在举手投足之间，让人领悟体会心学最多。王艮讲学并不注重理论的辨析，主张"百姓日用即道"，即平时只要率性所行，纯任自然，便谓之道。听的人顿觉神清气爽。

吾爱吾师，吾更爱真理。王艮待师之诚、求学之深、行事之奇，由此可见一斑。这一极具神话色彩的故事，形象生动地表现了王艮对晚明社会的远见卓识与个人宏大的抱负。

社会上流传着一句俗语："王心斋讲《大学》——日停三刻。"王心斋就是王艮。

王艮学问何处来？全靠四个字：苦读乐学。

王艮成年后，贩卖私盐，家道日裕。三过齐鲁，进谒孔庙，自己深深悟出了治学的道理：才学才学，才来自学；学问学问，学来自问。

从此，他在自家屋后筑一斗室，日夜读书，认真思索，有时把眼睛都读红了，仍手不释卷。有一次，王艮一边走路，一边看书，竟跌到河里去了。爬上岸后，路人都很惊讶。他却说："好几天没有工夫洗澡，今日下河，一可打打浴，二可清醒一下头脑，乃为乐事。"

王心斋读儒学经典，并不是读死书，而是书置手中，广采众家之长，又不拘泥于传统，往往结合百姓日常生活理解其道理。有一天，见路旁两人打架，他就对其中一人说，你如有良心，严于责己，架不就打不起来了吗？

王艮之所以被称为"平民"哲学家和泰州学派的创立者，与其一生的苦读传道，特别是与其"乐学"的精神是分不开的。他在其脍炙人口的《乐学歌》中这样写道："乐是乐此学，学是学此乐。不乐不是学，不学不是乐。乐便然后学,学便然后乐。乐是学,学是乐。于乎天下之乐何如此学,天下之学何如此乐。"其主要意思是说,学习是一件很快乐的事情,天下最快乐的事情莫过于学习了。

学习的快乐源于学有所思,学有所悟。王艮十分注重在学习中思考。他在文化基础极差、居所偏僻简陋,且无名师指点的困难条件下,"默坐体道"、"闭关静思"、"当思则思,思通则已",终在思想上形成了自己的独立见解,成为一代名家,确实令人敬佩。

王艮善于思考,还表现在其善于质疑的态度上。他在读到《论语》中颜渊问孔子什么叫"仁"后说:"此孔门作圣功,非徒令人口耳也。"就是说,学习不只是口头说说耳朵听听而已。想想现在很多人,只满足于一知半解,或者一味地信奉老师和书本,从不究其对错,怎能从中有所感悟和获得心得呢?

学习的快乐源于学有所成,学有所超。王艮师从王阳明后,学识大有长进。特别是在"致良知"说方面多有心得,甚至"时时不满其师说","往往驾师说之上,持论益高远",终使学说能自成体系,独树一帜,赶超了老师的成就,其成就感难免不在《乐学歌》中流露。

学习的快乐源于学有所用,学用相长。学习的最终目的在于实践。王艮学成之后,非常注重实践。他用其所学,"解人对于经传注疏之惑",帮助解决当地各盐场官民之难事,还开门授徒,为百姓传道解惑,津津乐道于其中。

这样一代理学大儒,从小却是一个灶丁,跟随家里人在海边烧灶煮盐。王艮的先世原居苏州,朱元璋为报复张士诚,把苏州大批居民迁至淮南海边劳动,王艮的先祖也在迁徙之列,落户在泰州安丰场,以烧盐为生。

处于黑暗的社会底层,王艮对阶级压迫和阶级剥削有深切的体会,他憎恨腐败没落的封建统治,并在艰难困苦中自强不息,自学成才,终于由海滨的一个穷灶丁,成为名垂史册、受人仰慕的学者。

王艮,从盐丁到理学大儒,终而成为泰州学派的创始人,其出身,其经历,其追求,其成就,给芸芸众生以深刻的启示。

## 宋曹：两朝辅弼，十世簪缨

宋曹，清代"八大书法家"之一。爱国诗人，博学鸿儒。

宋曹（1620—1701），字彬臣，号射陵，又号耕海潜夫，明泰昌元年生于盐城县北宋庄（现盐都县大纵湖镇政府所在地）。宋家祠堂大门两侧曾有"两朝辅弼，十世簪缨"的对联。从宋曹曾祖、祖父起，皆以举人入官。明初，洪武赶散，苏州阊门百姓被迫迁到苏北一带。宋家第一世仲华公即在湖北庄（今为北宋庄）安居下来，官居朝奉。其父鼎彝公是三科武举，博学好古。

宋曹自幼受其熏陶，早得启蒙。宋曹虽为独子，但其父对他要求甚严，不要其舞枪弄棒，却让他舞文弄墨。7岁即读帖临池，酷暑严寒从不间断，十载笔耕，自勤不息。而立之年，宋曹能诗善书，瞩目乡里。

宋曹虽才华出众，但仕途并不十分得志。明崇祯时，宋曹25岁官至中书舍人，其官位为从七品。南明覆亡，1642年，宋曹的好友司石盘、厉豫等人因不满清朝黑暗统治，举兵起义。未及一年，兵败淮安。清政府派人四处捉拿，宋曹受其牵连，身陷囹圄。营释后，先到北宋庄，后又携家小隐居到30公里以外的汤庄，筑"蔬枰园"侍奉老母，每年仍到北宋庄祭祖。

大纵湖有一"龙兴寺"，建于明开启年间，苦于无名。宋曹隐居北宋庄，让寺庙住持喜出望外，请他题名"龙兴禅院"，他欣然挥毫。抗战爆发，禅院毁于战火，宋曹真迹随之荡然无存。三十寒暑，宋曹闭门养息，会友谈艺，聚首唱和，遂使诗书融合，造诣日深。康熙元年到八年间，两度诏举，不肯出仕，仍隐逸汤村。康熙十七年，以纂修明史，开博学鸿词科，征召海内名儒，侍郎严沆和江苏巡抚慕无颜共举宋曹为博学鸿词，他均以母老固辞未赴。

康熙二十二年（1683年），两江总督于成龙请宋曹去南京编撰《江南通志》，盛情难却，他带上长子恭贻一起赴任。志书编成，宋曹坚不留名，最终《江南通志》仅署了恭贻的名字。于成龙敬重他的人品，称他为"射陵先生"。于成龙邀其出山，终于使宋曹结束了隐居生涯。

为了实现书法方面的抱负，他毅然离家出游，浪迹江淮，客维扬、润州、昆山、苏州、杭州等地,拜师会友,吊古觅胜。康熙六年,会顾炎武,互赠诗赋,结为友好。历数载,他纵觅南北名碑,吮吸精髓,悟入微际,并加以融会贯通,取舍扬弃,为自己寻得一条正宗的书法道路。

顺治十八年,他的书法艺术已达纯熟地步。是年书成《草书千字文》,为他的代表作。该书法气势融贯、跌宕起伏,如行云流水,确有大河奔涌,一泻千里之势。现"宋曹故居"内有草书千字文石刻,供人观赏。

晚年的宋曹,学与年俱进,而书法更臻精善。除《草书千字文》之外,又撰成理论著作《书法约言》。全著含总论、论草书等七篇,对学书要略,对文字,对楷、行、草各书都有精到的论述。

《书法约言》一卷。编首为《总论》两篇,不作浮词,至为扼要;次为《答问书法》一篇,发挥《笔阵图》及过庭《书谱》所言书法之意,设为问答以明之;又次《论作字之始》一篇,略叙书体变迁之迹,别无论议;最末论《楷书》、《行书》、《草书》三篇,切实精到,足以为法。

宋曹在书中这样"论作字之始":

伏羲一画开天,发造化之机,而文字始立。自是有龙书、穗书、云书、鸟书、虫书、龟书、螺书、蝌蚪书、钟鼎书以至虎爪、蚊脚、虾蟆子,皆取形而作书。古帝启蒙,仓颉肇体,嗣有六书,而书法乃备。史籀从此变而为大篆,李斯又变而为小篆,王次仲又变而为八分,程邈又变而为隶书,蔡邕又变而为飞白。飞白者,隶书之捷也,隶书又八分之捷也。八分减小篆之半,小篆又减大篆之半,去古渐远,书体渐真,故六义八体既行于世,而楷法于是乎生矣。

宋曹在书中这样论楷书:

盖作楷先须令字内间架明称,得其字形,再会以法,自然合度。然大小、繁简、长短、广狭,不得概使平直如算子状,但能就其本体,尽其形势,不拘拘于笔画之间，而遏其意趣。使笔笔着力，字字异形，行行殊致，极其自然，乃为有法。

宋曹在书中表达他的书法美学思想，要言之则是四贵四不："然笔意贵淡不贵艳，贵畅不贵紧，贵涵泳不贵显露，贵自然不贵作意。"

他的书法墨迹在民间流传很广。除盐城之外，两淮、维扬、京口，苏州、金陵、杭嘉湖一带也时有发现。这些墨宝，表现了宋曹不同时期的书法特点。当今日本书法界，有研究宋曹书学的学术群体。他的书法作品在日本、上海、常熟等地博物馆多有收藏。

宋曹工书法，善诗文。退隐故里，壮游山河，吟留下感怀言志的洋洋诗篇，《会秋堂诗文集》是他的诗作精华，也是他的诗学代表作。

## 民国出版家印水心

如果说乡土教材是一条挂在乡民心头的彩练，那么，谁持彩练当空舞？

这个人就是印鸾章，民国时期的爱国文人，其笔名印水心。这个笔名大有嚼头，玉洁冰心，冰雪聪明，一片冰心在玉壶。诗言志，名如其人。印水心真的用一生诠释了自己伟大的誓言和志向。

印水心祖居建湖县境高作镇印家舍。1883 年，印水心在盐城呱呱坠地。印水心自幼聪明好学，才华出众。他天资聪慧，扶摇直上，光绪三十三年（1907 年）毕业于京师大学堂，留校任教，年方 24 岁。他曾任北京大学教授一职，令人刮目相看。

宣统元年（1909 年），风华正茂的印水心来到上海，先后任商务印书馆、中国图书公司校理和《神州日报》、《民权报》、《新闻报》主笔及上海广学会编辑，曾翻译和校刊过 100 多种书籍。年纪轻轻的他，在上海出版界已经一露峥嵘。

印水心是精通乡土史地的学者。他在商务印书馆期间，曾为东南各省校刊新编乡土地理、乡土历史。

近水楼台如何能不得月呢？他遥想故乡盐邑(时建湖地域为盐城西北乡)，那里的文化教育事业比较发达，学校林立，可惜独少乡土教材，这样师生用什么？学什么？没有教材的教育是残缺的教育。他早想编辑这一类乡土教材了，可就是寻不着机会。

机遇总是垂青于有准备的人。民国四年(1915年)五月，印水心回乡为父母庆贺60双寿。觥筹交错，忙碌之余，他雇了一条小船四出探访，东至海滨，南抵大冈，西入射阳湖，北达草堰，将能走的地方走了一个遍。他实地调查全邑25市乡的基本概况，并一一笔录。这种求真务实的作风，在今人看来，就是田野调查，就是去伪存真，就是抓铁有痕，是相当难能可贵的。

印水心返沪后，住进小楼成一统，管它冬夏与春秋。他闭门谢客，花去数月，一气呵成《盐城乡土地理》两卷，于1919年9月，交由上海商务印书馆自费出版。

此书每卷分18课，共36课，分章节介绍了盐邑本境的疆域、沿革、地势、河流、物产、民俗、交通、区划以及各市乡的基本概况。后面还有教学注意事项，考虑极为周详。此书条分缕析，通俗易懂。一经推出，好评如潮。

印水心并未就此止步，他知道，仅有乡土地理教材是不完整的，还得有历史教材。他跃马扬鞭，研习乡土历史，剔骨爬梳，按朝代顺序，分6章36课，介绍了县境历史的文教、人才、制度、变乱等内容，编印成《盐城乡土历史》一卷。

印水心是一个极细心的人。编印而成的两书，凡课文没有介绍到的，都有附记于后，供师生参考。对两本乡土教材的上课时间、课时分配都做了详细的安排，可谓用心良苦。

两书编成后，由盐城饱学之士胡毓彬(字鉴卿)、胡应庚(字启东，胡乔木之父)负责校订。该书封页附有印水心与二胡的合影，康有为特为此题诗：

瀛海东环古射州，孤忠双烈亘千秋。

而今三子峥头角，又露文章在钓游。

从诗中可以读出这位曾与中国近代史上"公车上书"紧相联系的著名政治改革家康有为对盐城三子颇多赏识,尤其对印水心自费编印家乡史地教材的义举褒扬有加。

1919年,《盐城县乡土地理》和《盐城县乡土历史》成为盐城当时的中学教材,深得盐城教育文化界的好评。从1920年起,又在全县各国民学校及高等小学正式使用,从而填补了盐城历史上缺少乡土史地教材的空白。

这两本乡土教材,体例严谨,文字晓畅,叙事明达,融史料性、知识性、趣味性于一体,既方便教师施教,又有利于学童养成系统的乡土知识,引发其爱国爱乡土的情感。这两本乡土教材,为当时乡土教材中上乘之作,因此受到广大师生和家长的欢迎,成为每个学童必备之书。

到了民国十八年(1929年),因25市乡改为14行政区制,才将使用10年之久的这两本乡土课本更换为其他新教材。

除编印盐城两本乡土教材外,印水心还以日记的方式叙述民国第二届高等考试(文官考试)的经过,编成《第二届高等考试锁闱日录》。该书由京华书局1934年出版。他还编印《古文评注读本》(1—6全套),由上海世界书局出版。他还同李岳瑞一起编印《评注国史读本》,由世界书局1916年出版。他同杨燧城著《评注近代史读本》(中学用),由世界书局出版。不一而足,举不胜举了。

1968年,印水心在"文化大革命"中病逝于苏州,享年85岁。

印水心是一个有爱心的人,是一个文化大侠,是一个教育家,一个出版家,一个慈善家。他将一生的心血、财力、才华献给了中国的教育和编辑事业。尤其是他对地方文化教育关怀备至,百年之后,仍然深得盐城人的厚爱。他的乡土教材同盐城的光绪年间《盐城县志》刻本一样,永远印刻在盐城人的心里,就像他的名字一样。时隔百年,我们仍然看到,有一条彩练在盐城上空飞舞,那就是印水心的乡土地理历史教材。

# 第五节　盐城"二乔"

盐城有"二乔",不是登瀛桥,也不是太平桥。"二乔"指的是胡乔木和乔冠华。前者是"党内第一支笔",后者是杰出外交家。他们是盐城人的骄傲。

## 党内第一支笔胡乔木

"读书破万卷,下笔如有神。"这是唐代大诗人杜甫的名句,用在胡乔木身上,是再恰当不过了。毛泽东说:靠乔木,有饭吃。邓小平称他为"党内第一支笔"。朱镕基说:你跟他说话,就使你感到,你所知道的东西他都知道,而他知道的东西,你看不到边。他就是一个低调、简朴的书生。他就是江苏盐城鞍湖张本村人胡乔木。

胡乔木 21 岁离开家乡,直到 1992 年 81 岁去世,再也没有回来过,他对家乡是眷念的。晚年,他和夫人谷羽留下遗愿,将毕生珍爱的大量藏书捐赠给了家乡盐城。

走进盐城市图书馆乔木藏书纪念室,抚摸那些几近枯黄的书籍,那里伫留了多少乔木的目光,落下了多少他的手印?

"我胡家有希望了。"时光倒流,他是一个好读书的少年。年幼的胡乔木虽属"少爷"出身,但补丁衣裳常穿在身,待家中佃农极其随和,颇为乡亲所称道。那一年,鞍湖来了一个马戏团表演,几乎全镇的孩子都拥去看戏了,胡家老小也赶去,唯有乔木一人,还在家中读书。其父胡启东回来后,看到儿子书房的灯还亮着,不由对周围人感慨:我胡家有希望了!

其父所言极是。

胡乔木,生于 1912 年 6 月 1 日,本名胡鼎新,笔名"乔木"。

他被誉为"党内第一支笔",他是一位酷爱书籍的人,他既是一位善于读书的人,也是一位勤于藏书的人,更是一位精于耕耘的人。半个世纪,胡乔木同志撰写、编辑、起草,参与修订、审定的文件、社论、报告、文稿、讲话稿数不胜数,而以"乔木"署名的著作主要有《中国共产党的三十年》、《胡乔木文集》、《关于人道主义和异化问题》、诗集《人比月亮更美丽》等。一多一少,这就是一位共产党人的高风亮节吧!

其父泉下有知,还会仰天大笑,"我胡家有希望了"。

从乔木藏书看读书。从毛泽东秘书到"党内第一支笔"再到"新闻大管家",胡乔木虽然经历了宦海沉浮,却养成了终身读书、藏书的习性。

说到胡乔木藏书,那是他1937年7月到达延安以后的事了。

1931年,胡乔木为纪念五四运动20周年,在《中国青年》杂志上发表了《青年运动中的思想问题》一文,颇有独特的见解。经人推荐,毛泽东看过这篇文章后说"乔木是个人才"。1941年2月,毛主席身边缺人手,点将要胡乔木做他的秘书,同时兼中央政治局秘书。

从此,作为毛泽东秘书的胡乔木在毛泽东的影响下,把看书当作自己最大的乐趣,读书对他来说是不可或缺的。

早在延安时期,尽管那时处在战争环境,敌人封锁,生活艰苦,买书困难,但胡乔木就有意识地搜集、收藏各种书籍了。

1949年6月,毛泽东离开香山双清别墅进驻中南海丰泽园,胡乔木亦随之搬进中南海。

胡乔木一生博览群书,也喜爱藏书。经过几十年的搜集、寻访,加上出版单位和朋友的赠予,其藏书十分丰富,总计约有4万多册。

乔木藏书形成了以社会科学与文学艺术为重点的较为系统的藏书特色,也有不少自然科学方面的书。社会科学方面有哲学、政治、经济、法律、历史、地理、语言、文学、艺术等传统学科的,还有一部分就是纸张发黄发脆的20世纪三四十年代出版的马列著作和文艺书籍;此外,近几十年来各种新兴学科和边缘学科的书籍也位列其中。这些藏书,是他心血的结晶,是他勤勉读书和知识渊博的证明。

1992年,胡乔木逝世,其对家乡半个世纪的思念和牵挂之情由此戛然而止。然而到了1997年,胡乔木长久的家乡情结终于有了一种特殊的延续方式。

胡乔木生前的 1.4 万件档案资料和 4 万余册图书,由其子女分别捐赠给中央档案馆、当代中国研究所(2300 余册)和江苏盐城市(17000 余册)。除此之外,胡乔木同志生前还为家乡盐都张本赠送了上千册图书。

赠送盐城的这批图书涵盖了政治、哲学、历史等几乎社会科学的所有门类,对于盐城文化建设来讲,是一笔宝贵的财富和资源。

盐城市图书馆三楼专门设立了"胡乔木藏书纪念室"。藏书室由 7 排 26 节高大的、铝合金书架构成,每排书架有 3 节或 4 节,每节书架大都是双面,而且每一面的上面有 5 层,下面是书柜,几乎每层都排满了胡乔木同志收藏的、赠给盐城市图书馆的 17199 册图书和 3000 余册期刊。

从乔木的藏书可以一见乔木读书端倪。乔木藏书与其工作和爱好紧密相连,突出表现在涉及政治、社会科学以及文艺图书等方面。

乔木读什么,藏什么,藏什么,读什么,两者密不可分。乔木藏书,特色鲜明,总体上突显"社会科学和文艺图书"的系列和群书汇集的特点,具有很强的实用性、专业性和广博性。这些书籍,对胡乔木编写或参与修改党的文件、讲话、电文、评论等都有着不可或缺的作用。

乔木读书,急用先学。乔木,作为毛泽东的秘书和中央政治局的秘书,其工作要求是很高的,对其综合素质的要求也是很高的。如果没有相当高的马克思主义的政治素养、坚定的共产主义信念、深厚的文化底蕴和高超的文字驾驭能力,要想胜任此项工作几乎是不可能的。

虽然乔木是才子,但他还是不断地学习,不断地阅读大量的书籍,以汲取更多的知识营养,适应不断变化的形势需要。如在社会科学方面,他阅读较早的图书是民国十一年(1922 年)出版的《德国社会民主党》。这表明乔木较早关注外国党派的发展。尤其是关注苏联出版的图书,如《拥护苏联,学习苏联》、《苏联儿童的历史文学读物》、《苏联自行车运动》、《苏联国内战争时期的儿童文学》、《苏联中学地理教学大纲》、《苏联工业专家的培养》等。

可以看出,乔木在新中国成立初期,阅读了大量的苏联文献,虚心学习苏联的成功经验。而到了 1963 年,《苏共领导联印反华的真相》一书的出版,则反映了当时苏联共产党和政府出现对中国的错误认识、错误行为。

这样大量的阅读就为胡乔木写作"九评"奠定了基础。《评苏共中央的公开信》该套书为中共与苏共决裂时期由中共著名的"笔杆子"胡乔木、陈伯达等人主笔。文笔犀利,史称"九评"。

乔木读书,重在专业。乔木读书的专业性主要体现在马列主义、毛泽东思想、政治学、经济学、文学艺术、历史学等几个专业方面。如马列主义的书籍有《列宁全集》、《向列宁学习工作方式》,《马克思传》,《毛泽东论文学和艺术》、《毛泽东思想是革命人民的灵魂》、《在延安文艺座谈会上的讲话》等;政治方面的书籍有《辛亥革命》、《五四运动》、《新青年》(第一卷、第四至六卷)、《祖国颂》等;经济学的书籍有《资本主义生产以前各形态》、《论工业利润的计划化》、《为什么要提高劳动生产率》、《企业经济活动分析》等;文学类的有《诗经》、《全唐文》(第一卷至十一卷)、《全宋词》(第一至五卷)、《全元散曲》(上、下册)、《全清词钞》(上、下册)、《水浒传》、《吴承恩和〈西游记〉》、《红楼梦》、《白蛇传》、《论苏联文学中的民族形式问题》、《别林斯基》、《果戈里》、《普希金》等;艺术类主要是《青年团两周年画册》、《列宁画传》、《中国人民志愿军战地画选》、《四川汉代雕塑艺术》等。

这些书带有较强的学术性,这为乔木写作奠定了良好的专业基础。无论写到什么方面的文稿,他都能从容应对,一挥而就。其实,一些人哪里知道,冰冻三尺,非一日之寒。

对于乔木读书的故事,恐怕他同年出生的叔叔胡公石和女儿胡木英的回忆最有说服力了。

据胡公石在《我所知道的胡乔木》一文中回忆,乔木的性格非常温和,没有脾气,连说话都是轻声慢语的。他除了读书之外,别无其他爱好,也不喜欢外出游玩。

初中时,他已经接触到鲁迅的《彷徨》等作品,这可能正是他走上革命道路的契机。他的母亲不善理家。最先是他家的老太太——奶奶管家,后来是他的大姐管家。但是她对乔木的饭食却很精心调理,别人吃粥,却给乔木吃干饭,以保证他有足够的体力去读书,还常把饭炒好用瓦罐焐在火膛余烬中作为他的夜饭。乔木对吃穿很不讲究,少年时代有补丁的衣服照穿,养成了一生都勤俭的好习惯。他一辈子都没穿过西装,这和他的艰苦朴素的习惯有很大的关系。

乔木考取清华大学以后,因为参加革命活动,被校方觉察,要开除他。他知道后先行离校。当时他住在郁士元(盐城大冈人)家里,郁士元当时在北京任教,因为同乡关系予以收留。他父亲闻讯后就把他接回家,在家中待了一年。

在这一年中他读了很多书。他家里有一套广东木刻版线装二十四史,他父亲写的诗集、文集以及家里藏书他差不多都读完了。在这一点上他和他父亲很像——就是爱读书。第二年他考取了浙江大学,有个叫徐天民(徐大顺)的和他在一起,很要好。他的英语学得很好,还攻读第二外语——德语。

每当读书时,乔木总要放一个笔记本在旁边,手里拿着笔,看到精彩的有用的话就记到本子上,是自己的书也会在上面画上杠杠,或者写上批语。他说,这样动动笔墨看书,可以加深印象,也可以留下记录,便于查找。所谓人过留名,雁过留声,读书也是这个道理。

乔木读书,兴味盎然。乔木读书除了与工作直接有关外,几乎涉及所有门类。教育、文化、农村、农业经济、工业技术、环境保护、各种工具书等,尤其是很多著名的作家出版的书籍,签上自己姓名,请乔木指正的,他都要翻一翻,读一读。看到书,他就像饥饿的人扑在面包上,如丁玲主编的杂志,梅兰芳的《舞台生涯》,王蒙的《组织部里来了个年轻人》,等等。

胡木英在《我的父亲胡乔木》一文中回忆,对父亲的延安时期知之甚少,一方面当时年纪小,一方面是“父亲忙着工作,并不在家里待着,在家的时候就是写东西”。不停写东西的胡乔木有件事情让女儿印象深刻,“有一次,他在延安的窑洞家里伏在桌子上写东西,桌底下放了一个炭火盆,脚踩在炭火盆边上,暖和一点,结果有一次他写着写着就忘了,就把鞋子给烧了。”

在胡乔木之女胡木英的记忆里,她父亲一生的主要形态就是三种:写、读、思。不停地阅读,书、报纸、杂志、文件、稿件……“似乎只要是文字的东西他都有无穷的兴趣”。

据胡木英讲,到了北京以后,她“父亲的生活很简单,不工作的时候就看书,各个方面的书都看,历史、自然、哲学、文学,古今中外的书都看,还有政治方面的书也看"。

"胡乔木一生几乎没有什么爱好,就是喜好逛书店,看书,买书,藏书。"胡木英回忆说,"父亲去外地的时候,从不去逛街,只去旧书店淘书,每次回来都带几摞书。"

"我小时候不是特别爱学习。父亲也不要求我们拿什么第一,只要肯学就行了。只要有时间就向我们推荐一些中外名著和讲自然、历史等优秀科普类文学等作品。"

由此看来,胡乔木对于子女的读书学习还是很民主的,没有搞一言堂,只是"推荐"。

胡乔木说,没读过中国古典四大名著的,不能算是合格的中国人。"我那时候不太喜欢《红楼梦》,就爱看《水浒传》、《西游记》里打打杀杀的很是过瘾。父亲从不干预我们看什么,就让我们多看书。"

乔木知道,子女书读多了,就会爱上书的,就像他一样。小时候关键是培养兴趣。

胡木英对父亲说,自己只读过《水浒传》和《西游记》,只能算半个中国人。

胡乔木告诉女儿,"主席把《红楼梦》读了几十遍,对书中的每一个人物和细节,都非常熟悉,常信手拈来其中的故事加强说服力"。

胡乔木讲主席读书故事,意在教育女儿,书要读熟,不能浅尝辄止,或者是夹生饭,这样才能应用自如。正所谓清乾隆蘅塘退士孙洙的名句:"熟读唐诗三百首,不会作诗也会吟。"

胡乔木对生活的要求并不高,他把看书当作了最大的乐趣,读书对他来说是不可或缺的。

乔木读书快慢相宜。胡木英回忆说,父亲看书很快,挺厚的书没两天就看完了。也有看得慢的,比如思想史、哲学方面的。有时候父亲是几本书同时看,比如床头、桌头上的书,扣下来,折起来的,就是看到半截的。

胡乔木读书也看对象,难啃的骨头不妨多咬两口,多嚼嚼,这样有助于消化吸收。为了提高读书效率,不妨几本同时读,消遣的书和深奥的书放在一起读,可以互补,可以转换思维,调节心情。

好读书,还要巧读书。乔木在这方面有不少经验可以借鉴。

他有诗人本色,他有学者气质。他作为党的思想理论战线的领导人,其一言一行又是那么容易掀起波澜。

他是一个融革命精神与书生气质于一身的人。综其一生,他的人生命运也曾起伏跌宕,沉浮于时代的波峰浪谷之间。

他被称为"百科全书式的马克思主义者",他学贯中西,是大学者,是辞章家。

他在伟人毛泽东身边做秘书达 25 年之久。一介书生,一生读书,读到如此境地,天下有几人?

## 杰出外交家乔冠华

读书人中纵横捭阖举世闻名的外交家非乔冠华莫属,外交家中博览群书口若悬河者非乔冠华莫属。

就是这样一位博览群书口若悬河的外交家乔冠华,于 1983 年 9 月 22 日上午 10 时 40 分,因患肺癌不幸在北京逝世,终年 70 岁。

可以说,他是带着深深的遗憾走的。"文化大革命"结束,改革开放大幕掀开,他有太多的书要读,他有太多的话要说,他有太多的事要做。

当天下午,同样于清华大学读书,同样来自江苏盐城的老乡,中国"二乔"之一的中央政治局委员胡乔木,惊闻噩耗,"不胜痛悼",随即向其夫人章含之发来唁电:"冠华同志投身革命近半个世纪,对党和国家的贡献不可磨灭。"他痛惜乔冠华"晚年遭遇坎坷,方庆重新工作,得以博学英才,再为人民服务,不幸被病魔夺去生命。这固然是党的一大损失,也是我个人失一良友"。

著名文学家冯亦代先生称他是"当初不求闻达,而闻达自至……不期蹭蹬,而蹭蹬及身……可悲也夫"。悲也者,一介书生,哪里懂得政治风云的波诡云谲?悲也者,才情过人,却在人生风华正茂的岁月结束外交官生涯,不能再为国驰骋于国际舞台……

如果将乔冠华的一生分为读书求学、外交岁月和晚年坎坷三部曲的话，那么乔冠华早年读书求学的一曲颂歌依然在耳边回响，他的长袖善舞于国际外交舞台，也不是没有理由的。

乔冠华的一生极具传奇色彩。他3岁丧母，小小年纪，读书求学时即出狂人之语："天下文章李杜乔。"16岁时，乔冠华成为清华大学才子，24岁，他已先后留学日本、德国，并获德国图宾根大学哲学博士学位。

乔冠华，笔名乔木、于怀、于潮。26岁时，他誉满香江，妙笔春秋，成为名噪一时的国际问题评论家和进步青年中的"精神领袖"。同年加入中国共产党，实现了他人生中的重大政治转折。1971年后，是他外交生涯最辉煌的顶峰时期，他成为新中国杰出的外交家。

1913年3月28日，一个苏北神童在盐城建湖水乡的东乔庄，现属庆丰乡福初村呱呱坠地。

乔冠华的家庭是一个略有资产的地主，他的祖父没有文化，因为不识字，曾被当地一个秀才作弄过，因此，父辈下决心要让儿孙辈读书学习、断文识字。

他的父亲名叫乔守恒，是当地的一个开明绅士，从小就上私塾，读过不少诗书，只是每次考秀才都名落孙山。乔冠华的叔父乔守清的遭遇与乃兄相去不远。

乔冠华的父亲和叔父决意要在子侄辈中培养一个人才"光宗耀祖"。乔守清没有子嗣，所以倾力相助侄子乔冠华三兄弟上学读书。现在看来，乔冠华读书成才要归功于他的叔父。

父亲乔守桓善诗词歌赋又能琴棋书画。乔守桓婚姻不幸，乔冠华3岁时，母亲即撒手人寰。前妻刘氏生有七女三男，乔冠华在姐妹兄弟中为最小，在三兄弟中排居第三，家人及其左邻右舍都从俗称他为"小三子"。众姐妹兄弟对乔冠华疼爱有加，其中大哥乔冠军和二哥乔冠鳌对他的启蒙影响更大。

乔冠华的继母生了两个女儿和一个儿子。这样一来，乔冠华共有兄弟姐妹13人。

乔家居住的是建湖县东乔庄一座十分开阔的四合院。庭院依林傍水，环境优雅。在庭院的不远处,有一座被称作"小墩子"的僻静小岛。

当年,乔守桓的书房画室就在绿水环抱之中。乔冠华的童年时代,多半就是在这里度过的。后来,乔冠华每每与亲朋至友谈及自己的家乡,最爱讲的话题之一,就是这个"小岛"和"小岛书屋",他在这个书屋里读了好多好多的书。

乔冠华自幼聪颖好学,人称"苏北神童",却也顽皮过人、淘气有加。父亲对他期望很高,要求甚严。还在牙牙学语的时候,父亲即开始教他唐诗宋词。不知不觉间,尚未入学的小冠华竟能熟背数百首唐诗宋词了。

在乔冠华的记忆里,父亲是一个相当开明、宽容厚道的好人。乔冠华曾说过:"我父亲是个有文化、知书达理的人,从小念过书、上过私塾,写一手好字,画一笔好画,也能做几句旧诗。他在中国的士大夫阶层是属于那种较开明的人。不像我的叔父属于那种强调礼法,一副死板的孔夫子派头。"

"父亲虽然也很严厉,但毕竟有相当开明的一面。我3岁时母亲就去世了。父亲给我的印象很深,他喜欢画中国画,喜欢自己作诗,这些在一定程度上对我的教养、教育是很有影响的。"

"父亲没有娶后妈以前,我跟我父亲的关系很好,睡都跟他睡在一起,小孩嘛!"

乔冠华自小聪慧过人,活泼伶俐,十分讨人喜爱。他常常跟着父亲背古诗,学吹箫。乔家旁边有一条把村子一分为二、横贯东西的小河,河宽不过二三十米,河上架着一座木栏杆的小桥,名叫"启明桥"。桥的栏杆雕刻精细,在乔冠华看来称得上一件艺术品,所以他十分钟爱。

他外出读书,每年暑假回家,总爱在夏日夜晚,邀集村里的三五好友聚在桥上,吹箫弄笙,欢歌笑语,尽情而散。老人们说,他吹的箫声悠扬动听,在村里是有名的。吹累了,玩累了,小伙伴们就一个猛子扎进水里,嬉戏一番。

童年的快乐时光总是短暂的。乔冠华6岁时,父亲让他进私塾开蒙,老师就是叔父乔守清。

开学第一天,乔守清让乔冠华在纸牌位面前行三跪九叩的大礼,上面写着"大成至圣先师"的孔子灵位。然后再拜师,老师给他一本《三字经》,这是当时儿童的启蒙读物。

放学回家以后,姐姐就问:"你今天上学了,老师给你起了名字没有?"

"起了,叫大成子。"小冠华很调皮,从大成至圣先师孔子之灵位得了灵感。姐姐声色俱厉:"你胡说八道,这是孔夫子的名字,怎么能随便叫?"

小冠华瞧姐姐认真起来,忙赔不是。

教私塾的叔叔乔守清虽然古板,却颇有一套教育方法,尤其善于启发孩子。他对这个聪慧的小侄子十分宠爱,认为小冠华虽然淘气顽皮,却是"孺子可教"也。

在东乔庄的老人中,至今还流传着这样的故事——

一天,乔先生领着乔冠华在门前散步,顺手指着屋檐前的石头台阶问道:"小三子,你晓得这块石头上的凹坑是怎么来的吗?"

"雨水滴的呗!"乔冠华脱口而出。

乔先生要他回屋舀水,并让他慢慢地滴在光滑平整的石阶上。一碗水滴完了,石头不见痕迹;第二碗再滴,还是没有痕迹。这时,乔先生说话了:"小三子,你说这石头上的凹坑是雨水滴的,现在你已在石头上滴了两碗水了,怎么还没有凹坑呢?"

乔冠华想了想说:"我晓得了。肯定是因为雨水滴了好多好多年才滴出来的。"

又一次,乔先生指着门前的稻田,要乔冠华用尺子去测量秧苗长高的速度。大约一顿饭工夫,乔冠华前后测量了三次。结果,他失望地回来报告:"秧苗没有长高。""既然没长高,那水田里的这一片小秧苗怎么会成为稻子的呢?"乔先生启发说。

乔冠华想了想:"这恐怕得要好几个月的工夫吧?"

"对!"乔先生说,"其实,这些小秧苗天天都在长,只是每天就长那么一点点,我们看不出来;日子一长,我们就会发现秧苗长高了。读书也是这样,每天读书看不出有进步;时间一久,长进就显示出来了。"

这两件事对乔冠华的影响极深。他记住了"水滴石穿"、"日积月累"的道理。

他悟性好，记忆力强，读书几乎是过目成诵。在这个严厉的叔父家塾里，凡遇有背书做诗词之类的，叔叔总是先让他示范。乔先生常对乔冠华的父亲说："小三子很聪明，也爱学习，只要好好管教，将来必成大器。"

父亲也非常重视他的学业，每天总忘不了检查孩子的功课。令父亲同样惊喜的是，每天的国文他总能背得滚瓜烂熟。及至后来，他竟能将《三字经》、《百家姓》、《古文观止》、《四书》等读过的书从头至尾地背出来。

父亲为了检验他是不是死读书，要他作诗明志。乔冠华稍做思考，一首七绝便脱口而出。至末句时，他竟故意放慢语速抑扬顿挫地说："天下文章李—杜—乔！"

听毕乔冠华这惊人之语，父亲一时瞠目。片刻，他才谆谆告诫道："孩儿有志固然可喜，但切不可狂妄自大。古人云：'志之难也，不在胜人，在自胜。'孩儿当切记才是。"父亲虽然批评他过于狂妄，内心却十分赏识，认为小冠华志向远大，抱负不凡。

晚年的乔冠华回忆童年生活，不无苦涩："苏北的一个地主在生活上不如上海的一个小贩，那个是很落后的，当然有几种情况。你不要看有些地主穿得很旧，吃得简单，用得很破，但他有存钱。而我们家的情况，日常生活比较简单。确确实实小时候没有吃过苹果……可以想见，实际上像我们家这样的地主，生活水平并不高，饿肚子是不可能的。在那么多佃户里，地主家还可以有点文化，有点钱去念书，能够不挨冻，有时候过年过节还能够吃点好的。所谓好的就是杀只鸡，养猪的人家就杀头猪，或者是到街上去买点肉，就是很盛大的了。平时吃得很一般，一天三餐，粗茶淡饭。我相信其他地方可能也差不多，但例外是有的。"（乔冠华《口述自传》）

苏北神童好读书竟然影响到他后来漫长的外交生涯。乔冠华在与欧美人士谈判时，经常引经据典，谈判对手莫明其妙，只能记录下来，会谈之后再查阅出处，以便了解乔冠华所引的诗词中是否包含什么政治或外交上的意图。

经过四年的家塾教育之后，父亲决定送他入学。1923 年，刚满 10 岁的乔冠华首次离开东乔庄，随二哥乔冠鳌进入盐城第二高等小学读书。

　　这是当时盐城县一所很好的学校,课程设有国文、历史、地理、算术、体育、音乐、图画等。乔冠华第一次接触到这么多新鲜东西,觉得十分有趣,学习非常专心,各科成绩遥遥领先。为此,他多次受到校长孙鼎侯和教导主任朱绍曾的当众表扬。

　　1925 年,乔冠华以优异成绩考取盐城县亭湖中学,就是如今的盐都县秦南镇宋村小学。

　　聪明的学生总是调皮。之后,乔冠华的中学时代就是在三闹"学潮"、四次转学中度过的。

　　他先后在盐城第二高等小学、宋村亭湖中学、盐城淮关中学上学。由于学习成绩优秀,他在初高中时几次跳级插班,16 岁高中毕业即考入清华大学国文系,成为朱自清教授的学生,也是大学同届中最年幼的学生。为了有时间读到更多的书,一年后,他毅然转入哲学系,师从冯友兰教授。

　　在清华大学,最吸引乔冠华的只能是图书馆。乔冠华是清华大学图书馆的常客,一到课余时间 ,他就到图书馆去学习马克思主义。清华大学图书馆,是乔冠华心目中的"精神圣殿"。图书馆装饰典雅,多种典籍、图书、报刊,排列整齐,取阅方便。特别是收藏了不少马克思的原著以及中西方哲学名著,这使乔冠华爱不释手,潜心钻研。只见他有时左右巡索,有时埋头伏案,有时目不旁瞬,有时奋笔疾书。在这里,他真正浸润于知识的海洋里,有一种无限满足和心灵净化的感觉。

　　在清华大学的四年,乔冠华就是这样一头扎在书海里,书海无边苦作舟。他如海绵吸水逐本逐本地阅读英文、德文原版的马克思著作,几乎马克思的所有经典著作他都读过,甚至有的读了还不止一遍。此外,他还阅读大量西方古典哲学家的著作,他把很大的精力花在与马克思主义有很深关系的黑格尔的学识上。他读了图书馆里收藏的黑格尔的绝大部分著作,有的是德文原著,有的则是英文译本。经过刻苦钻研,乔冠华曾于 1933 年上半年在哲学系系会上,做过"黑格尔自然辩证法研究"的学术报告。

　　这时,清华大学来了一个美国教师,他叫黑格,是研究黑格尔的专家。乔冠华在看黑格尔著作的时候,遇到难题就去请教他,他很热情,认真辅导,对乔冠华教益颇大。

据乔冠华夫人章含之回忆,乔冠华在生命的最后几年常常念及清华园里苦读马列著作的经历。他说在他到清华大学上学之前,在家乡,由于受北伐战争、大革命的影响,他有一些反帝反封建的思想,因为在乡里、学校里闹点风潮,但是却并不懂任何革命道理。进大学后,学哲学就是为了追求信念,追求革命真理。

乔冠华在清华大学的最后一两年,受马克思主义启发,开始研究中国近代史,因为马克思在著作中有很大一部分篇幅谈到中国问题。他涉猎的范围包括鸦片战争、太平天国、义和团、中国的对外贸易、工商手工业、中国的经济与政治变化的关系等。他边读书、边摘记,他按问题性质摘录好多本读书笔记。

当他翻阅腐朽的清政府与帝国主义列强签订的不平等条约的原文,读到帝国主义信口雌黄的叙述,不禁拍案而起,大声怒斥:"岂有此理!"弄得图书馆其他正在看书的同学转过脸来笑他,以为发生了什么事情。清华大学的不少校友都说乔冠华这个人敢言敢怒,从不掩饰自己的真情实感。

后来,乔冠华每天在图书馆里抄录英国的东印度公司成立以来中国对外贸易、海关的统计数据。当时,他总在想能够从这里边发现一些材料,像马克思所说的那样,来说明中国近代史上大的政治变动的根源在于经济。

但是,在抄录这些对外贸易的材料、工商业材料时,乔冠华发现有些材料支离破碎,并不完整。他听说,日本东京有个"东洋文库",在那里收集了全部关于中国对外贸易的完整资料,因而产生了将来去日本留学的念头。

为了能够更顺利地阅读原版的进步书籍,乔冠华花了相当精力学习外语,学日语、德语,同时继续提高自己的英语水平。每天清晨在学校的操场上,天蒙蒙亮,人们可以看到一个学生,手里拿着纸条,一面跑步,一面背诵外语单词,他就是乔冠华。

在清华大学,乔冠华的求知欲望得到了充分的满足。读书之余,他与同学交流心得,臧否人物。在清华大学,他养成了热情的性格、活跃的思维、自由的意志和一颗充满美好憧憬的心;在清华大学,他敏锐地感受新事物,接受新鲜的思想,并且对现实中国的形势不满;在清华大学,他不但自信,而且还有一种特有的自负和自傲。

在清华大学,有这样的传说,钱钟书曾立志要"横扫清华图书馆",其实,乔冠华在清华大学图书馆所花的工夫并不亚于钱钟书。他是学校图书馆的常客,常常一头扎在书海里遨游。因为好读书,因为苦读书,他同钱钟书结为终身好友。

乔冠华没有积极参加党所领导的地下活动,但党的外围组织读书会之类的聚会总有他的身影。在学校左派的眼里,乔冠华至少是一位同情分子,所以有一个同学叫李照瑞,是中国共产党创始人李大钊的后人,他要编辑《李大钊全集》,请乔冠华帮忙。这也许是乔冠华在清华大学为共产党人办的事情之一吧。

正如他后来自己回忆所述:"在四年的大学生活里,我是一个书呆子,没有同当时的国民党同流合污,但是另一面也没有积极参加党所领导的地下活动……我专心致志干的,就是无论如何要把马克思主义读通,读懂,是百分之百的书生……我认为在当时能够救中国的只有马克思主义,也唯其才能解释中国,在当时接触的朋友里好像没有一个人能对我讲清楚,说马克思主义究竟是怎么回事。在当时我认为这个问题搞不清楚,空读马克思主义没有什么意思,这就是为什么我花了那么多精力去研究马克思主义。"因为清华园的四年苦读,打下了扎实的功底,乔冠华被免试去日本帝国大学读研究生。

乔冠华的日语在国内时就打下了一定的基础,到了日本经过一段时期,日语更加流利了,他可以娴熟地阅读各种日文著作,政治、经济、哲学、文学、历史,无所不包。不过,他比较喜欢读康德的书,所以他选修了桑默教授的课,对康德这位德国古典哲学家的研究集中在这段时间,而桑默教授则给他学业上不少帮助。乔冠华是个兴趣广泛的人。这时,他从康德的古典哲学又迷上了19世纪的俄罗斯文学,那些名著中所体现的批判现实主义、人道主义精神深深吸引了他。特别是托尔斯泰的《复活》,他爱不释手,他读的是英文版,作品给他的影响很深。

"学而不思则罔,思而不学则殆。"这是孔子所提倡的一种读书法,他身体力行。在日本东京,他住的房子临街,每天晚上,看完书之后,万籁俱静,他常常把灯熄掉,让窗外的灯光映进室内。他一个人坐在桌旁,闭目沉思,反复回想书中的人物和场景,同时回想这一段时间的耳闻目睹,规划着自己的未来。

1933年,他在日本东京帝国大学继续攻读哲学,并参加革命活动,由于他的进步活动为日本反动派所不容,不久被驱逐出境。

1935年,乔冠华作为清华大学的公派留学生赴德国图宾根大学留学。一年多后,即在23岁那年,他以优异成绩获得德国哲学博士学位。德国哲学博大精深,晦涩艰深,能取得德国哲学博士学位的中国人在当时可说是凤毛麟角。

乔冠华在德国留学期间,正值第二次世界大战前夕,国际风云变幻,局势日趋紧张,各帝国主义国家争夺激烈,疯狂扩军备战,军事问题一时成为国际问题的焦点。乔冠华在德国遇到国民十九路军的朋友赵一肩,两人对国际局势看法一致,志同道合,他们"不务正业",在欧洲利用课外的一切时间钻研军事科学,特别研读了德国著名军事理论家克劳塞维茨的三卷本《战争论》。

除钻研《战争论》外,这位年轻的哲学博士在德国留学期间又自开新课,他广泛研讨了欧洲的战争史和军事地理等方面的书籍,并且对着欧洲和世界地图,反复思考目前的局势,这为他日后写出大量如同身临其境又不同凡响的国际评论文章奠定了坚实的基础。因为狂热地研究欧洲战争史和军事地理,收藏世界各国地图也成了乔冠华的终身爱好。

没有博览群书垫底,就做不到厚积薄发。乔冠华左手是书,右手是笔,左右开弓,国际评论笔笔如刀,刀刀见血,所向披靡。

他的国际政论文章,其一大特点是文章的标题就很有特色,其文章标题见诸报刊后,总是先声夺人,而后必欲对其文先睹为快。例如《历史的报复》、《报复的历史》、《斯大林的大手笔》、《站在胜利的门前》、《沉寂不是和平》、《时代终究是变了》等。在错综复杂的国内外局势中,他的政论文章的标题"往往是用抽象的或形象化的语言,指出或暗示当时国际局势的要害,以期对读者有所帮助",乔冠华后来如是说。

乔冠华的国际政论文章的内容,在广博的欧洲及世界地理、历史、政治、军事、经济、文化知识的前景叙述中,向人们议论,透析着时局的焦点,思想集中,内容深刻,给人们以很大的启示和教益。

他的文章总是以其把握问题实质的鲜明性和战斗性,给予人们以信心和鼓舞,在希特勒初期获胜不可一世时,乔冠华这样写道:"这是今天的形势。全世界的眼睛在盯着希特勒,有人将他比成拿破仑;但是人们忽视了,拿破仑是资本主义社会的上升期的英雄,希特勒是资本主义社会没落期的怪杰,希特勒的迷信并不是建筑在他的飞机和坦克之上,而是建筑在全欧洲资产阶级的没落、反动和腐化之中……"

"现在,欧洲大陆的资本主义国家已经匍匐在希特勒的马蹄之下,希特勒已经快要变成资本主义社会的拿破仑;我们不知道历史是不是会重演,不过,可以断言的是:未来的莫斯科将和过去的莫斯科有着本质上完全不同的划时代的意义。莫斯科是历史上一块奇异的地方。"

乔冠华的国际政论文章尖锐泼辣,在恢宏的气势中又常夹杂着诙谐幽默,明快而活泼,同时,为了说明复杂、危急的局势,他总要列出许多真实的细节,让读者自己判明真相。所以,他的文章读后往往使人拍手称快,过目难忘。

乔冠华当年撰写的国际评论文章影响广泛,其成功一方面是由于其反法西斯主义的原则性、坚定性,在重大问题上总是与国内争取民主、团结进步、救亡图存、振兴中华的斗争密切呼应,以及他留学欧洲期间所掌握的广博的国际知识;另一方面,他在联系扑朔迷离、瞬息万变的国际局势写作时,博览群书,有胆有识。许多年后,乔冠华回忆当年写作的甘苦和思想方法时这样写道:

在香港,有一个时期我为《时事晚报》写社论,每天一篇,当时我只能利用剩余时间为《世界知识》写点文章……

我们想方设法开辟自己的材料来源,力求做到能掌握一切有关国际形势的材料。正面材料是研究的重点,但也绝不轻视、放松对反面材料的搜集和研究,有时正是从反面材料中看出了问题的关键,在国际形势的发展中,任何一个新出现的问题都有它自己的历史以及同前后左右其他问题的关系,尽可能弄清楚这个问题的来龙去脉和它同其他问题错综复杂的关系。在第二次世界大战中,战场上发生的所有重大变化都是互相关联的,因此就有必要经常从战争的全局来考察战争中发生的任何一个新的问题。国际述评从表面上看好像是"述"和"评"各占一半;实际上真正费气力的是"述",即掌握材料;做到这一点,问题也就解决大半了。而掌握材料就必须博览群书。

乔冠华自 1937 年至 1946 年写的这些评论文章当时曾编为文集《争民主的浪潮——1939 年的国际》、《形势比人强》、《向着宽阔光明的地方》、《从战争到和平》、《从慕尼黑到敦刻尔克》出版。

他在 33 岁以前写的这些国际述评文章,以其广博的知识、立论的严谨、优美的文字、精辟的见解,代表和平、民主、进步、正义的声音,在 20 世纪三四十年代,赢得了不小的声誉。

据说,远在延安的毛泽东读到乔冠华的文章也不时赞叹。一次,毛泽东一边散步一边问中央的其他领导人:"你们读过香港一个名叫乔木的文章吗? 我看过一篇他写的文章,足足等于两个坦克师哩!"

与乔冠华同时在香港的文化人在晚年的回忆录中,对他的国际述评活动的评价也非常高。徐迟说:乔冠华所写的"《时事新报》的那些社论,是从全世界的范围,来评论整个国际形势的翻腾起伏的;尽管千头万绪,眼睛都能看花了的,但那些社论却能说得清清楚楚,而后在这些基础上,回过头来,评论亚洲问题和中日冲突的关键内容。读者总可以感觉到自己,似已置身于一个制高点上。正在环顾全球,前前后后,历历在目。大事小事,轻重缓急,一下子最清楚不过了。这是他当时给我的强烈印象"。

他的文章"向大后方人民传播了中央对重大国际问题的看法,同时也多少反映了那时代的激情和人们的喜怒忧乐"。当时,许多青年人争相传阅乔冠华的文章,在那黑暗而混乱的年代,"乔木"先生的国际述评使他们产生了极大的希望而备受鼓舞。从文学家冯亦代的回忆中可领略一二:

那时，我只是个入世不久的年轻人，除了有一腔火热的报国之心外，别无他长……而其时，老乔正以他成熟而又犀利的笔锋，剖析时局，给陷于迷乱心情中的人指出了一条明确的道路。我每天读着《时事晚报》老乔用"乔木"这一笔名写的政论，每读一文，心头如饮一瓢清泉，不仅彻凉，而且眼睛也跟着放亮起来……我对他狂热倾倒，只不过是当时年轻人中的一员而已。

乔冠华博览群书，学贯中西，是党内外公认的"才子"、"笔杆子"，当年有"南北二乔"之说，"南乔"即乔冠华也。

新中国成立后，在外交战线，他几乎参与了我国所有重要的对外谈判、论战，无论是谈判桌前的唇枪舌剑，还是外交论战中的檄文篇篇，都表现出他卓尔不群的外交才华。因此，但凡外交大事，毛泽东都亲自点将让"乔老爷"出阵。乔冠华与基辛格谈判，棋逢对手，每每让对方心悦诚服；乔冠华多次出席联合国大会，舌战群雄，气度不凡，表现出一个泱泱大国的非凡气概。

在中国首次重返联合国的历史时刻，闻名中外的"乔的笑"即是他情感尽情释放的一个精彩瞬间。

在晚年回首青年时代的种种往事时，乔冠华不禁心潮澎湃，思绪万千："我在学校上学的时候功课都是数一数二的。当时，我有一个名称，叫能说会道，谁都怕我。人家不敢和我争论事情。真是可笑的青年时代，可爱的青年时代。"

# 第五章 海盐新歌

2000 多年来,勤劳、智慧的盐城人民不仅创造了辉煌的物质财富,而且留下了底蕴浓厚的海盐文化资源。市区的盐城海盐历史文化景区建有全国唯一展示海盐文明的中国海盐博物馆、盐镇水街、盐渎公园等。盐城经济平稳增长,交通便捷,有着"两岸三通"的直航港口。盐城还是全国著名的杂技之乡、淮剧之乡、烟花之乡,是世界著名的"东方湿地之都"、"仙鹤神鹿故乡",还有丰富的红色文化旅游资源。

海盐文化是盐城的文化根脉和重要元素,也是文化盐城建设的第一张名片。近年来,市委、市政府高度重视海盐文化品牌的打造,成立了海盐文化研究会,推出了"海盐文化专题"陈列展览,组织书画家、摄影家走进海盐区采风,创作出一批"咸味"十足的书画作品,极大地提升了文化盐城的品位和形象。

历史的车轮永不停息地前行。随着国家的发展强大,尤其是改革开放 30多年来,过去晒盐、烧盐的小作坊早已荡然无存,代之而起的是规模化的制盐产业。仅射阳县,就有一座名闻遐迩的射阳盐场,每年的盐产量在全国都有着举足轻重的地位。以盐得名的盐城,也不再是原来意义上的盐城,而是一个集汽车制造业、现代纺织业、高效农业为一体的绿色发展的厚德盐城。

数典不能忘祖。如今,围绕盐的产业方兴未艾,尤其是盐化工更是一个很有前途的朝阳产业。作为有着悠久的"盐史"、以盐立城的盐城,只要我们改变生产、加工和经营方式,把盐产业从粗放式经营中解放出来,通过深度加工和集约式经营,盐同样能绽放出诱人的芳香。

历史,是城市的根系;文化,是城市的灵魂。这根与魂之间的联络线,便是这座城市的文脉。当今时代,城市间的竞争,表象上是经济的竞争,说到底还是品牌的竞争;而品牌的叫响,仍然离不开文化。于是,海盐文化又成了这座城市品牌的灵魂。

# 第一节　海盐文化新传承

## 中国海盐博物馆

2008 年 11 月 18 日上午,备受瞩目的中国盐城海盐文化节开幕式暨中国海盐博物馆开馆仪式隆重举行。

坐落在盐城市区的中国海盐博物馆,是全国唯一一座反映悠久中国海盐历史文明的大型专题博物馆;它的东西两侧,一边是宋代名臣范仲淹为保护盐业生产而修建的海堤——范公堤,一边是古代贯通各大盐场的运盐运河——串场河。馆区占地 6 万平方米,主体建筑面积 1.8 万平方米。著名书法家沈鹏先生题写了馆名。中国海盐博物馆的兴建,不仅为盐城人民增添了一个值得自豪的"国"字号的文化旅游景点,更为盐城的海盐文化提供了一个独特的文脉承载平台。

关于这座具有强烈后现代色彩的标志性建筑,从开工建设的那刻起,就流传着这样一则故事:"玉皇大帝巡视九天,在一个叫作盐城的地方撒下一把结晶体,结晶体落到了串场河的上游,成就了现在这座奇异的建筑。"这则新神话的叙述,涵盖了设计者程泰宁先生的奇思妙想。

在这位曾经获得过中国建筑设计最高奖——"梁思成"奖的中国工程院

图 5-1　海盐馆里的运盐船

院士的眼里,显微镜下的一堆不规则正方形结晶体——盐的形状,应该是这座"国"字号海盐博物馆的外形。今天,这座造型奇特、雕塑感极强的中国海盐博物馆,犹如一串晶莹剔透的白色盐晶,已神奇地镶嵌在充满古韵灵风的串场河畔。

　　神话时代,夺盐之战,夙沙煮海……一座座逼真雕塑,一幕幕复原场景,如影随形,让人身临其境。仿佛,我们已置身于搏海弄潮之中,成了一位踏波炼海、"煮海为盐"的炼海人。"生命之侣"、"史海盐踪"、"煮海之歌"、"盐与盐城",海盐博物馆内的每一个展厅,都已经将历史的凝重与现代的开放进行了充分的衔接。历经数千年历史积淀而形成的盐城地域海盐文化,如今作为一种丰厚而宝贵的精神财富,已经成为盐城的文化之根,成为盐城的城市之魂。

　　中国海盐博物馆内的展厅,几乎囊括了所有与海盐相关的历史记忆。

　　在海盐博物馆,通过探寻并梳理盐城历史,透视并解读海盐文化,我们可以尽情地触摸海盐创造出历史的时代脉搏,可以深切地感悟海盐熔铸于文化的精神张力。海盐文化所彰显出的那种海纳百川的包容胸襟,兼容并蓄的豁达情怀,搏海弄潮的无畏胆识,创业创新的进取精神,百折不回的坚韧意志,让人感同身受。

盐城市于 2005 年向国家文物局申请立项时,全国共有 8 座城市在同时申报竞争,其中江苏就有 3 家。在如此激烈竞争的态势下,该项目最终能花落盐城,固然主要是缘于盐城海盐文化资源的丰厚积淀,但与盐城市当政者的不懈努力也是密不可分的。

盐城在筹建这所"国"字号海盐博物馆的同时,还配套在新老城区连接带,建成了富有海盐文化特色的水街、水城、娱乐街和美食街,使其与海盐博物馆一起,组成五大特色系列项目,形成了一个既具古典风格,又有现代气息的盐城海盐历史文化风貌区。与海盐博物馆连成一体的串场河景观带,则建有"盐"字广场、唐之盐政、宋之盐政、明清盐政、煮海祭宗、淋卤煎盐、八卦盐田等七大景区。这个景观带,又与串场河沿岸的盐渎公园、迎宾公园等众多盐文化景点有机串联,成为一条贯穿盐城市区的"绿色锦缎"。古代往返穿梭于南北盐场的运盐河道——串场河,已成了一条文化的、绿色的、繁华的、欢乐的盐城母亲河。

中国海盐博物馆作为中华大地的一颗璀璨明珠,已成为向世人展示盐城新形象、新品位的一张靓丽名片;盐城,作为中国海盐生产历史上影响最大的"两淮"盐区中心,也将以此树起海盐文化这一国家品牌和行业标杆,推动盐城经济社会更加繁荣、更加绿色发展。

## 盐镇水街

盐镇水街是盐城海盐历史文化风貌区的重要组成部分。它位于串场河东侧由世纪大道向北至东进路,东临开放大道。总投资 3.1 亿元,定位为国家 4A 级旅游景区。它包括大宅门、天水广场、漂舟戏苑、翰墨阁、水上游船等特色景点。

水街接范公堤,衔串场河,占地 3 万平方米,水道长 1800 余米,大小景点

40 余处。湖光映日,桥影如虹,水窗低傍,画栏叠开。细雨中隐见青砖黛瓦连绵,轻烟里遥望亭台楼阁嵯峨。三处入口,牌坊门楼各异,九桥跨越,连接 50 余间店铺。登临水云阁揽淮天楚地,徜徉避风湾赏古风今韵。盐商古宅、盐官署衙,又见海盐兴盛,水天广场、烟雨桥头,重显盐市昌隆。打桨水边问市价,画舸停桡古戏台。一脉水路绕城走,半是商号半酒楼。

水街二期工程是盐城市政府 2009 年实施的城建重点项目之一,占地总面积 35000 平方米,建筑面积 3992 平方米,包括盐政衙门、盐商会馆、盐宗祠等项目。水街建筑风格古雅,内涵丰富,生动再现了盐政管理的悠久历史,再现了盐商云集的盛世繁华,体现了盐城先民对盐神的无限尊崇。既体现出浓厚的历史底蕴,又赋予了鲜明的时代气息;既是弘扬海盐历史文化的重要平台,又是现代旅游的靓丽景点。

盐政衙门为明清建制,为中国盐政文化展示场所,被寄予较多的法治和道德诉求。堂上必有匾,楹柱必有联。联语朗朗上口,读之使人受益,如衙门口楹联曰:"从来清白无遗漏;自古贪争有后殃。""琴治堂"楹联为官员自警佳联,"欺人如欺天,毋自欺也;负民即负国,何忍负之",取自内乡县衙名联。

与之相邻的盐商会馆为旧时盐商议事决策、联络感情、唱曲听戏之所,也是今日休闲娱乐的好地方,一块"戏如人生"匾道尽其理。盐宗祠则是另一个有宗教色彩的场合,里面供着产盐之宗、经盐之宗、管盐之宗三尊盐神,人物造型写实,栩栩如生。一座铜质"盐"字宝鼎在前门雄踞。

公元前 119 年,盐城因盐置县。傍水而筑,亦称瓢城。古以"鱼盐为业,擅利巨海","舳舻往来,恒以千计"。繁富景象,乐水得焉。旧时盐城百河交错,三步两桥。水街,踞古城西门。盐人临街泊舟,富商云集,店铺林立,灯红酒绿,美名淮南也。

## 盐渎公园

盐渎公园位于盐城市亭湖区盐渎板块,2006 年 12 月 16 日命名,前身是黄海公园,是盐城市串场河景观带的重要组成部分。公园位于市区青年路以南,人民路以东,东进路以北,滨河路以西,古运盐河串场河穿园而过。总占地面积1100多亩,是盐城市仅次于大洋湾生态运动公园的第二大湿地公园。

盐渎公园是盐城目前占地面积最大、最现代化的公园之一。公园为盐城市人民政府投资兴建的社会公益性实事工程项目,该园前身为创建于1956年的盐城县苗圃,1998年更名为黄海公园。

它坐落在风景秀丽的盐城市亭湖区,紧靠火车站、204国道、宁盐一级公路、串场河,总投资3.6亿元,以其得天独厚的地理位置吸引着四方游客。

公园以大面积湖泊、草坪、树林为主体,水面占整个公园面积的30%以上,是大型的水文化主题公园。建有石门踩浪、喷泉剧场、平湖泛舟、碧水迷园、曲水流觞、湿地野趣、鹤舞琴音、玩水苑等水景点和设施。

湖泊四周、护园河两岸及湖心岛分布着盐渎百花、金粟园、海棠园、绿洲琼林、密林氧吧、范堤烟柳等生态景观,体现了“绿底水魂”、人与自然的有机融合。

园内还有桥43座,其中交通桥35座,游乐桥8座,这些桥造型别致、各具情趣,形成了风格独具的桥博览园。园内共有30多个景点。盐渎公园的工程建设,开创了盐城公园建设史上许多新的篇章,创造了盐城公园建设多项历史之最:面积最大,投资最多;音乐喷泉最高可喷射50多米;园内最大的一棵树,高50米,胸径约108厘米;最大的石头重250多吨……

盐城从西汉武帝元狩四年始设盐渎县,东晋安帝义熙七年改设盐城县。“渎”即水道,“盐渎”亦即运盐之河道。当时这里到处是盐河,以“环城皆盐场”而得名。盐城历经了2000多年的历史沉淀,处处散发着浓郁的海盐文化之味。同时,盐城地处苏北里下河地区,水网密布,水乡特色显著,号称“百河之城”。公园取名为“盐渎公园”,不但寓意深刻、历史底蕴丰厚,而且充分体现了盐城水、绿、盐文化特色内涵和城市定位。

# "盐与盐城"市民论坛

以"盐"为切入点,从根、魂、都、情四方面探寻盐城这座城市的文化真谛与内涵,追溯盐城海盐文化历史,讨论城市特色。2012年5月17日下午,江苏盐城首届市民文化论坛"盐与盐城"在中国海盐博物馆举行,来自规划设计、文化、艺术等领域的专家与200多名市民代表,共同探讨盐城如何将海盐文化的深厚底蕴和深刻内涵不断传承下去。

"盐城是一个因盐而兴的城市,有着2000多年产盐历史的城市,海盐文化已经成为盐城文化之根、人文精神之魂。如何在城市建设过程中不断传承海盐文化、发展海盐文化,成为摆在该市市委市政府面前的一个重大课题。"盐城市政府负责人说:举办该论坛旨在通过共同探寻海盐文化的根与魂,不断传承与发展以海盐文化为标志的人文传统和城市精神,将盐城打造成海盐文化之都,将海盐文化的深厚底蕴和深刻内涵不断传承下去。

图 5-2　盐与盐城

"海盐文化不仅要体现在城市建筑风格上,还要体现在产业发展布局上,体现在民风民俗和锲而不舍的城市精神上。""希望文化部门多创作一些反映海盐历史文化方面的剧本。"论坛上,市民代表的声音充满对城市发展和未来的关注,不少远在外地的盐城游子也通过网络积极贡献自己的"金点子"。

论坛除来自各界的200多名市民代表参与外,还开通了网络直播互动平台和短信平台供市民与嘉宾互动,通过网友互动、直播短信互动、现场提问等开放形式,为专家、学者、市民提供了一个交流思想、信息的平台。

# 第二节 现代新盐业

中国东部,黄海岸边;美丽盐城,湿地之都;沿海滩涂,鹤鸣鹿舞。

从煮海为盐到今天绿色盐业,贯穿的一条主线就是"转方式"三个字,"从煮、煎、熬、晒这本身就是生产方式的转变,今天的绿色盐业需要技术支撑,需要更新的生产方式"。2015年7月13日,江苏银宝集团成立。百年银宝就从这里扬帆起航。

## 百年银宝 风光无限

在有"东方湿地之都"和"丹顶鹤第二故乡"之称的江苏盐城沿海滩涂腹地,江苏省银宝盐业有限公司,一个以高耸的盐廪成为城市坚实背景的百年制盐企业,曾创造过无数的辉煌。

策应江苏沿海开发的国家战略,银宝公司坚持"发展第一要务",依托丰富的土地、水面资源和通畅的水陆交通,按照"改革内生活力、规划引领产业、转型谋求发展、资源集聚资本、文化提升品质、民生成就梦想"的总体思路,深化管理模式、发展方式、用人机制、分配形式、考核制度"五大改革",实施投资、品牌、营销、文化、民生、人才"六大战略",在百里滩涂建成了苏北最大的生态绿色"盐阜银宝"品牌养殖基地。今天的银宝,已成为集种植、养殖、饲料、畜牧、制盐、建筑、物流、金融服务、电气工程、酒店为一体的新型业态体系。

银龙飞舞,沿海探宝。国家沿海大开发和 21 世纪海上丝绸之路战略的实施,为未来的盐城乃至江苏沿海发展提供了强劲机遇。作为两项战略的交汇点,银宝公司将积极实施产业调整、推进转型升级,充分利用好 6667 公顷建设用地,奋力铸就"中国梦"的银宝篇章。

迅速推进"江苏银宝控股集团有限公司"组建步伐,着力打造农牧金融、盐业物流、生物科技、水产养殖和创业投资"五大板块"。

以农水集团为主体,突出"农"字当头,依托农村小额贷款、中小企业服务公司,全力服务市域"三农"产业,在全市现代农业中发挥引领和撬动作用——这里,将成为国家级农业产业化龙头企业。

以全国食盐定点生产企业为载体,整合东昇制盐、海精盐厂和物流公司,建设高效、集约化的传统产业——这里,将是灌河沿线万吨级港口、码头、仓储、物流、商贸的联合体。

以银宝生物科技为主导,联合海富药业、花田种业,建立集苗种、饲料和渔药生产为一体的专业化、科研化的平台——这里,将是省内一流、国内领先的水产服务上市企业。

依托现有 1 万公顷养殖面积,围绕"品牌渔业"做文章,打造江苏沿海"盐阜银宝"水产品牌——这里,正成为银宝国际生态渔村和优质的"银宝生态鱼"养殖基地。

以产业转型、投资创业为中心,立足产业兴司、项目立司,大力发展风力发电、渔光电、矿业勘探项目,以发展赛事文化为支撑,实施观光、餐饮、体育休闲、娱乐生态旅游项目规划——这里,将是成为银宝公司新的经济增长极。

"铭志、实干、争先、致远"。作为盐城"为农服务"和"农业产业化"的领军型企业,在深度融入沿海开发国家战略和江苏沿海一体化发展的伟大实践中,将释放出巨大的发展潜能。今后 3～5 年,银宝公司的经济总量每年至少翻一番,利税每两年翻一番,到 2020 年规模突破 500 亿元,3 年内 2 家企业上市,跻身中国企业 500 强。那时,实力、活力、和谐、幸福的"四新银宝"必将呈现在人们的面前。

## 盐雕凝聚盐城之魂

盐城自古因盐设城，因盐得名，2000 余年海盐文化是盐城地域文化的精髓。"盐城盐雕艺术品"作为城市名片，被公众评为"盐城八珍"工艺品之首，盐雕艺术品专利还填补了国内空白，技术在世界上领先。

2012 年春节期间，盐城海盐博物馆举办了"海华盐晶盐雕艺术品"展览，既有体现盐城地域特色的作品《盐而有信》《盐宗夙沙氏》，也有寓意新年祝福的作品《恭喜发财》《吉祥如意》等，向人们展示了盐雕深厚的艺术深度。

图 5-3　盐雕

盐雕艺术品以盐为核心素材，突破盐品易溶损、难塑型的问题，是手工创作的全球罕见独特艺品。盐雕艺品晶莹圆润，蕴含东方美学的优雅意境，传承深厚的文化底蕴，展现中华瑰宝的人文情怀，它以独家创新的极致技法历经原型设计、精雕、铸磨、彩绘等十几道工序，呈现出盐雕艺品的艺术深度。

2013 年 11 月 20 日，五六百位市民前往中国海盐博物馆，欣赏第四届盐城盐雕艺术展。据了解，本次共展出 40 多件盐雕艺术品，全部出自盐阜雕塑院院长夏一栋之手。与前几届不同的是，本次艺术展除了在海盐博物馆展出 10 天外，还走进市图书馆，走进盐城中学。这表明盐雕不再仅仅停留于博物馆中被观赏，它已走进更多老百姓视野中，这是一大变化。

第四届盐雕艺术品展览比第三届艺术展新增 10 余件作品，包括施耐庵、盐渎县第一任县丞孙坚、新四军小号手等具有本地特色的人物雕塑，而且体积也比往年雕塑大，参观人数也增加了几十倍，海盐雕的影响越来越大。此次盐城展出后，还将远赴南京、淮安、自贡等地展出。

# 第三节　创业开放生态幸福的新盐城

## 盐城，一个让人打开心扉的地方

**长江三角·临海遥望**

　　翻开江苏省地形图，在其东部偏北沿海区域，你会发现一大片绿色平原，绝大部分地区海拔不足 5 米。该板块位于中国长江三角洲地区，东临黄海，与日本、韩国隔海相望。南与南通接壤，西南与扬州、泰州为邻，西北与淮安相连，北隔灌河与连云港市相对。盐城岸线港口资源得天独厚，黄金海岸线总长 582 公里，占江苏省的 56%。沿海海域是中国唯一无赤潮的内海水域。

图 5-4　盐城湿地

### 湿地之都·四季分明

世界级品质湿地生态旅游资源诞生在这里。盐城东部沿海 45 万公顷滩涂湿地，是太平洋西海岸亚洲大陆边缘面积最大、原始生态保持最完好的海岸型湿地。拥有两个国家级自然保护区，世界野生丹顶鹤和麋鹿种群数的 60％ 和 25％ 都生活在这里。大纵湖、九龙口、马家荡等湖泊水域面积近百平方公里，为典型的泻湖型湖荡湿地，被誉为"金滩银荡"。面积 6667 公顷（10 多万亩）的海滨林场和辽阔的海滨草原，集蓝天、大海、海涂、森林、草原、珍稀动植物等于一体，具有与基岩海岸和沙质海岸迥然不同的海滨风光。盐城四季分明，气候受海洋影响较大，空气多风而湿润，雨水丰沛。

### 湖都海郡·鱼米之乡

盐城从西汉建立盐渎县，至今已有 2000 多年历史。今天同时拥有海岸滩涂、湖泊和河流资源，可谓得天独厚，富甲天下。市区河流纵横交错，蜿蜒曲折，数量众多，水乡特色显著，号称"百河之城"、"苏北水城"。东台、大丰、亭湖、盐都、建湖、射阳、滨海、响水……湖都海郡，光听名字，就觉得这里民风淳朴，物产富饶，处处"鱼米之乡"。走进去，你会为其醉人的原始生态环境和源远流长的民俗文化所着迷。

### 四色瑰宝·文化珍珠

提及"盐城"，走进中国海盐博物馆，你的第一反应首先定格在白色的"盐"上。然而，对于今天的盐城来说，魅力远不仅于此。它红飞翠舞，霓裳羽衣，穿梭于春夏秋冬。时而眉清目秀，小家碧玉，躺在花丛中，坐在拱桥边，看天，看水，怀揣梦想，种桃种李种春风；时而英姿焕发，无所畏惧，走进盐城市新四军纪念馆，带你重温那个轰轰烈烈、浴血奋战的铁军革命年代；时而白衣飘飘，淡雅从容，哼一曲远古的"煮海之歌"；时而豪迈大气，同鸟共舞，让人惊诧海天之间如此壮观；时而淡妆浓抹，千娇百媚，站在盐城市文化艺术中心的大戏台上，一招一式唱一出本土淮剧；时而坚强勇敢，千锤百炼，用强大的"硬功夫"将盐城杂技文化传至世界各地……

## 绿色发展　盐城新气象

2015年9月13日,央视《新闻联播》以"意大利设计师帕克:圆梦之路在中国"为题,通过讲述帕克不远万里来到盐城,在新能源汽车设计上开启自己寻梦之旅的故事,全面介绍了盐城市以绿色发展为方向,以宜居宜业为追求,加快建设创业开放生态幸福的美丽盐城的扎实举措和显著成效。

《新闻联播》在报道中说,绿色发展、循环发展、低碳发展是推动我国经济转型的重要理念,不但培育了众多新兴产业,也吸引了大量海内外人才。意大利汽车设计师帕克看中盐城新兴产业的良好发展环境,不远万里来到这里,投身盐城新能源汽车发展事业。他参与研发设计的碳纤维新能源汽车车身轻量化、续航里程长,已经获得来自美国的一万辆订单。帕克在盐城的五年工作、生活经历也见证了这座城市的变化:工业上,上千家落后企业被淘汰,新增400多家节能环保企业;环境上,30亿元资金整治119条城市河流和近万条农村小河小沟。现在,绿色发展理念下,盐城17%的用电来自于新能源,PM 2.5平均浓度低于50微克。原来嫌空气不好,不怎么晨跑的帕克,如今每天都要跑上几圈,他和中国未婚妻已打算在盐城安家,留在这座美丽的城市。现在,像帕克这样漂洋过海到盐城创业的外国专家已经有2000多人,近两年总人数每年增长80%。2015年上半年,盐城市新兴产业主营业务收入增长30%,总产值超过3000亿元。

盐城在保持经济中高速增长的同时,转型升级步伐加快,产业层次直奔中高端,以电子信息、大数据、节能环保、通用航空、新能源汽车、智能终端、海洋经济及健康等为代表的一批新产业经济快速崛起,新兴产业主营业务收入增速高于面上工业增速近20个百分点。大力实施清新空气、清澈河道、清洁村庄、清爽城市"四清"工程,全市城乡面貌显著变化,生态环境大幅改善,这两年空气质量一直保持全省最好。盐城以稳健的发展势头、厚实的产业基础和良好的生态环境,正展现出极大的发展活力与张力,成为本地人自豪、外来人向往、投资者集聚和满意的幸福家园。

盐城,是一座美丽的绿色人居城。2014 年 9 月,环境保护部发布了全国 74 个重点城市空气质量状况,在空气质量较好的前十位城市中,江苏盐城位列第四,仅次于海口、舟山、拉萨。

盐城市委书记说:"海洋、湿地、森林、生物多样性,这是构建生态城市的基本四要素。盐城的优势在于丰富的自然资源和广阔的生态空间,而生态盐城的建设,就是依赖于尊重资源、利用资源,让生态文明建设'绿'起来!"

申报世界自然遗产必须符合四条标准:自然形成的地质地貌、世界濒危动物、四季美景和珍禽动物的栖息地。针对上述四条标准,盐城的湿地旅游资源无疑已经具备申报成功的具体条件。

"盐城集海洋、森林、湿地三大绿色基因于一身,仅天然湿地就有 6000 多平方公里,国内最大的'风光渔'一体化电站落在东台,每年能提供近 7000 万千瓦时清洁电力……"提起盐城的绿色资源,市委书记如数家珍。

将资源要素整合,大力发展可再生能源,这是盐城探索沿海地区可持续发展新路径的第一步。坚持高端导向和创新驱动,推进转型升级,着力发展风电光电、新能源汽车、航空航天等新兴产业,以及生态旅游、现代物流、移动互联网等服务业,走绿色可持续发展道路。2004 年全市已建成风电装机容量达 125 万千瓦,光伏装机容量 300 兆瓦,均占全省近 50%,年上网电量 28 亿千瓦时,年节约标煤百万吨左右,减排二氧化碳 240 万吨。

此外,盐城将自然保护区、森林公园、重要湿地、清水通道等七大类,划为 49 个生态红线区域,均系开发禁区。其中陆域面积达 4076.43 平方公里,自然湿地保护面积 23.44 万公顷,均居全省第一。

通过大量"造绿"、"增绿"、"补绿",仅 2014 年,累计投入造林绿化资金 26.35 亿元,新增造林绿化面积 9800 公顷,新增和提升城镇绿地面积 1400 公顷。建成大洋湾生态运动公园、环保科技城,现在,沿海在建 3333 公顷新林场。

自获批创建国家可持续发展实验区至今,盐城用实际行动展示出试验田的先锋作用。盐城市生态建设 3 个全省第一。生态红线区域,包括陆域面积和自然湿地保护面积均居全省第一。新造林面积连续 5 年全省第一。2014

年,空气质量优良天数比例全省最高,PM 2.5 平均浓度全省最低。

生态文明建设是工业文明发展到一定阶段,人类对传统工业文明带来的生态环境危机深刻反思的结果,是人类社会发展的必然选择。

风车、气象站、雨水回收、野生麋鹿标本……走在环保科技新城的实验学校内,仿佛置身于一座微型的环保科技馆。

智慧管理,田间村头的生态文明。盐都区早在 2011 年即在全省率先实现村镇垃圾治理全覆盖,镇村居民和城市市民享受同等高质量的环卫服务。垃圾处理只是盐城市创建生态文明的一个缩影,在田间地头,很多百姓业已习惯的文明举动,无不衔接着整个城市的文明创建。

2014 年全市夏季麦秸秆还田面积达 34 万公顷,位列全省第一,还田率达 80%。

此外,全市各地在农忙季节全面启用蓝天卫士秸秆禁烧监控系统,在禁烧重点区域安装高清摄像头,实现自动巡航监控,人防与技防有机结合。"只要有手机信号,我就可以实时观看任何地方。"环保局督察组的人员告诉《现代快报》记者,高科技的管理手段,让全市的秸秆焚烧管控工作更加便捷高效。2014 年夏收、秋收期间,盐城成为全省唯一未被环保部和省环保厅通报发现有秸秆焚烧火点的市。

2014 年以来,全市开展美好城乡建设行动,完成了 1374 个村庄环境整治任务。全省通过环保部技术评估的国家生态县(市、区)共 5 个,其中 4 个在盐城——盐都、东台、大丰、建湖。

此外,为了让市民一年当中有更多天呼吸到清新空气,盐城更是持续实施蓝天工程,全面推进大气污染防治。2014 年在工业污染防治、燃煤锅炉整治、挥发性有机物治理、机动车污染防治、扬尘综合整治等方面组织了 200 多个工程项目。

"晴空一鹤排云上,便引诗情到碧霄。"如今,走在盐城,蓝天、绿地、清水,不在江南,胜似江南。"建设秀美城市,共创田园风光。"市委书记朱克江表示,生态盐城创建的脚步不会止步,到 2016 年,将力争建成国家生态文明建设示范区。

盐城市秸秆焚烧治理步入快车道。盐城好空气的秘诀究竟是什么？在接受《现代快报》记者专访时，市委书记朱克江透露了四个秘诀——能源转方式、城市整绿化、工地控扬尘、秸秆禁焚烧。

生态环境测量系统在城南新区微城市内初步建成，将显示温度、湿度、聚龙湖水质、PM 2.5 值等环境监测数据，让市民实时掌握自己的生活环境。

绿色发展，盐城好空气成为盐城又一张金灿灿的名片。

## 风景这边独好

盐城，"东方湿地，鹤鹿故乡"。古老又年轻的土地，盐城，浸润着绿、白、蓝、红四重色泽。四种色泽，四重姿态；无穷风采，无限神韵。因为绿色，盐城人的生活有了勃勃生机！因为白色，一座城市有了海盐厚重的历史。因为蓝色，盐城人拥有沿海滩涂宽阔的胸怀。因为红色，这片土地上生活的人们有了精气神！

盐城风景这边独好。盐城风光秀丽，生态环境独具特色，生态旅游资源十分丰富。盐城因盐得名，以产盐闻名于世，历史悠久，人文荟萃。盐城旅游景点中的名胜古迹主要有唐代的永宁禅寺、北宋宰相范仲淹的"读书堂"、南宋丞相陆秀夫祠堂、明末著名书法家宋曹故居、世界名著《水浒传》作者施耐庵故里、独具一格的枯枝牡丹园等。

盐城是绿色的。盐城是珍禽异兽的理想栖息地，丹顶鹤、麋鹿两个自然保护区已成为国内外旅游界广泛关注的大型综合性生态旅游区。盐城 582 公里的海岸线对应着广阔的海洋。沿海滩涂面积 45.5 万公顷，占江苏省滩涂总面积的 75％，全国的 1/7，且每年以 3333 公顷的成陆速度增长。绵延数百公里的滩涂湿地拥有丹顶鹤和麋鹿两个国家级自然保护区和一个在建的中华鲟自然保护区。这里海天相接，草木茂盛，鹤舞鹿鸣，一派原始生态风光，是近百种国家一、二类保护动物和近千种动植物栖息生长地。坐落在黄海滩涂上的国家 4A 级景区——大丰麋鹿国家级自然保护区（中华麋鹿园）拥有 2400 多只麋鹿种群，是世界最大、中国唯一的野生麋鹿园。辽阔的海涂湿地是动物们的天堂,珍稀物种的基因库。一年一度的"鹿王争霸",更是难得一见的壮观场景。

盐城西部地处里下河地区腹地,地势低平、河流纵横、湖泊众多,大纵湖、九龙口、马家荡等湖泊水域面积近百平方公里,是典型的泻湖型湖泊。这里物产丰饶,风景如画,民风淳朴,民俗文化源远流长、丰富多彩,原始生态环境赋存较好,被人们誉为金滩银荡、鱼米之乡,有"湿地之都"、"东方湿地"之称。

绿色发展,盐城面向未来的战略选择。近年来,盐城以建设国家可持续发展实验区为抓手,突出高端导向,坚守生态底线,着力推进产业绿色转型,创造宜居宜业环境,探索出新常态下增长与转型良性互动、发展与生态相得益彰、经济与社会协调并进的有效路径。继2014年14项经济指标增速位居江苏省前三、5项指标增速全省第一后,2015年1月至2月,一般公共预算收入、全口径工业开票销售收入、服务业投资增幅均居全省前三,盐城"好空气"持续向好,书写了发展与生态相融、生态与经济双赢的喜人成绩单。

秉持绿色发展理念,以绿色转型促进绿色增长。面对稳增长与促转型的双重任务,盐城按照高端化、信息化、品牌化要求,大幅压减传统产业低端环节,加速汽车、机械装备、纺织、化工、农副产品加工等支柱产业向高端环节升级、向绿色方向发展,形成了传统支柱产业的技术优势和特色优势。瞄准绿色方向,盐城市实施工业转型升级十大行动,严格控制并加快淘汰污染排放产业,带动产业升级和城市转型。

过去一"车"独大,现在的盐城,不仅实现汽车整车销售1000亿元,还向汽车零部件和服务业两个1000亿元目标迈进,将以"三个千亿"实力打造中国东部沿海汽车城。而汽车产业同样是绿色增长。2015年1月20日,我国首辆具有自主知识产权的碳纤维新能源汽车在盐城下线,并获意大利1万辆整车、美国2万辆整车散件订单。从传统汽车到新能源汽车、从合资建设到自主品牌、从面向国内市场到国际市场,这"三个跨越",体现了科技驱动、绿色转型的内涵。

充分利用风、光资源,盐城市大力发展清洁能源,并推进新能源综合利用,2014年全市新能源发电量37亿千瓦时,占全市用电量13%,相当于节约标准煤百万吨左右,减排二氧化碳309万吨。2015年将发展千万千瓦风电、千兆瓦级光伏为重点的可再生能源产业,力争清洁能源发电占全市用电的20%,着力打造"海上三峡"。全市风电和光伏发电并网容量均达全省50%。

节能环保产业是绿色工业另一亮点,盐城环保科技城汇聚了全国80多家企业、20多家科研院所,形成教育、培训、科研、装备、工程、交易等完整的环保产业链,建成全国雾霾治理研发与产业化基地。目前,盐城市节能环保产业正昂首朝着千亿级目标迈进。在推进战略性新兴产业发展的同时,盐城市充分利用资源禀赋,发展生态农业、生态旅游,促进循环发展、低碳发展。

2014年5月19日投产的新能源海水淡化项目,加快了盐城市海洋产业发展,创新了非并网风电淡化海水技术路径和商业模式,实现了从饮水产销到输出成套设备的转变,盐城千古以来"海水制盐"传统历史正走向风生水起的"海水淘金"新时代。

生产发展、生活富裕、生态宜人,是老百姓普遍向往的小康愿景。盐城市在统筹城乡发展中,立足生态惠民,持续加强城乡绿化造林,形成更大天然碳汇屏障,让绿色发展成果惠及广大百姓。通过"绿色盐城"建设,全力打好沿海绿化、城镇绿化、道路绿化、村庄绿化"四大会战",近两年植树造林近60万亩,绿化量连续保持全省第一。着力实施清新空气、清澈河道、清洁村庄、清爽城市"四清"工程,打造出天蓝、地绿、水净、气爽的生态盐城。

能源转方式、城市增绿化、工地控扬尘、秸秆禁焚烧,盐城市多措并举,综合施策,有力有效改善了空气质量。2014年9月全市空气质量上升至全国第四,全年优良天数270天。"好空气"已成为盐城重要的城市品牌和靓丽的城市名片。

推广应用一批新能源汽车,新建自行车道、健身跑道。2014年年底,盐城大市区首期建设250个公共自行车站点,投放6000辆城市公共自行车。2015年7月,盐城再次投放4000辆公共自行车,建设150个公共自行车站点。倡导低碳交通、绿色出行。绿色消费、绿色出行、绿色居住、绿色婚礼、绿色教育……如今,绿色生活已成为盐城人追求的时尚。

秀美城市和田园乡村招徕八方客,盐城良好的环境引来高端的项目和人才,加快了绿色发展,形成了良性互动,促进了双赢发展。

盐城是白色的。盐城是全国唯一以盐命名的地级城市,盐城因盐而兴,以"环城皆盐场"而得名,"串场百里皆盐场",贯穿市区的串场河曾是古代运盐之河。围绕串场河打造的国家 4A 级旅游景区盐城海盐历史文化景区包括全国唯一展示海盐文明的中国海盐博物馆。小桥流水、青砖黛瓦、再现古盐民市井生活的水街、热闹非凡的东进路文化休闲美食街以及市区最大水绿生态公园——盐渎公园等,成为盐城旅游亮点。

盐城是蓝色的。作为紧邻黄海的沿海中心城市,盐城拥有丰厚的海洋旅游资源。大丰港、滨海港、射阳港的港口港城风光,弶港、黄沙港的海滨渔港风情,壮美风电场、海洋馆、动物园馆以及特色海鲜美食等,构成了丰富独特、壮观优美的海洋风光带,江苏沿海发展国家战略正愈来愈将盐城旅游推向蓝色的海洋时代。

盐城又是红色的。这红是深入泥土的血液的红。盐城曾经是新四军重建军部的所在地。当年,以盐城泰山庙新四军重建军部为中心,从皖南山区一路走来的新四军,曾经经历过一次次重大的战役,仅仅发生在这片土地上的就有益林保卫战、八滩保卫战、陈家港保卫战、北秦庄血战等。战火纷飞,将士鲜血浇灌的战地之花,使盐城这个海边小城成为华中抗日根据地的中心。还有那抗大五分校旧址,白驹狮子口的八路军和新四军会师纪念碑……

皖南事变后,新四军在盐城重建军部,盐城成为华中抗战中心,刘少奇、陈毅等老一辈无产阶级革命家都曾在这里生活、战斗过,曾有"陕北延安、苏北盐城"的美誉。新四军纪念馆是目前国内最全面、最系统反映新四军抗战史的综合性纪念馆,被中宣部、国家旅游局列入全国 100 家红色旅游景点景区和 30 条红色旅游精品线路。

2015 年,盐城初步确定革命遗址修缮提升项目的实施进度,包括新四军纪念馆、新四军重建军部旧址、抗大五分校旧址、顾正红烈士故居等 9 处革命遗址被列入了首批修缮提升工程的名单。弘扬铁军精神与盐阜老区精神,充分挖掘铁军精神丰富内涵,盐城在不断放大红色资源时代效应,红色文化品牌名扬中外。

盐城因盐兴城,因盐置县,还在做大海的文章。盐城沿海开发风生水起。走进盐城,沿海港口、港城建设快马加鞭,一派生机盎然;产业发展、项目推进如火如荼,到处活力迸发。沿海开发提档升级,为建设创业开放生态幸福的美丽盐城提供强力支撑。

盐城坚持北连央企、南接沪深、融接苏南、东向出海、西向开拓的发展战略,大力实施省沿海开发六大行动方案和市沿海开放发展三年行动计划,科学推进沿海开放开发。2015 年前两个月,预计全市 70 个沿海开发重点项目完成投资 48.2 亿元,占年度计划 9.1%,其中,"一港四区"完成投资 6.5 亿元,占年度计划 14.9%,盐城港完成货物吞吐量 1500 万吨,增长 31.2%;5 个沿海经济区实现开票销售 120.5 亿元,入库税收 7.8 亿元,分别占年度计划的 17.5%和 13%;5 个港城完成投资 5.2 亿元,占年度计划的 9.7%。

区域融合发展势头较好,国家可持续发展实验区综合配套改革方案正式获批,盐城高新区被批准为国家级高新区,沪苏大丰产业联动聚集区建设方案上报省政府,中韩(盐城)产业园被商务部推荐为中韩三个重点合作园区之一。

海风盐韵,源远流长。盐城盐田资源的综合开发和利用迎来又一个春天。2013 年 3 月 12 日,盐城市盐田资源开发规划通过评审。我市沿海盐田位于黄海之滨,毗邻港口,是我国东部沿海地区不可多得的后备土地资源,也是淮河流域未来便捷的出海口和对外开放的重要门户。规划以新滩、灌东片区为主体,土地面积 230 平方公里,拥有海岸线资源 24 公里,分别与响水陈家港及响水县沿海经济区、滨海港及滨海港经济区相邻。规划按起步期、发展期、加速期三个阶段推进,以建设"生态优先、港口引领、工业主导、交通支撑、城镇配套"的国家可持续发展试验区、江苏沿海低碳经济示范区、淮河经济带开放合作的门户区为目的,促进盐城北部区域经济高水平崛起,打造江苏沿海新的增长极。

盐城有一座著名的环保科技城。自 2009 年建成以来,环科城采用自己独特的发展模式,如今已成为中国环境产业最具竞争力园区。它在经济不断发展的同时,也在潜移默化地影响着盐城市民的环保、低碳意识,改变着盐城的生活环境。

盐城的地域文化特色鲜明。盐城是淮剧的发源地，素有"淮剧之乡"、"小戏之乡"、"现代戏之乡"的美称。盐城也是全国三个杂技故乡之一，在杂技资源、教育培训、人才队伍建设等方面有着得天独厚的优势。

盐城是一个神奇的地方。盐城的奇花异树独树一帜。便仓枯枝牡丹花艳，以奇、特、怪、灵著称于世，与琼花、并蒂莲一道被誉为江苏三绝、花中奇葩。建湖五谷树，结五谷、预天灾，兆丰年，令人叫绝。盐城是观光农业、林业、生态资源大市，田园人家、渔家风情别有情趣。

以国际农耕文化为主题，打造多层次旅游产品和谐发展的综合性生态农业旅游区为目标，世界之村国际乡村文化园落户城南新区，这标志着盐城人从此不出盐城，就能畅游世界五大洲著名的乡村文化景观。

在城南开工建设的世界之村国际乡村文化园，是世界之窗现代农业示范园区的核心景观项目，也是城南新区招商引资、大力发展的重点工程。项目占地面积约 113.3 公顷，总投资 7 亿元，重点以国际农耕文化特色为主题，结合海洋和海盐文化，项目总体布局为一轴一环两带六区域，一轴为"世界农业生态轴"，一环为"国际乡村文化环"，两带为"花海景观带"与"山湖景观带"，以及"综合旅游服务区"、"世界乡村风情区"、"环湖亲水景观区"、"海洋海盐文化区"、"花海生态观光区"、"森林酒店度假区"六大功能区域。其中世界乡村风情区在依水而居的乡村群落中融入泰国芭提雅水上市场、意大利阿尔贝罗贝洛农庄、埃及达赫来沙漠绿洲、希腊圣托里尼岛、巴西佩洛尼奥农庄、澳洲 Yamba 农庄、美国 Homer 牛仔农场、丹麦童话小镇、日本箱根温泉、法国圣艾米利翁葡萄酒庄、冰岛维克小镇、地中海海洋主题馆、乞力马扎罗山非洲奇趣生物体验馆和印度克拉拉船屋等世界五大洲各著名国际乡村文化景观，让人们了解和体验到各国的农业艺术、文化，并以农业科普文化游、生态休闲养生游、国际主题节庆游、近郊家庭亲子游、海洋游乐体验游为多主线，形成多层次旅游产品和谐发展的综合性生态农业旅游区。

盐城旅游"新十景"让你流连忘返。海天鹤乡，保护区地处江苏中部沿海；金滩珍鹿，大丰麋鹿国家级自然保护区位于黄海之滨的湿地滩涂；枯枝奇艳,盐城枯枝牡丹园已有700多年历史;纵湖秋色,大纵湖位于盐城西南;九龙戏珠,位于建湖县蒋营镇,为泻湖型的古射阳河的一部分,湖荡面积达7000公顷;九条河流从千顷芦荡中奔流而出,犹如九条巨龙,在龙珠岛汇聚,形成"九龙戏珠"的奇丽景致,享有"水乡明珠"之美誉;铁军丰碑,新四军纪念馆由主馆区、重建军部纪念塔和重建军部旧址(泰山庙)三个部分组成;施公遗踪,施耐庵纪念馆坐落于大丰市白驹镇;西溪古韵,泰山寺位于东台市西郊晏溪河南。国家4A级旅游景区;金塔流辉,位于解放南路与大庆中路交汇处的农行大厦;迎宾集贤,迎宾公园位于盐城市区串场河两岸。

盐城是旅游胜地。2015年1月6日,经过省旅游景区质量等级评定委员会组织评定,阜宁铁军纪念馆和东台黄海森林公园达到国家3A级旅游景区标准要求,批准成为国家3A级旅游景区。

盐城历史上名人和名胜古迹较多。市区有南宋丞相陆秀夫祠堂、明末书法家宋曹故居等人文景观,大丰市白驹镇是《水浒传》作者施耐庵的故里,东台西溪有北宋宰相范仲淹的"读书堂",亭湖便仓有北宋宰相卞济手植的"枯枝牡丹"。盐城有"二乔",现代著名外交家乔冠华和马克思主义理论家胡乔木的故里,距离中心城区不过三四十公里。

盐城2013年、2014年连续两年上榜"最美中国榜",全市有星级旅游饭店54家,旅行社133家,旅游景区(点)50多个,其中拥有8家国家4A级旅游景区和一批国家农业旅游示范点等。东台鱼汤面、建湖藕粉圆、阜宁大糕、伍佑醉螺、大纵湖螃蟹、"盐阜八大碗"等盐阜风味美食和小吃盛名不衰。东台发绣、滨海何首乌、盐都剪纸、射阳农民画、大丰麦秆画等旅游商品独具特色。

盐城交通便捷。盐城民航、大丰港为国家一类口岸。盐城开通了通往韩国首尔,以及香港、台北、北京、广州、沈阳、武汉、广州、厦门等国内外航线,新长铁路开通了全国客货运,盐城与周边城市均有高速公路相连,盐城到上海的车程约2.5小时。

盐城2030年新的《规划》出炉,它勾画出盐城未来近20年的城市建设和发展蓝图,跨越式发展的经济发展战略、本地城镇化为主的新型城镇化发展战略、保护与利用并重的资源利用战略和海陆并重的空间发展战略将助力盐城成为"沿海新兴中心城市,现代工商贸易城市,湿地生态旅游城市"。《规划》提出,到 2030 年,市域总人口将达到 800 万,市域城镇化水平提高到 75％。

　　盐城,风景这边独好!

# 第四节　厚德盐城

## 盐城人的精气神

　　一方水土养一方人。盐城这一方"水土"就"养"出了盐城人的精气神。盐城人的精气神从哪里来? 不妨从盐城人生于斯长于斯的地理环境说起。

　　地处苏北大平原,又临黄海之滨的盐城,北有黄河中下流淳朴儒风熏陶,西受神巫浸淫的楚风楚俗影响,东有一望无际的黄海拥抱,南与江南水乡藕断丝连,这样的地理坐标,这样兼具海洋和农业文化的特色,决定了盐城的海盐文化具有开放性、复杂性、多样性和先进性。

　　《元和郡县志》云:"盐城,本汉盐渎县,长百六十里,在海中。"盐阜地区的考古发现,在阜宁出土过有孔石斧以及其他文物,与新石器晚期的青莲岗文化同属,由此可见,盐城成陆于先古,这里五六千年前就有人居住。

　　盐城,地处东北沿海,面积约 15000 平方公里,人口 800 多万。盐城,气候湿润,四季分明,冷暖有常,雨量充沛。宜农宜渔,宜林宜牧,物产丰饶,素有"鱼米之乡"之誉。这里绿野平原一望之际,河渠港湾纵横交接,是盐城人制盐、打鱼和耕种的好地方。

　　宋史、元史的地理志于盐城皆注"上"字,以示富饶。民谚云"走千走万,不如淮河两岸"。从"洪武赶散"到东面沿海的废灶兴垦,大批崇明、海门、启东人迁入,打破了盐城人口和海盐文化的封闭和单一性,外来的民风与土生土长的盐城海盐文化汇合交融,形成了一种新的文化样式。

　　盐城地域辽阔,滨海而居,水网密布,行政区划更迭频繁,建市时间短

（1983 年），不仅盐城、阜宁、东台老三县文化形态各异，即便在范公堤堤东堤西、射阳河河南河北也大不相同。与海盐、渔业、稻米有关的地方文化民风谣谚数不胜数，历史的悠久性，空间的多样性，人口的迁移杂处，滩涂与平原的相辅相成，改革开放的交流沟通，兼收并蓄，这样就导致盐城的海盐文化不同于南方的吴越文化和江海文化，也有别于北方的楚汉文化和齐鲁文化。这就自然形成盐城独特的海盐文化。

**何谓盐城人的精气神？**

盐城是一座由盐卤浸泡过的城市，有着海盐生产的丰富文化历史积淀。海盐文化是目前盐城最具有特色的名片。盐城是国内唯一一座因盐而名的城市，盐城过去的发展离不开盐业的兴盛，今后的发展也离不开海盐文化这张名片。

何谓海盐文化？海盐文化是人们在进行海盐生产、运销、使用和管理过程中所创造的物质的、人文的成果总和。在其形成和发展的过程中，留下了许许多多与海盐生产相关的遗迹、建筑、民俗、文学艺术等宝贵的资源。

灿烂悠久的海盐文化既是盐城的城市之魂，底蕴丰厚的海盐文化对于今天的盐城人来讲，又是一笔沉甸甸的宝贵的精神财富。因海盐文化孕育而成盐城人的精气神就是坚韧不拔、团结协作、自强不息、海纳百川。

从宋代开始，盐民户口就被纳入专籍管理，史称盐籍，世代相传，不得改行。在这种情形下，盐民在极其恶劣的自然环境和生产条件下，硬是靠自己的坚忍不拔、团结协作，创造了历史上的淮南"中十场"，创造了盐业经济的繁荣昌盛。直到清代，盐城一直是海盐生产中心，乾隆时期"淮盐"产量达到全国海盐产量的一半。

**盐城人的坚忍不拔、团结协作的精神。**

串场河两岸星罗棋布的集镇就是煮盐先民辛勤的坚忍不拔、团结协作的成果。2000 多年来，先民"煮海为盐"，他们辛勤劳动的成果成为国家赋税的重要来源。淮盐以色白粒大饮誉全国，被世人称为"五味之主，食肴之将"。这是因为淮盐有其独到的制作工艺。他们世世辈辈辛勤劳作，为盐城的诞生和兴起，为国家的发展做出过不可磨灭的贡献。盐城人以制盐为生，具有坚忍不拔和团结协作的精神。如果不坚韧、不团结,那么盐民要在当时的生活状况下存活下来是很难的,这也是由当年的"煮盐"职业特征决定的。

沿海民谣说:盐民是"生在海头,晒煞日头,压煞肩头,吃煞苦头,永不出头"。盐民的劳动是强制性的,没有择业的余地,实际上祖祖辈辈都是官府的奴隶。生存和作业环境极其恶劣,他们终年"同虺蛇处,同豺狼游,所饮者咸苦之水也,所食者脱粟之餐也。老幼男女终年岁月胼胝,出入于灰碱泥漳之中,鹑衣百结,形容如鬼"。制盐是个靠天吃饭的行业。炎热的夏季是制卤煎盐的黄金季节。当炽热的太阳晒得人喘不过气来的时候,盐民们冒着酷暑,在灶边烧火,向镦内浇卤,刮盐、挑盐,都需要耗费大量的体力。

盐民诗人吴嘉纪的诗真实地反映了灶民的艰辛和苦难:

> 小舍煎盐火焰举,卤水沸腾烟莽莽。斯人身体亦犹人,何异鸡鹜釜中煮。
>
> 今年春夏雨弗息,沙柔泥淡绝卤汁。坐思烈火与烈日,求受此若不可得。

盐民身如釜中鸡鹜,却苦苦坚持忍耐着,一旦遇到多雨季节,影响到盐业生产,他们仍然盼望在烈日中煎熬。

除此之外,海潮也经常对盐民的生命构成威胁。清康熙四年(1665年)七月初三,飓风大作,海潮涌起高达数丈,海边灶民房屋倒塌,淹死盐民男女老少数万人。为了生存,灶民先辈们就是这样不顾海风烈日,海潮侵袭,日复一日,年复一年地以辛勤坚韧的精神坚持着。

唐、宋、元、明、清时期,官府衙门为了控制盐税源泉,严防私煮,在制作煮盐工具时,故意将盘铁铸成大而厚重,且分成十几块不规则的形状,分别保管在盐民各家,一旦得令开煎,需要将各家盘铁聚集合成,"聚团共煎"。盘铁厚大,每举火一次,通常需要连续十几天,数灶轮流操作,盐民轮番煎煮,每个灶台息人不息灶,这就是"团煎共煮"。煮盐需要各家各户共同出面一齐劳作,无法独自完成。又将盐民集中煮盐的地方用墙垣围起,称为"团",这种形制称为"团煎",方便盐官监督和记录生产状况。在这种生产方式和生产工具的紧密联系下,盐民们产生了团队集体意识,这种精神渐渐融于盐民流淌的血液之中,最终成为盐民性格的组成部分。

"团灶"是明代灶户组织的基础。"团",作为盐区生产组织,每个盐场设几个团,每团设若干灶户,"各场灶户,领受盘铁,聚团煎烧,不许离越出外私煎"。盐城市境内戚家团、南团、西团、新团、北团、卞团等以"团"命名的地名,至今仍在使用。在煎盐过程中,盐民们分工不分家,协作靠大家,非常注重团结配合、协作支持的团队精神。

到了清末民初,海岸东移,卤气渐淡,一度称雄全国盐产老大的淮盐生产萎缩不前,盐城人在实业家张謇等人的带动下,在淮南盐区废灶兴垦,种植棉粮,将盐区建成了生产、商贸、生活、文化、科技等设施较全的苏北高产棉区,也是这种精神的体现。

**盐城人的自强不息、海纳百川的气质。**

大海与河流是盐阜人民的生命之源,生存之源。它造福于盐阜,但有时也会给盐阜人民带来灾难。2000 多年来,盐阜人民在这块广袤的土地上始终自强不息,改造环境,穷则思变,积极进取,奋发图强,并取得了可歌可泣的骄人业绩。

盐民们不仅要在恶劣的自然环境和生产条件下制盐交纳沉重的赋税,还要忍受盐官的压迫,盐商的剥削和灶长、亭主的欺凌。哪里有压迫,哪里就有反抗。为了争取生存的权利,盐民们和骑在他们头上的官吏、官商进行了不屈不挠的斗争。根据史料记载,盐阜地区曾爆发过多次盐民起义。如南宋末年的盐城卞整起义,元朝末年的草堰张士诚起义,清道光末年的南十灶秀才徐凤田为灶民鸣冤而死于狱中的壮举,民国初年盐民的罢灶斗争等。

其中影响最大的是张士诚在大丰草堰北极殿十八条扁担起义。因为无法忍受盐场大小官吏的敲诈勒索,铤而走险,奋起反元。长江两岸民众云起响应,并建立了"大周"政权,自立吴王。虽然最后为朱元璋所败,但张士诚起义的壮举一直为盐阜人民所称颂。盐民们这种敢于抗争,不屈不挠的精神体现了盐城人民的脊梁。

宋天圣二年,盐阜人民在盐官范仲淹等的带领下,历时四年筑成了全长181里的大海堤,遏制了沿海一带的海潮之患。从此盐城这块土地堤东煮海为盐,堤西桑麻遍地,世居黄海之滨的盐民百姓避免了海潮倒灌之苦,这就是盐城人受益近千年的"范公堤"。

串场河是里下河地区纵贯南北的人工内运河道,南自海安徐家坝,北至阜宁庙湾,全长200多公里,因贯穿盐城境内13个盐场而得名。在过去交通不便的年代,串场河成为盐城人通商贸易的"水上走廊",发挥了水上通航运输的特殊功能。这是条运盐的河,也是盐城人自强不息的象征,它是母亲河,将盐城人维系团结起来。

"废灶兴垦",人们常将它与张謇联系在一起,殊不知,台城有位知县欧阳锴却是最早提倡种植棉花的人。同治九年(1870年),欧阳锴经过详细的气候和土壤分析,破天荒地提出"广种棉花,纺纱织布"的主张,他选派心灵手巧的年轻妇女,到元代纺织家黄道婆的家乡上海乌泥泾镇取经,一年之后,台城的种棉业和纺织业便发展起来了。

盐城历史上经历了多次的移民迁徙,两晋南北朝时期躲避战祸的零星移民,明初"洪武赶散"的大规模江南移民,民国初期废灶兴垦时的启东、海门移民,都集中到盐城,并生活繁衍下来,逐渐形成移民文化。彼此相处融洽,取长补短,你中有我,我中有我,和衷共济,创造了盐城盐业、渔业经济和农业文化的繁荣。

对于外来移民,盐城具有海纳百川的胸怀。盐城人与移民同甘共苦,血脉相连。盐城在历史上曾有过五次大规模的人口迁入,这些移民大部分来自经济、文化比较发达的江南吴越一带,以及政治文化中心的中原地区,其中不乏官宦落魄之家和书香门第,那些被发配到海边从事制盐业者很多也并非社会下层的平民百姓。有文化的移民对盐城文化产生了潜移默化的影响。这种崇学之风深刻地影响着普通盐民。泰州学派的王艮,平民诗人吴嘉纪等都是学有所成的盐民子弟。

盐城因盐而设县,因盐而繁荣。制盐业的繁荣也逐步带动社会的发展,在范公堤的两岸,从南向北,13场犹如一颗颗璀璨的明珠闪耀在盐阜大地上。

串场河更是船楫往来不息,商贾云集,有的就在此定居了。

行踪不定的盐商或许是为了显示尊荣,或许是为了长期发展,他们在盐场建设集镇营造宅院。这种现象缔造了一种文化,创造了一种景观。台城、富安、安丰、草堰、西团等地都是盐商居住之地。清咸丰年间,伍祐盐商周文同即与词人蒋春霖交往甚欢,十分投缘。盐商的定居不仅营造了盐场集镇的繁华,对盐城人的崇文尚智风气的形成也有着不可低估的作用。

新四军在盐城重建军部,盐城子弟踊跃参军,支前保后方,为国为民血洒疆场。改革开放后,盐城人依托不断生长着的滩涂大地,面向大海,胸怀全球,盐城成为江苏最大的韩资集聚地。这一切,都有赖于丰饶的海盐文化提供的养分,也因为盐城人有着海纳百川的胸怀。

10多年前,盐城沿海,主要在大丰一带,接受了7000名来自三峡的移民,他们已在这片土地上安居乐业,开花结果。他们带来了长江上游的巴渝文化,因为盐城人的海纳百川,使得盐城的海盐文化更加丰富多彩了。

每一种文化都有其核心的精神蕴含,对政治、经济、文化、社会的发展具有积极的影响和作用。但任何一种文化不可能尽善尽美,也都有其负面的东西,影响着社会的发展与进步。海盐文化也因其特殊的主体背景和自然环境,有着消极的文化因素。为什么盐城在近百年来一直处于欠发达的状态?这与盐城人的血脉中文化的负面的局限与影响有着难以割舍的联系。

**盐城人的正视自己、知耻后勇的品格。**

盐民在封建社会中社会地位十分低下,都是入"灶籍"的官奴。官府的管理十分严格,日复一日,年复一年地重复劳动,不能自由自主。同时,制盐业长期以来都是科技含量不高的简单重复的劳动,客观上没有创新的条件与要求。盐城的土地资源比较丰富,亦盐亦农是盐城人传统的生产和生活方式。盐城人长期形成对土地的依恋,"安土重迁"。

盐城的海盐文化是南北文化的融会,与其他地域的人比,相对来说,盐城人缺乏南方人的灵秀,也缺乏北方人的宽厚。盐城人有小聪明,缺大智慧。聪明形于外,智慧敛于内;聪明重虚荣,智慧重实质;聪明重眼前,智慧重长远;聪明者浮躁,智慧者踏实。

　　盐城人的"工商"意识还不强。千百年来的封建社会,亦盐亦农的自给自足的自然经济是盐城典型的经济模式。在西方资本主义侵入中国之前,盐城的纺织业就衰退得几乎消失。据《光绪盐城县志》载:"盐邑则男勤女嬴,不任纺绩,寸缣尺布皆购于市。"《光绪阜宁县志》载:"蚕织之政未修,妇女无以自给。"服御之需,十之八九仰于南通、苏南的供给。

　　盐城境内从事手工业者大都是客籍,悉非土著。盐城人从工经商的意识淡薄。传统观念在盐城人的思想中是根深蒂固的。盐城人热衷于读书,企盼通过读书跳出农门,走出这块生我养我的贫困的土地,摆脱恶劣的生存环境。

　　盐城人对自己的不足了如指掌。盐城人扬长避短,坚忍不拔,团结协作,自强不息,海纳百川。盐城人始终保持旺盛的精气神。中国的改革开放30多年,盐城从1983年建市,社会经济、政治、文化面貌今非昔比。

　　盐城上下保持着良好的精神状态,围绕协调推进全面建成小康社会、全面深化改革、全面依法治国、全面从严治党的"四个全面"战略布局,按照"建设新盐城、发展上台阶"总定位,充分发挥好盐城资源空间优势和业已形成的良好发展基础,正在积极策应"一带一路"国家战略,牢牢抓住沿海发展等机遇,坚持以改革增添动力,以创新激发活力,奋力实现盐城经济稳健增长和质效提升。

　　盐城人如今更多强调真抓实干、创新路径。真抓实干是盐城人的一贯作风,盐城人特别能战斗,有乐于奉献的传统,盐城人正在以"新状态"引领"新常态"。创新路径,就是坚持以绿色发展为追求,以国家可持续发展实验区建设为抓手,更大力度调结构、转方式,追求绿色增长的发展模式,加快构建绿色产业体系,注重沿海资源利用绿色开发,创造人民群众向往的绿色生活,通过绿色发展撬动增长、引领转型、惠及民生、优化环境,开创新常态下的盐城发展新境界。

## 盐城人爱上一座城

　　爱上一个人有时说不出理由,盐城人爱上一座城不会没有缘故。

　　20 年传唱一首歌,那歌名就叫《厚德盐城》。其实,这首歌的音符就像珍珠早已一颗颗撒落在瓢城的时间长河里,不时泛起圈圈涟漪……

　　花上 2000 年的时光,从那条运盐的小河——盐渎出发,一路到盐城,寻找关于厚德载物的故事,你说值不值? 从瓜井仙踪到范堤烟雨,从废灶兴垦到如今的盐田开发,到修筑宋公堤到建起几个大港,哪一样不是厚德盐城? 70 年前,战火纷飞,陕北有个延安,苏北有个盐城,"最后一把米,用来做军粮;最后一尺布,用来做军装;最后的亲骨肉,含泪送战场"。哪一样不是厚德盐城?

　　改革开放,盐城做大做美做强,盐城通航飞四方,10 年前,盐城结束地无寸铁的历史,而今,四只轮子驮起了一座城,盐城的发展真正绿起来了……那些身居北京,不忘振兴盐城的前辈们,那些为官一任的公仆们,东奔西走,殚精竭虑,哪一样不是厚德盐城?

　　盐城话会说,你瞧你那个德行! 没有德行,在盐城人的眼里,是最贱的,最让人不齿的行径。

　　百孝德为先。其实,除了百孝,耕读传家,为官一任,悬壶济世,教书育人,经世济用,为人处世……哪一样不是"德为先"?

　　盐城的文化名片不止于海盐文化,还有水绿盐城、铁军文化、淮剧杂技共四张。别忘了,如今还有厚德盐城这一张闪耀着人性光辉沉甸甸的名片。你拿着它走南闯北,挥一挥手,它就是一个盐城人有德性的标志。

　　厚德盐城,水绿盐城。盐城的发展真正绿起来。2014 年 11 月 3 日,《人民日报》记者许志峰和王珂采写的长篇通讯《让发展真正绿起来——来自江苏盐城的新观察》,此文是对水绿盐城的形象解读:

　　"一座可以深呼吸的城市——这是江苏盐城给我们的第一印象。

　　"天蓝,地绿,水清,气爽。秋天的盐城,一个个'绿镜头'怡心悦目:各类公园遍布城乡,连片湿地流青溢翠,'城在林中,人在绿中',还有丹顶鹤、麋鹿两个国家级自然保护区……"

　　盐城市森林覆盖面积达 31.48 万公顷,林木覆盖率 25%,生态绿色已成盐城的"金字招牌"。以资源禀赋推进绿色发展,盐城不仅有好汽车,还有好空气。盐城，当之无愧地成为江苏空气质量最好的城市。

"盐城好空气"成为这座城市的生态名片。这是盐城大力推进生态文明建设的一个成功缩影。丰富的自然资源和广阔的生态空间是盐城最大的优势。一座绿色之城，一座宜居的城市难道不是对生态环境和美丽中国的贡献？

在盐城，绿色出行成为时尚。盐城出大手笔，投入8000多万元，两年内在大市区共投放10000辆自行车，以完善城市交通网络，打通公交出行的"最后1公里"，倡导绿色出行，打造"绿色盐城"。这难道不是这座城市百姓的福音？这难道不是人民公仆的最大德政？

道德土壤丰厚，才能生长美德之花。多年来，盐城通过多种形式的文明创建，培育着崇德向善的道德土壤。1992年起，盐城每年开展"十佳文明新事"评选活动，市县乡村逐级推荐，群众广泛参与推荐，并通过报纸、网络、手机短信投票等形式积极参与评选。近年来，盐城在报纸、电视等媒体上开辟专栏，浓墨重彩宣传道德模范、身边好人的事迹；各级组织先进事迹宣讲活动，进社区、进机关；道德模范一条街上，先进人物的照片和事迹上了墙……多种形式的宣传、评选，人们对道德模范、身边好人的事迹耳熟能详，一种"崇德"的风尚蔚然成风，一种"见贤思齐"的思想在心中萌动。

"对道德典型进行多种形式的宣传、表彰，就是要在全社会营造崇尚道德、人人向善的良好氛围，让每一个盐城人时时处处感受道德的正能量！"盐城市委宣传部部长表示。

近年来，盐城紧紧围绕"倡导富强、民主、文明、和谐，倡导自由、平等、公正、法治，倡导爱国、敬业、诚信、友善"的基本内容，加强宣传普及，注重实践养成，厚实道德土壤，培育城市精神，全力打造"厚德盐城"城市品牌，释放强大价值引导力和精神推动力，努力把社会主义核心价值观深深熔铸到城市血脉中，引导全市人民弘扬美德、知行合一，让崇德向善风行盐阜大地。

同时，盐城还出台了《关于培育和践行社会主义核心价值观的实施意见》，将"厚德盐城"建设纳入全市年度目标任务综合考核指标体系。成立了"盐城市美德基金会"，对先进典型、精神文明建设重大活动予以资金和政策支持,推动形成全社会好人受尊重、好事得褒奖的良好氛围。

让有德者有"得"。2013 年 6 月,"中国好人"徐兆学从黄海农商银行获得 10 万元的授信,成为盐城"道德贷"首批受益者。"用文明做担保,以诚信做抵押","道德贷"是一种褒奖;而对于社会大众而言,"道德贷"更是一种价值导向,"有道德的人,应该赢得社会的尊重和回报"。

厚德盐城,好人盐城。这块盐卤浸泡了几千年的土地,社会发展生机勃勃,百姓扶危济困,崇德向善,蔚然成风:掩护战友,献出年仅 28 岁生命的罗昊,风雪中守候 2 万多元现金失主的环卫女工,北京"7·21"暴雨中舍身救人的农民工群体,身患绝症奉献不止的机关干部,面对金钱不为所动的普通市民,拾金不昧的阜宁三轮车夫,访户心中的娘家人"刘大姑",福利院的"代理妈妈"周敏,无人售报的小摊,芳香扑鼻的夏家小院……不胜枚举。

这几年,做志愿者成为流行时尚,盐城的志愿者有母子档,有夫妻档,有团体档,"档档"作响,美名传四方。

这几年,盐城好人不绝如缕,平均每年产生"中国好人"超过 5 个、"江苏好人"超过 10 个,获全国和省道德模范称号或提名的已有 17 人。

厚德盐城建设,形成了好人频现的"盐城现象",也引起了中央媒体的关注聚焦。2014 年 4 月 22 日,《人民日报》头版头条和六版专题报道了盐城培育践行社会主义核心价值观的经验做法,中央电视台《新闻联播》先后 4 次报道"厚德盐城"建设情况。一时,"厚德盐城"在全国叫响。

盐城好人,感动全国。近一个时期以来,王强、郑巧玲、李晓霞、王成女、罗昊、徐兆学、刘婵、汪凤玲、邹必新、姚士群、季一山等我市重大典型、最美人物、身边好人不断涌现,先后有 3 人荣获全国道德模范提名奖,30 人及集体当选"中国好人",40 人当选"江苏好人"。2014 年,我市 5 人入选 2014 年"中国好人"榜,入选数全省第二;16 人入选 2014 年"江苏好人"榜。季一山还入选中国文明网"好人 365"封面人物。盐城"厚德盐城"道德实践品牌建设,荣获 2014 年全省宣传思想文化工作创新奖。

现在乱扔垃圾的少了,乱放鞭炮的也少了,车子乱停乱放的少了,图书馆里读书的人多了……只要你留意,只要你有心,你就会发现,盐城的自然环境很养眼,社会风气清新可人。

盐城市委书记朱克江这样感慨:"对于一座城市而言,经济是基、文化是脉、百姓是本,而民风则是魂。""正如先人煮海而来的盐我们须臾难离,要让道德如盐一样融入我们这座城市的血脉!"

好一个"民风是魂","道德如盐"!比喻多么恰切,说得多么精当。唐代李峤有诗:"解落三秋叶,能开二月花。过江千尺浪,入竹万竿斜。"这首诗能让人看到大自然风的力量。厚德盐城的民风何尝不是如此?

海盐之城、水绿盐城、铁军盐城、厚德盐城、福地盐城……这应该是盐城人发自内心的独白吧,这应该是盐城人引以为傲的吧!

凡人善举,德耀盐城。盐城人就这样爱上一座城。

# 参考文献

[1] 史起蛰,张矩.两淮盐法志.嘉靖.

[2] 邹迎曦.大丰盐政志.北京:方志出版社,1999.

[3] 施建石.盐城印记.南京:江苏人民出版社,2007.

[4] 刘小清.东方盐文化.南京:南京大学出版社,2004.

[5] 周玉奇.盐城民俗.南京:南京大学出版社,2004.

[6] 马连义.东方盐文化(季刊).东方盐文化研究会,2003(1)(2)(3).

[7] 郭正忠.中国盐业史.北京:人民出版社,1997.

[8] 曾仰丰.中国盐政史.北京:商务印书馆,1998.

[9] 相恒伯.江苏省志·盐业志.南京:江苏科技出版社,1997.

[10] 邹迎曦,马连义.古淮盐二十说.长春:时代文艺出版社,2004.

[11] 海涛,于斯.盐的起源与两淮盐业的发展.东方盐文化,2003(2).

[12] 印水心.盐城县乡土历史.民国三十一年.

[13] 印水心.盐城县乡土地理.民国三十一年.

[14] 邹迎曦.张謇与大丰.西祠胡同,2013－08－11.

[15] 王继洪,金沧江.一位长眠于中国南通的韩国史学家、爱国诗人.新华网文化论坛,2011－12－07.

[16] 姜光斗.张謇与朝鲜爱国学者诗人金沧江.人物春秋,2007(7).

[17] 赵赟.近代苏北沿海灶民群体研究.盐业史研究,2008(3).

[18] 庄安正.张謇与民初苏北沿海的移民大潮.南通师范学院学报(哲学社会科学版),2001(2).

[19] 陆玉芹.废灶兴垦与苏北沿海农村的社会变迁——以草堰场大丰盐

垦公司为中心的考察.社会科学辑刊.2009(5).

[20] 傅桂明.盐商鲍漱芳热心治水患为民服务.扬州晚报,2010－07－27.

[21] 佚名.大商传奇:张謇下海的故事.中国历史故事网,2010－12－20.

[22] 王卉.盐城海盐文化介绍.百度文库.

[23] 武斌.全国主流媒体纷纷报道盐城发展.盐城晚报,2015－09－17.

[24] 古盐运集散地保护区草堰办公室.东方盐文化,2003(1).

[25] 张绍力.云梯关遗址.盐城晚报,2014－01－02.

[26] 王达银.大丰市草堰加快古盐运集散地保护区建设.江苏文明网.
2013－06－19.

[27] 中国海盐博物馆.大丰市草堰加快古盐运集散地.www.chinahymu-
seum.com.2010－10－25.

[28] 洪玮,王宏伟.千年海堰范公堤首次发现砖护堤.新华网-江苏频道,
2003－04－11.

[29] 姜茂友.盐城方言大辞典.南京:江苏人民出版社,2009.

[30] 邹迎曦.大丰盐政志.北京:方志出版社,1999.

[31] 朱兆龙.盐官旅痕.湖海,2014(冬季刊).

[32] 朱亚龙.安丰风物.南京:南京出版社,2009.

[33] 马连义.东方盐文化.2003(1)(2)(3).

[34] 刘小清.东方盐文化.南京:南京大学出版社,2004.

[35] 施建石.盐城印记.南京:江苏人民出版社,2007.

[36] 梧桐静雨.淮南中十场盐民谚语.西祠胡同胡同口,东台百姓论坛,
2011－05－25.

[37] 孙炳元.海盐文化与盐城.www.yclgb.gov.cn.2010－05－24.

[38] 邹迎曦,朱达亚,奚石.范仲淹的传说.东方盐文化,2003(3).

[39] 乐进.清初盐民诗人吴嘉纪及其盐民诗歌的成就.盐城工学院学报
(社会科学版),2007(1).

[40] 马苏南.盐文化与淮剧艺术.东方盐文化,2003(2).

[41] 陈钧.北宋三相与东台西溪.盐城师范学院学报(人文社会科学版),

2007(8).

[42] 朱兆龙.盐官旅痕.湖海,2014(4).

[43] 程可石.北宋三宰相何时任西溪盐税监.西祠胡同胡同口,2013 -
08 - 26.

[44] 陆碧波,左峰,沈炳军.李汝珍的西团情缘.东方盐文化.南京:南京大
学出版社,2004.

[45] 王海燕.孔尚任与《西团记》.东方盐文化.南京:南京大学出版
社,2004.

[46] 乔冠华,章含之.那随风飘去的岁月.上海:学林出版社,1997.

[47] 茆贵鸣.寻根海盐文化 感受城市之魂.盐城新闻网.

[48] 孙炳元.海盐文化与盐城.盐城市老干部局网站,2010 - 05 - 24.

[49] 王静."盐与盐城"市民论坛在中国海盐博物馆举行.江苏新闻网,
2012 - 05 - 17.

[50] 银宝.百年银宝,风光无限.银宝通讯,2014.

[51] 窦跃文.为盐城而雕.江苏新闻网,2012 - 01 - 31.

[52] 凤凰江苏综合整理.盐城印象——让人打开心扉的地方.2014 -
12 - 31.

[53] 路军.生态盐城,巧建秀美花园的绿色智慧.现代快报,2015 - 01 - 22.

[54] 沈成宏.盐文化与盐城精神.江苏社会主义学院学报,2009(6).

[55] 齐兰兰.2015 开心之旅"四色文化"盐城旅游攻略发布.人民网,
2015 - 01 - 05.

[56] 梅璎迪.盐城崛起一座现代汽车城.新民晚报,2013 - 04 - 02.

[57] 申琳.20 年传唱一首歌.人民日报,2014 - 04 - 22.

[58] 周俊.盐城市绿色发展铺呈美丽新画卷.江苏网,2015 - 03 - 26.

[59] 新闻联播专题报道盐城绿色发展.盐城晚报,2015 - 09 - 14.

# 后记

　　为深入贯彻落实党的十八大和十八届三中、四中、五中全会精神,习近平总书记系列重要讲话精神,特别是视察江苏重要讲话精神,推动江苏文化建设迈上新台阶,由省社科联牵头,各省辖市社科联组织联系相关专家学者,历时近两年,编撰《江苏地方文化名片丛书》。丛书以省辖市为单位,共分13卷,每卷重点推出该市一张具有代表性的文化名片,全面阐述其历史起源、发展沿革、主要内容和当代价值等,对于传承江苏地方文化精粹,打造江苏地方文化品牌,塑造江苏地方文化形象,具有积极的推动作用。

　　省委常委、宣传部部长王燕文高度重视丛书的编撰工作,担任丛书编委会主任,给予关心指导,并专门作序。省委宣传部副部长双传学,省社科联党组书记、常务副主席刘德海,党组副书记、副主席汪兴国,党组成员、副主席徐之顺担任编委会副主任。各市市委常委、宣传部部长和省委宣传部理论处处长李扬担任编委会委员。刘德海担任丛书主编,全面负责丛书编撰统筹工作,汪兴国、徐之顺担任丛书副主编,分别审阅部分书稿。省社科联研究室原主任崔建军担任丛书执行主编,具体负责框架提纲拟定和统稿工作。陈书录、安宇、王健、徐宗文、徐毅、朱存明、章俊弟、尹楚兵、纪玲妹、许建中、胡晓明、付涤修、常康参与丛书统稿。省社科联研究室副主任刘西忠,工作人员朱建波、李启旺、孙煜、陈朝斌、刘双双等在丛书编撰中做了大量工作。

　　《盐城海盐文化》卷由中共盐城市委常委、宣传部部长陈红红担任主编,薛万昌、陈玉林、周玉奇担任副主编。盐城市社科联组织专家编撰,由周玉奇同志主笔编撰。本卷配图大多引自中国海盐博物馆的展览和《东方盐文化》一书。

省新闻出版广电局、各市委宣传部、市社科联对丛书的编辑出版工作给予了大力支持。值此,谨向各有关部门、专家学者和南京大学出版社表示衷心的感谢!由于时间较紧,编撰工作难免疏漏,恳请批评指正。

2015 年 12 月